実践企業組織改革 ②

株式交換・移転・事業譲渡
法務・税務・会計のすべて

Exchanges of Stock/a Stock for-Stock Exchange & Transfer of Business

三訂版

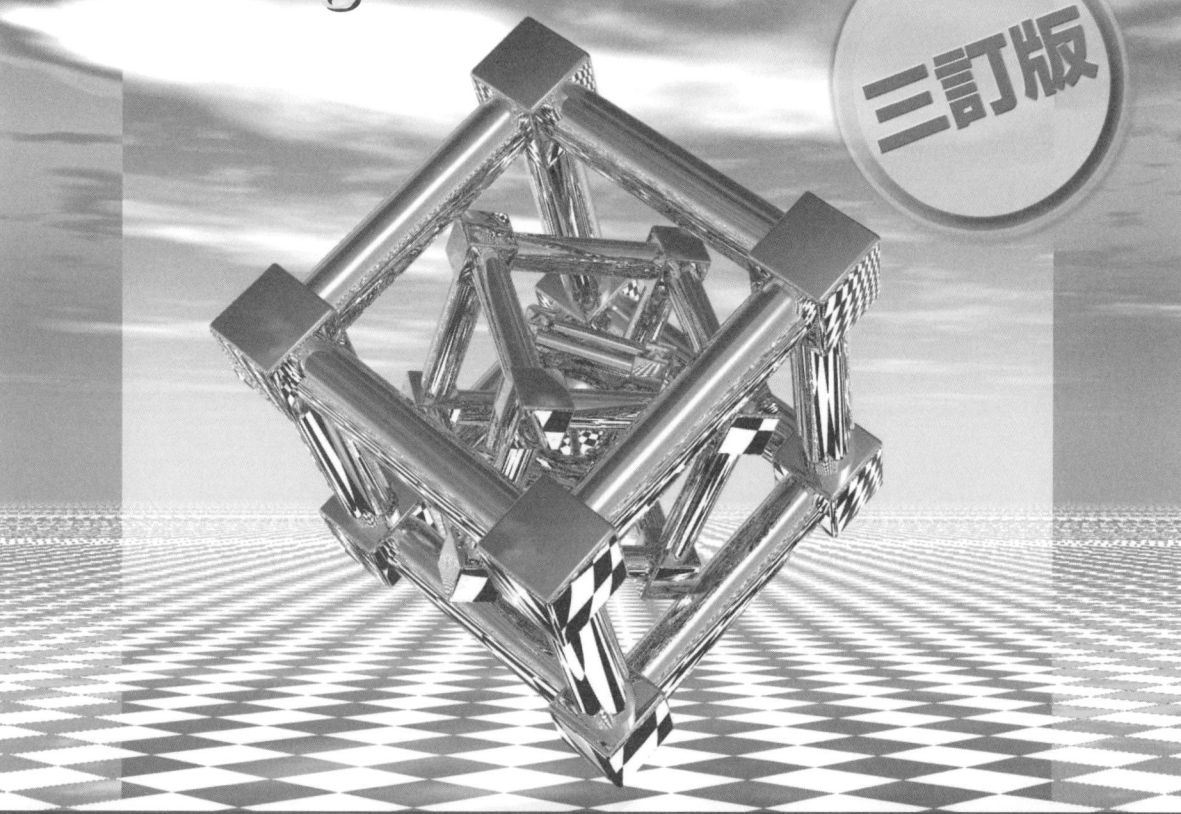

鳥飼重和・大野木孝之 監修

鳥飼総合法律事務所
大野木総合会計事務所　編著
税理士法人渡邊芳樹事務所

税務経理協会

三訂版・はしがき

　我が国の大きな課題である人口減少・少子高齢化は国内市場の縮小を招き，さらに昨今の実体経済の悪化はそれに拍車をかけ，その結果，業界再編による事業集約化を加速しました。具体例としては，マルハグループ本社とニチロ，三越と伊勢丹，大丸と松坂屋，新日本石油と新日鉱ホールディングスなどの経営統合があります。

　また，ニーズは異なりますが，大企業だけでなく後継者がいない中堅・中小企業も事業承継対策にM＆Aを用いるケースが多く見られます。

　このような傾向は今後も変わらず，企業経営に当たり株式交換・株式移転・事業譲渡を用いた経営統合・M＆Aが多く行われるものと思われます。そのような中で本書が初版，改訂版に増して，企業等で組織改革の実務に携わる方々やコンサルタントなどの方々に多少なりともお役に立てれば幸いです。

　なお，今回の三訂版発刊にあたって法務・税務・会計の夫々についての主な変更点は次のとおりです。

　「法務」

　会社法，金融商品取引法の施行に伴い，内容を全面的に見直しました。また，平成22年1月に施行された改正独禁法も反映しております。

　「税務」

　平成18年の税制改正により株式・交換制度が組織再編税制に組み込まれたことを受けて全面的に書き直しを行いました。また平成19年5月より解禁となった三角株式交換についても記載しております。

　「会計」

　企業結合会計基準及び事業分離等会計基準に関する適用指針に基づいて見直しを行いました。

　最後になりましたが，今回の改訂にあたり税務経理協会の小林規明氏にご尽力いただきました。ここに感謝申し上げます。

2010年2月吉日

公認会計士　大野木　孝之

　最近新聞を広げると、「事業再編」「会社分割」「株式交換」「M&A」などという言葉をよく目にします。景気の低迷が続く中で、会社が勝ち残るために、経営者がいろいろな道を探っている結果だと思います。中には事業統合が新聞で大きく取り上げられた後に、取りやめの記事が出るケースもあり、現実の難しさを再認識しています。

　また、企業の寿命を少しでも延ばすための手段として利用しているのでしょうか、業績不振企業どうしが一体化するという、固定費や研究開発費を軽減する以外、さらに言うならばユーザーには何もメリットがない企業統合などが目にふれることもあります。

　本来、「会社分割」「株式交換」「M&A」などは経営戦略を実行し経営目標を達成するための一手段にしか過ぎないのです。

　しかし、「元気な企業がより強くなるために」「本当は体力があるのに一時的に低迷している企業が元気を出すために」「あれもこれも手を出してしまったので効率のいい商売だけに絞りたい」そんな企業が正しい使い方をすれば、これほど効果の出る手段はないのも事実です。

　本書は、そのような企業を対象にした「実践企業組織改革シリーズ」の第2作目で、株式交換／移転・営業譲渡・M&Aについての法務・税務・会計を基礎から応用まで解説したものです。

　本書の中心となる株式交換・移転制度は、現金の支払いをせず会社を買収したり、M&Aにあたり少数株主の株式を強制的に吸い上げたりする場合に効果を発揮します。さらに、持株会社をつくる場合や、今後大きな問題に発展することも予想される公開子会社に対する親会社と少数株主の利害対立に伴う問題や、子会社取締役の忠実義務違反や利益相反取引による問題を未然に防止するために、公開子会社を100％子会社にして非公開にする手段として利用することも可能です。いずれにせよ活用の範囲は広いといえます。

　また、M&Aを実践するためには企業評価の問題を避けて通れませんので、第3章では企業評価についての具体的な方法を掲載しました。

　事業の再構築をプランニングするにあたっては、経営者・経営戦略担当者・企業法務・経理税務の担当者などが、事業再編に関するさまざまな手段についての基礎知識・実務知識を持つ必要があります。本書は、これらの方々に基礎的・実務的知識を提供するために、第1作目に

続き，鳥飼総合法律事務所・渡邊公認会計士事務所・大野木公認会計士事務所が協力して上梓しました。

　最後に，本書の企画・執筆にあたっては税務経理協会の堀井裕一氏のご尽力を戴きました。ここに深く感謝申し上げます。

2002年2月吉日

公認会計士　大野木　孝　之

目 次

三訂版はしがき
はしがき

第1編　基礎解説編

第1章　株式交換の法務

第1節　株式交換制度とは何か……………………………………………………3
- 1.1　株式交換制度の概要　3
- 1.2　株式交換の使い方　4
- 1.3　簡易株式交換の使い方　5

第2節　株式交換のスケジューリング……………………………………………7
- 2.1　株式交換のスケジュールの組み方　7
- 2.2　スケジューリングにあたっての会社法上の基礎知識　8
- 2.3　実例に基づくスケジュール日程　13

第3節　株式交換契約書作成の実務………………………………………………15
- 3.1　株式交換契約書の記載事項　15
- 3.2　法定記載事項　15
- 3.3　任意的記載事項　25

第4節　金融商品取引法・取引所に関する諸規則………………………………26
- 4.1　公開会社をめぐる規制　26
- 4.2　金融商品取引法の開示規制　26
- 4.3　取引所の開示規制　27
- 4.4　内部者取引規制　28

第5節　独占禁止法上の規制………………………………………………………29
- 5.1　独禁法上の規制の概要　29

5.2　一定の取引分野における競争の実質的制限となる株式保有規制（独禁法10）　29

第2章　株式移転の法務

第1節　株式移転制度とは何か……31
1.1　株式移転制度の概要　31
1.2　株式移転の使い方　31
1.3　持株会社をつくる方法　33

第2節　株式移転のスケジューリング……36
2.1　スケジュールの組み方　36
2.2　スケジューリングにあたっての会社法上の基礎知識　37
2.3　具体的なスケジュール例　45

第3節　株式移転計画及び株式移転議案作成の実務……47
3.1　株式移転計画作成及び総会決議事項　47

第4節　金融商品取引法・取引所に関する諸規則……54
4.1　はじめに　54
4.2　株式移転と金融商品取引法の開示規制　54
4.3　取引所の開示規制　56
4.4　内部者取引規制　57

第5節　独占禁止法の規制……58
5.1　株式移転で問題となる独禁法の規定　58
5.2　事業支配力が過度に集中する場合（独禁法9①②）　58
5.3　株式保有規制（独禁法10）　60

第3章　株式交換・移転の会計と税務

第1節　概　要……65
1.1　基本的な考え方　65
1.2　検討すべき事項　66

第2節　株式交換完全子会社の会計……68
2.1　取得とされた株式交換の会計処理　68
2.2　逆取得となる株式交換の会計処理（株式交換完全子会社が取得企業となるケース）　68

第3節　株式交換・株式移転に伴う完全子法人の税務……70
3.1　概　要　70
3.2　株式交換・株式移転の税務処理　70

3．3　完全子法人の特定資産の時価評価　71
3．4　時価評価後の各種規定の適用　73

第4節　株式交換・株式移転に伴う完全子法人の株主の税務…………………77
4．1　株式交換等に係る税務の考え方　77
4．2　株式交換等にかかわる課税の特例　77
4．3　取得した親会社株式の取得価額　81
4．4　株式買取請求権が行使された場合の課税関係　82

第5節　株式交換完全親会社の会計………………………………………………84
5．1　取得とされた株式交換の会計処理　84
5．2　逆取得となる株式交換の会計処理（株式交換完全子会社が取得企業となるケース）　87
5．3　共通支配下の取引（株式交換）　88
5．4　取得と判定された株式移転の会計処理　92
5．5　共通支配下の取引（株式移転）　96

第6節　株式交換・株式移転に伴う完全親法人の税務……………………………103
6．1　完全親法人の完全子法人株式の取得価額　103
6．2　完全親法人の株式交換等の実行に伴い増加する資本，資本剰余金及び資本金等の額並びに利益積立金額　104
6．3　連結納税制度と株式交換等　107

第7節　適格組織再編成の要件……………………………………………………109
7．1　共通する要件　109
7．2　株式保有要件と共同事業要件　110
7．3　三角株式交換の場合の取扱い　117
7．4　株式移転後に株式移転完全子法人を合併法人とする適格合併が見込まれている場合の当該株式移転に対する適格判定（平成21年3月31日国税庁文書回答事例）　120

第8節　その他の税金の取扱い……………………………………………………122
8．1　消費税の取扱い　122
8．2　登録免許税の取扱い　122
8．3　印紙税の取扱い　122

第4章　事業譲渡・譲受けの法務

第1節　事業譲渡・譲受けの意義及び法規制………………………………………125
1．1　事業譲渡・譲受けの意義　125

1.2　事業譲渡・譲受けに対する法規制　127
第2節　事業譲渡・譲受けの手続き……………………………………………134
　2.1　事業譲渡・譲受けの決定　134
　2.2　事業譲渡契約の締結　134
　2.3　株主総会の特別決議　140
　2.4　公正取引委員会への届出　146
　2.5　公告・通知　146
　2.6　事業譲渡のスケジュール　146
　2.7　簡易な事業譲受け　148
　2.8　再生手続の中での事業譲渡の活用　148
第3節　事業譲渡・譲受けの実行手続………………………………………149
　3.1　財産等移転手続　149
　3.2　従業員の引継ぎ　152

第5章　事業譲渡の会計と税務

第1節　概　　要………………………………………………………………153
第2節　移転資産及び負債の評価……………………………………………154
　2.1　個々の財産の評価方法　154
第3節　のれんの評価……………………………………………………………157
　3.1　のれんの意義　157
第4節　譲渡会社の会計と税務………………………………………………159
　4.1　譲渡損益　159
　4.2　土地重課の取扱い　160
　4.3　欠損金の繰戻還付　160
　4.4　貸倒引当金　160
　4.5　退職給与引当金　161
　4.6　その他の税金　162
第5節　譲受会社の会計と税務………………………………………………163
　5.1　譲受資産の取得価額　163
　5.2　減価償却資産の取扱い　164
　5.3　消　費　税　165
　5.4　登録免許税・不動産取得税　165

第2編　M＆A

第1章　経営戦略とM＆A

第1節　経営戦略と「選択と集中」…………………………………169
第2節　現状分析とそのポイント……………………………………171
第3節　経営目標の設定とそのポイント……………………………171
第4節　目標達成のプロセスの策定ポイント………………………173

第2章　M＆Aの類型とM＆Aの成功のポイント

第1節　M＆Aの類型…………………………………………………175
　1.1　拡大タイプ　175
　1.2　リストラタイプ　176
　1.3　その他　177
第2節　拡大タイプのM＆Aの成功のポイント……………………178
　2.1　企業の現状分析と進むべき方向の決定方法　178
　2.2　拡大的M＆Aを成功させるには　180
第3節　リストラタイプのM＆Aの成功のポイント………………184
　3.1　企業の現状分析方法　184
　3.2　M＆Aを成功させるためのポイント　184

第3編　企業評価

第1章　未公開企業の企業評価と株価

第1節　企業評価概論…………………………………………………189
　1.1　企業評価の必要性　189
　1.2　M＆A時の非公開会社の評価方式　189
　1.3　株式の価格形成要因　190
第2節　収益方式………………………………………………………192
第3節　純資産方式……………………………………………………202
　3.1　簿価純資産法　202

3.2　時価純資産法　202
第4節　比較方式 ……………………………………………………209
　4.1　類似企業比較法　209
　4.2　類似業種比準方式（財産評価基本通達）　210
第5節　配当還元方式 …………………………………………………213
　5.1　配当還元法　213
　5.2　ゴードンモデル法　214
第6節　売買実例方式 …………………………………………………215
第7節　併用方式 ………………………………………………………216
第8節　評価にあたり考慮すべき事項 ………………………………217
　8.1　企業の理解　217
　8.2　評価企業との類似性　217
　8.3　企業評価の目的　218
　8.4　支配権価値（コントロールプレミアム）　218
　8.5　非流動性のディスカウント　218
　8.6　シナジー価値　219
　8.7　価格の決定　219

第2章　税法上の株価と企業評価

第1節　税法による株式評価の要請 …………………………………221
第2節　相続税法上の時価 ……………………………………………222
　2.1　上場株式及び気配相場等のある株式の評価（評基通169～177-2）　222
　2.2　取引相場のない株式の評価（評基通178～189-7）　222
第3節　所得税法上の時価 ……………………………………………226
　3.1　みなし譲渡　226
　3.2　時　　価　226
第4節　法人税法上の時価 ……………………………………………228
　4.1　有価証券の評価損　228
　4.2　時　　価　228
第5節　税法上の適正な時価と企業評価 ……………………………229
＝税法上の株式評価関連条文＝ ………………………………………230

第4編　応用解説編

第1章　株式交換・移転の法務Q＆A

- 1.1　新株予約権の義務承継 ……………………………………………………… 241
- 1.2　株式交換をした場合の転換社債 ……………………………………………… 243
- 1.3　完全子会社がストックオプションを発行している場合の処理 …………… 246
- 1.4　株式交換と完全親会社株式の割当て ………………………………………… 248
- 1.5　株式移転による持株会社化と代表訴訟 ……………………………………… 250
- 1.6　株式交換と種類株式 …………………………………………………………… 252
- 1.7　株式交換・移転と上場 ………………………………………………………… 254

第2章　事業譲渡の法務Q＆A

- 2.1　分社化の手段としての事業譲渡のスケジュール …………………………… 255
- 2.2　買収の手段としての事業譲渡のスケジュール ……………………………… 258
- 2.3　事業譲渡に伴う自己株式の取得 ……………………………………………… 260
- 2.4　秘密保持契約 …………………………………………………………………… 262
- 2.5　金融商品取引法の開示規制の対処方法 ……………………………………… 266
- 2.6　インサイダー取引規制の注意点 ……………………………………………… 269
- 2.7　各種許認可，契約の承継の可否 ……………………………………………… 273
- 2.8　労働契約の承継 ………………………………………………………………… 276
- 2.9　従業員の解雇 …………………………………………………………………… 279
- 2.10　民事再生手続と事業譲渡 ……………………………………………………… 282

第3章　株式交換・移転の会計・税務Q＆A

- 3.1　株式交換・移転を用いた持株会社の活用事例 ……………………………… 287
- 3.2　株式交換・移転の事例に基づく別表調整～特定子会社株式の受入価額に係る会社法と税法の調整 ……………………………………………………………… 291
- 3.3　株式交換・移転の事例に基づく別表調整～株式移転ノーマル ……………… 295
- 3.4　株式交換・移転の事例に基づく別表調整～非適格株式交換 ………………… 298
- 3.5　株式交換・移転の事例に基づく別表調整～対価の柔軟化　三角株式交換 … 303

索　　引 ……………………………………………………………………………… 309

✳ Column ✳

- 株式買取請求権が行使された場合……………………………………………18
- 新株予約権者の保護……………………………………………………………24
- 役員の報酬………………………………………………………………………49
- 「動産の引渡し」について……………………………………………………150
- M&Aとは………………………………………………………………………170
- 自己再建が困難になったときは，早めに専門家に相談する………………184
- 割引現在価値の考え方…………………………………………………………199

第1編

基礎解説編

第1章●株式交換の法務

第2章●株式移転の法務

第3章●株式交換・移転の会計と税務

第4章●事業譲渡・譲受けの法務

第5章●事業譲渡の会計と税務

第1章

株式交換の法務

第1節 株式交換制度とは何か

1.1 株式交換制度の概要

　株式交換とは，すでに存在する株式会社2社の株式を交換することにより，一方を完全親会社，他方を完全子会社とすることを目的とする事業再編手法です。

　株式移転とは，会社が自社の株式を移転することによって，完全親会社（純粋持株会社）を設立することを目的とする事業再編手法です。

　両制度は，平成11年の商法改正で認められ，平成18年に施行された会社法においても制度が存続されています。

　株式交換制度が採用される前の従来の持株会社設立方法には，検査役調査，税制上の問題などがあり，使い勝手のよいものではありませんでした。

　そこで，完全親子会社関係の円滑な創設のため，導入されたのが株式交換・移転制度です。

● **完全親会社・持株会社**

　完全親会社とは，ある会社の発行済株式総数を有する会社のことをいいます。完全親会社に発行済株式総数を保有されている会社が完全子会社です。

　持株会社とは，株式所有により他の会社の事業活動を支配する会社のことをいいます。そのなかで，他の会社の支配のみを目的とするのが純粋持株会社です。

1.2 株式交換の使い方

(1) 株式交換の特徴

① 現金不要の株式によるM＆A

株式交換の大きな特徴は，まず株式によるM＆Aができることです。

株式交換を利用すれば，一円も買収資金を使わずにあなたの会社の株式を発行するだけで，対象会社を買収することができます。具体的には，会社の株式を対象会社の株式と強制的に交換することができます。

② 少数株主からの強制的株式吸い上げ

次の大きな特徴は，強制的に少数株主の株式を吸い上げることができることです。

本来，他の会社の全株式を買おうとした場合，全株主との間で株式譲渡について合意しなければなりません。

しかし，株式交換で要求されるのは，株主総会での特別決議（総株主の議決権の過半数を有する株主が出席し，その議決権の3分の2以上の賛成）ですから，株式交換を利用すれば，少数株主の意向に反しても，手続を進めることができます。

(2) 株式交換の使える場面

① M＆A型

すでに述べたように，株式だけで，しかも，強制的に少数株主の株式を交換できますので，企業が他企業を買収するM＆Aの際に，株式交換は利用されています。

② ゴーイングプライベート（公開子会社の閉鎖子会社化）型

子会社の少数株主の利益と親会社の株主の利益が常に一致するとは限りません。グループ全体のためにプラスの経営判断が，当該子会社についてマイナスというケースは，まま見られます。その際に，子会社取締役が忠実義務違反とならないような形にする必要があります。

また，ソニーや日立のように，数多くの子会社をかかえる企業の場合，役員要員が足りないため，親会社の役員が子会社の役員を兼任せざるを得ないこともあります。そのとき，100％親子会社でない限り，利益相反取引（会社法356）の問題を常にかかえることになります。親子会社で取引をせざるを得ないのであれば，子会社を100％子会社にすることも有用な選択肢です。

このように，子会社の少数株主を親会社の株主にすることで，親会社による子会社の事業展開の効率性を高めたり，利益相反を回避するべく，100％子会社化する場合に，株式交換が使われています。当該子会社が公開会社の場合，その結果，上場廃止となります。

③ 持株会社設立型

前述したように，株式交換は平成9年の純粋持株会社解禁を受け，完全親子会社関係の円滑な創設のために導入された制度です。

(3) 株式交換の適用事例

平成11年12月1日に最初の株式交換（アクモス株式会社と株式会社エルテックス）が行われて以降，活発に株式交換が用いられています。

株式交換の実施例としては，三菱地所株式会社と藤和不動産株式会社，株式会社日本製紙グループ本社，株式会社三越伊勢丹と株式会社岩田屋，株式会社ガリバーインターナショナルと株式会社ジー・トレーディングなどがあります。

1.3 簡易株式交換の使い方

(1) 簡易株式交換

簡易株式交換とは，完全親会社となる会社につき，株主総会の承認決議がいらない株式交換です。完全親会社となる会社が，大規模公開会社の場合，臨時総会を開催することはきわめて困難ですし，小規模の事業再編についてわざわざ定時総会を待たなければならないとすると非効率です。

そこで，一定の要件を満たせば，簡易な手続きで株式交換ができることとされました。

公開会社あるいは比較的株主数の多い未公開会社は，この簡易株式交換が可能かどうかをまず検討すべきです。

(2) 簡易株式交換の要件（会社法796③）

第一の要件は，下記1．に掲げる額の，下記2．に掲げる額に対する割合が5分の1（これを下回る割合を存続株式会社等の定款で定めた場合にあってはその割合）を超えないことです（会社法796③，会社法施行規則196）。

1．次に掲げる額の合計額
　イ　完全子会社の株主に対して交付する完全親会社の株式の数に一株当たり純資産額を乗じて得た額
　ロ　完全子会社の株主に対して交付する完全親会社の社債，新株予約権又は新株予約権付社債の帳簿価額の合計額
　ハ　完全子会社の株主に対して交付する完全親会社の株式等以外の財産の帳簿価額の合計額
2．完全親会社の純資産額として法務省令で定める方法により算定される額

第二の要件は，完全親会社が完全子会社の株主に対して交付する金銭等（完全親会社の株式等を除く）の帳簿価額が，完全親会社が取得する完全子会社の株式の額として法務省令で定める額を超えないことです（会社法796ただし書，795②三，会社法施行規則195⑤）。

第三の要件は，法務省令で定める数の株式（株主総会において議決権を行使することができるものに限ります）を有する株主が，反対の意思表示をしないことです（会社法796④）。「法務省令で定める数」は，下記の数のいずれか小さい数とされています（会社法施行規則197）。

1．特定株式（株式交換承認の株主総会において議決権を行使することのできる株式）の総数に2分の1を乗じて得た数に3分の1を乗じて得た数に1を加えた数

2．一定数の株主から異議が述べられたことにより開催される組織再編承認の株主総会決議の成立要件として，一定の数以上の特定株主の賛成を要する旨の定款の定めがある場合において，特定株主の総数から株式会社に対して当該行為に反対する旨の通知をした特定株主の数を減じて得た数が当該一定の数未満となるときにおける当該行為に反対する旨の通知をした特定株主の有する特定株式の数

3．一定数の株主から異議が述べられたことにより開催される組織再編承認の株主総会決議の成立要件として，上記1．及び2．以外の定款の定めがある場合において，当該行為に反対する旨の通知をした特定株主の全部が同項に規定する株主総会において反対したとすれば当該決議が成立しないときは，当該行為に反対する旨の通知をした特定株主の有する特定株式の数

4．定款で定めた数

(3) 結論として，公開会社は，総会のいらない簡易株式交換を是非利用すべきです。

なお，後述する株式移転には簡易手続はありません。株主総会を省略すべき完全親会社になるべき会社が，まだ設立されていないからです。

(4) 注 意 点

完全親会社は，株主総会の特別決議を得ていませんから，定款変更をすることができません。また，事前開示や株主への公告などの手続きは踏まなければなりません。

完全子会社につき，株主総会の特別決議を省略できるわけではないことにも注意が必要です。

第2節　株式交換のスケジューリング

2.1 株式交換のスケジュールの組み方

(1) 事業再編はトップマターであることを肝に銘ずべき

事業再編は，多かれ少なかれトップマターであることが多いはずです。

よって，担当者がその進行状況を逐一報告しなければならないことは言うまでもありません。

また，事前に組んだスケジュールが遅延した場合，会社に大きな影響を与えることもあります。

事業再編を担当するチームは，そのことを肝に銘じて余裕を持ったスケジューリングを心がけるべきです。法律上，株式交換・株式移転の際の株券提供公告は，1ヶ月前にすればよいこととなっています（会社法219①）。しかし，たとえば，大手銀行3行による株式移転（みずほホールディングス）では，3ヶ月程度の期間をおいて公告をしています（1ヶ月以上の公告期間を置くことの可否については，後述10頁参照）。これは，提供されるべき株券の現実の量を見積もって，3ヶ月程度は必要であるとの判断に基づいてなされたものと思われます。

このように，スケジューリングにあたっては，法律ではどうなっているのかのみならず，現実の事務量から見て遂行可能かどうかのチェックを欠いてはならないのです。

(2) 前提としての法的手続のフローチャート

株式交換においては，図1−1のような諸手続が必要です。

図1-1　株式交換手続の流れ

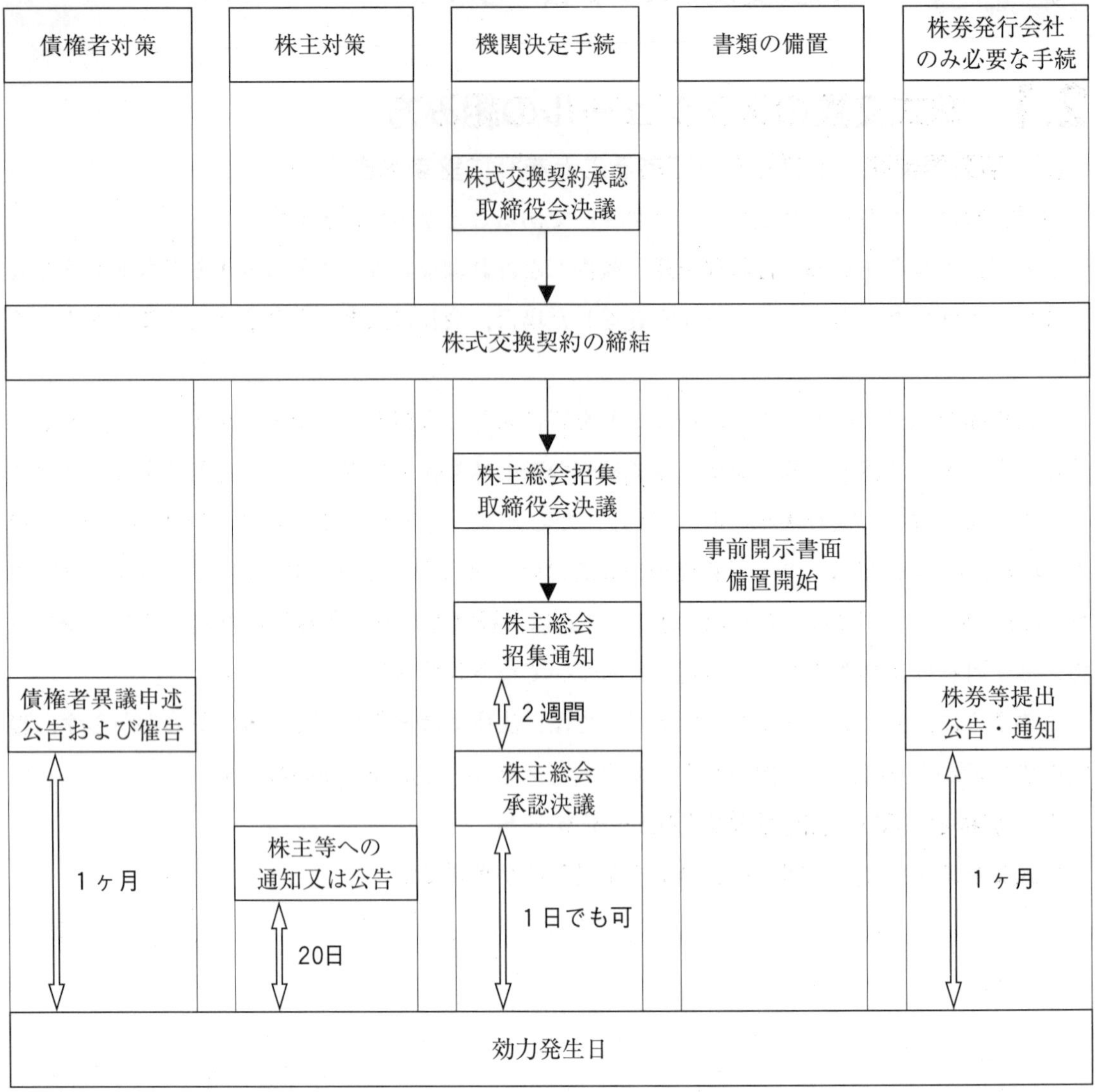

債権者対策	株主対策	機関決定手続	書類の備置	株券発行会社のみ必要な手続
		株式交換契約承認 取締役会決議 ↓		
株式交換契約の締結				
		株主総会招集 取締役会決議 ↓ 株主総会 招集通知 ↕ 2週間 株主総会 承認決議 ↕ 1日でも可	事前開示書面 備置開始	
債権者異議申述 公告および催告 ↕ 1ヶ月	株主等への 通知又は公告 ↕ 20日			株券等提出 公告・通知 ↕ 1ヶ月
効力発生日				

2.2　スケジューリングにあたっての会社法上の基礎知識

(1) 株式交換契約の締結

　株式交換をするには，株式交換契約を締結し，株主総会の承認を得ることが必要です（会社法783，784，795，796，309②十二）。実務的には，取締役会が，株式交換契約書を承認し（会社法362④），承認総会の招集を決議します（会社法298①，④）。株式交換契約書の記載事項については，後述します（15頁参照）。

(2) 関係書類等の事前開示

　株式交換当事会社は，吸収合併契約等備置開始日から株式交換の効力が生じた日の後6ヶ月を経過する日（たとえば，株式交換の日が4月2日ならば10月1日）までの間，以下の書類又は電磁的記録を本店に備置しなければなりません（会社法782①三，794①）。

● 事前開示書類又は電磁的記録

- 株式交換契約（会社法782①三，794①）
- 株式交換の条件の相当性等に関する事項（会社法施行規則184①一～三，③～⑤，193一，二）
- 株式交換の対価の発行会社に関する事項（会社法施行規則184④一，二）
- 相手方当事会社の計算書類等の内容（会社法施行規則184①四，⑥一，193三）
- 当該当事会社の重要な後発事象等の内容（会社法施行規則184①四，⑥二，193四）
- 完全親会社の債務の履行の見込みに関する事項（会社法施行規則184①五，193五）

(3) 株式交換契約書の承認決議

株式交換契約の承認決議では，総株主の議決権の過半数にあたる株式を有する株主が出席し，その議決権の3分の2以上の賛成による特別決議が必要です（会社法783①，795①，309②十二）。

株式交換契約の要領は，株式交換契約承認総会の招集通知に記載されなければなりません（会社法299④）。

株式交換契約の内容は，書面又は電磁的記録による議決権行使が行われる場合，参考書類記載事項となります（会社法301①，302①，会社法施行規則88）。

譲渡制限なしの株主が譲渡制限をつけられることになる場合には，要件が加重され，総株主の過半数かつその株主の議決権の3分の2以上の賛成（会社法309③二）が必要となります。

● 会社法309条3項2号の決議が必要な場合

- 株式交換において完全子会社となる会社の譲渡制限株式でない株式の株主に対し譲渡制限株式が交付される場合

(4) 株式交換反対株主の株式買取請求

① 株式交換承認総会に先立ち，会社に対して，株式交換に反対の意思表示をします（会社法785，797）。総会前の反対通知の方式は，法定されていませんが，書面又は電磁的方法による議決権行使ができる株主が株式交換に反対する旨の議決権行使書面の提出や電子投票を行った場合には，反対通知と認められます。

② 株式交換承認総会において，現実に，反対票を投じます（会社法785②，797②）。

③ 会社は，株式交換の効力発生日の20日前までに，その株主に対し，株式交換をする旨を通知又は公告します（会社法785③，④，797③，④）。

④ 株式交換の効力発生日の20日前の日から効力発生日の前日までに株式の種類および数を明らかにして，株式買取請求をします（会社法785⑤，797⑤）。

⑤ 買取価格は，「公正な価格」，すなわち「株式買取請求権の効力発生時における時価」とされています（会社法785①，797①）。具体的な買取価格については，会社と株主との協議により定められます。公開会社ならば，株式交換公表前の市場価格や株式交換公表後の株価上昇などを参考にすることになるでしょう。

⑥ 効力発生日から30日以内に協議が調わないときは，その経過後30日以内に，裁判所に対して価格の決定の申立てをしなければなりません（会社法786②，798②）。

⑦ 効力発生日に株式が会社に移転します（会社法786⑤）。

⑧ 株式買取請求をした株主は，会社の承諾がなければ買取請求を撤回できません（会社法785⑥，797⑥）。

なお，一定の新株予約権者にも新株予約権買取請求権が認められます（会社法787①三）。

(5) 債権者異議手続は原則として不要

株式交換は，株主の移動が主であり，資産の減少や負債の増加は生じないので，債権者異議手続は，①新株予約権付社債の債権者（会社法789①三），②対価が完全親会社となる会社の株式だけである場合（会社法施行規則198）以外の場合における完全親会社となる会社の債権者（会社法799①三）に限って必要としました。

(6) 株券提出手続

① 概　　要

完全子会社となる会社は，株式交換に際して，株券を発行している場合は，株券提出手続を行わなければなりません（会社法219①七）。株券提出手続とは，定款所定の方法による公告（官報ないし日刊新聞紙への掲載）と株主及び登録質権者への通知をします。

株券提出期間は，株式交換の効力発生日の「1箇月前までに公告し」（会社法219①）とされています。

② 上場会社

もっとも，上場会社の株券は，平成21年1月5日より電子化され，振替株式として扱われています。したがって，上場会社においては，このような株券提出公告は不要となり，別途，株式振替の手続を行えばよいということになります。

具体的には，振替株式を発行する会社が完全子会社となり，振替株式を発行しない会社が完全親会社となるような株式交換を行い，完全子会社の株主に対して完全親会社の株式が対価として交付されるような場合は，効力発生日に，振替機関と口座管理機関により，口座に記録されている，完全子会社の振替株式についての記録がすべて抹消されることになります。逆に，振替株式を発行しない会社が完全親会社となり，振替株式を発行する会社が完全子会社となるような株式交換を行い，完全子会社の株主に対して完全親会社の株式を対価として交付される

ような場合は，完全子会社の株主に対して，完全親会社の振替株式について新規の記録手続が行われることとなります。

③ 非上場会社

以上のような上場企業の株式に対し，非上場の会社においては，株券が発行されていることもあります。平成16年の商法改正以前は，株式会社は必ず株券を発行しなければならないものとされていましたが，この年に株券不発行制度が新設され，株券を発行しない旨を定款で定めることも可能になりました。そして，会社法では，かかる原則と例外を逆転させ，株券を発行するためには定款に規定をおかなければならないものとしたのです（会社法214）。

したがって，会社法の下では，非上場会社も，このような株券を発行する旨の規定が定款にない限り，株券提出手続を取る必要はありません。

また，株券発行会社であっても，株式交換に先立ち，定款を変更して株券不発行会社とすることで，煩雑な株券提出手続を省略することができるため，実務上は，このような方法もよく行われています。

(7) 株式交換の効力発生日

株式交換の効力発生日において，完全子会社となる会社の株式が完全親会社となる会社に移転し，完全子会社となる会社の株主は完全親会社の株主になります（会社法769，771）。この株式交換の効力発生日は，株式交換契約に定めた「効力発生日」であり，効力発生日までに全ての手続を終える必要があります。

完全親会社においては，通常変更の登記が必要になります（会社法915①，商登89）。株式交換契約で交付する新株予約権がある場合には，新株予約権の登記も必要です。

完全子会社が株券発行会社の場合，株式交換の日に，完全子会社のすべての株券が無効となります（会社法219③，293③）。完全子会社は，株式交換の効力発生後に，完全親会社の求めがあれば，従前と区別のつく株券を発行すべきとされています。

完全親会社がすでに保有していた完全子会社株券も無効になります。実務的には，株券紛失のリスクや印紙税を考慮して，株券の不所持制度（会社法217①，②）を利用することになるでしょう。なお，株券を発行する場合には，印紙税（株式の発行価額が1億円以上で2万円）を考慮して1枚の大券を作成します。

(8) 株式交換報告書の事後開示

完全親子会社双方は，株式交換の効力発生日から6ヶ月間，以下の事項を記載した書面を本店に備置しなければなりません（会社法791①，②，801③三）。

(i) 株式交換の効力発生日
(ii) 各当事会社における**株式買取請求**および完全子会社における**新株予約権買取請求の手続の経過**
(iii) 各当事会社における**債権者の異議手続の経過**

⒤　株式交換により完全親会社に移転した完全子会社の株式数

　(v)　その他株式交換に関する重要な事項

　この報告書は，株主総会以後の事象に関する株主へのディスクロージャーのためにあります。したがって，株主総会以後，株式交換の効力発生日までにあった重要事項と，法定事項を記載することになります。

　株主は，この事後開示書類を営業時間内であれば，いつでも閲覧し，謄本ないし抄本の交付を請求できます（会社法791④，801⑥）。

⑼　株式交換による変更の登記

　株式移転と異なり，登記と株式交換の効力とは，関係がありません。しかしながら，完全親会社は，株式交換によって，発行可能株式総数，発行済株式総数，資本金の額等について，変更登記（会社法915①，商登89）が必要です。

　この変更登記の起算点は，株式交換の効力発生日です。完全親会社は，株式交換の効力発生日から，本店所在地では2週間以内に，変更の登記をする必要があります（会社法915①）。

　また，変更登記の添付書類は，以下のとおりです。

　⒤　株式交換契約書（商登89①）

　(ⅱ)　当事会社の株主総会議事録（商登46②，89⑥）

　(ⅲ)　各当事会社における債権者の異議手続の履行を証する書面（商登89③，⑦）

　(ⅳ)　資本金の額が適法に計上されたことを証する書面（商登89④）

　(ⅴ)　完全子会社の登記事項証明書（商登89⑤）

　(ⅵ)　完全子会社が株券提供等の手続を行った場合に，それを証する書面（商登89⑧）

　(ⅶ)　新株予約権証券の提供等の手続を行ったことを証する書面（商登89⑨）

⑽　新株式の割当て

　株式交換の効力は，株式交換の効力発生日に生じます。そのため，完全親会社は，この日に完全子会社となる会社の株主に，完全親会社の新株式を割り当てることになります。

　完全親会社が上場会社の場合，完全親会社の振替口座に対する増減の記録による手続又は新規記録手続が行われます。

　また，完全親会社が非上場会社で，かつ，株券発行会社である場合には，株主に新株券を交付することになりますが，新株券を交付すべき株主は，株券提出期間満了日にならないと最終的に判明しません。そこから株主名簿の確定，新株の割当明細表の作成，株券の氏名の印刷等の事務処理をしなければなりません。

⑾　端数株処分代金の支払い

　1株に満たない端数株は，まとめて1株として新株式を発行し，競売し，その代金を端数の割合に応じて株主に分配します。

　もっとも，上場会社の場合，市場で売却すればよく，非上場会社の場合，裁判所の許可を得

て任意売却することも可能です。

⑿ 株式交換交付金の支払い

① 誰に交付すべきか

交付金の受領権者は，その交付金が配当見合いの交付金か交換比率調整のための交付金かにより，異なります（菊地伸「株式交換・移転の実務」134頁）。

(a) 配当見合いの交付金の場合

決算期末ないし中間期末（中間配当見合いの場合）の株主名簿記載の株主が受領権者になります。

(b) 交換比率調整のための交付金の場合

(i) 原則として，効力発生日の株主名簿記載の株主が受領権者になります。

(ii) 完全子会社が株券発行会社の場合，株券を提出した株主が，受領権者として，交付金の支払いを受けます。

株主名簿上，株主として記載されていない株券の所持人は，提出によって，名義書換請求を同時にしていると解されます。そこで株券の提出をすれば，株主名簿の記載のいかんを問わず交付金の支払いを受けられます。

株券を提出しない株主は，交付金の支払いを留保され，後日，株券を提示して受領権限を証明した場合に支払いを受けます。

② 支払時期，支払場所，支払方法

支払時期は，株式交換契約書の定めに従うか，定めがなければ株式交換の効力発生日以後遅滞ない時期となります。

支払場所・支払方法については，配当金と同様に扱われます。配当金の受領につき口座振込を利用している株主に関しては，まったく同様に行えば足ります。持参債務と解されていますので，口座振込手数料などは会社負担です。

2.3 実例に基づくスケジュール日程

具体的にどのような日程で，株式交換がなされるのかを見てみましょう。ここでは，株式会社ガリバーインターナショナル（完全親会社）と株式会社ジー・トレーディング（完全子会社）の株式交換におけるスケジュール日程を一例として記載します。

表1-1　完全親会社と完全子会社の株式交換におけるスケジュール日程
（株式会社ガリバーインターナショナルと株式会社ジー・トレーディングの例）

完全親会社	完全子会社
8／10　取締役会決議 　　　　株式交換契約締結	8／10　取締役会決議 　　　　株式交換契約締結
8／14　基準日公告	8／14　基準日公告
8／31　基準日	8／31　基準日
10／21　臨時株主総会決議	10／21　臨時株主総会決議
	11／26　上場廃止
12／1　効力発生日	12／1　効力発生日

第 3 節　株式交換契約書作成の実務

3.1　株式交換契約書の記載事項

　株式交換の当事者たる会社は，前述のように株式交換契約書を作成して，株主総会の特別決議による承認を受けなければなりません（会社法767，783①）。

　株式交換契約書の記載事項は，法定記載事項と任意的記載事項に分けられます。

　前者は，法律によりその記載が強制されている記載事項であり，後者は，それ以外の記載事項です。

　法定記載事項に該当する事項の記載がないことは，原則として株式交換の無効原因になります。

　任意的記載事項は，株式交換の本質や強行法規に反しない限り，任意に記載して差し支えありませんし，記載したことには効力が認められます。

3.2　法定記載事項

● 法定記載事項

1．完全子会社及び完全親会社の商号及び住所（会社法768①一）

2．完全親会社が株式交換に際して完全子会社の株主に対してその株式に代わる金銭等を交付するとき
  (1)　当該金銭等についての次に掲げる事項（会社法768①二）
    イ　当該金銭等が完全親会社の株式であるときは，当該株式の数（種類株式発行会社にあっては，株式の種類及び種類ごとの数）又はその数の算定方法並びに当該完全親会社の資本金及び準備金の額に関する事項
    ロ　当該金銭等が完全親会社の社債（新株予約権付社債についてのものを除く。）であるときは，当該社債の種類及び種類ごとの各社債の金額の合計額又はその算定方法
    ハ　当該金銭等が完全親会社の新株予約権（新株予約権付社債に付されたものを除く。）であるときは，当該新株予約権の内容及び数又はその算定方法
    ニ　当該金銭等が完全親会社の新株予約権付社債であるときは，当該新株予約権付社債についてのロに規定する事項及び当該新株予約権付社債に付された新株予約権についてのハに規定する事項

　　　　ホ　当該金銭等が完全親会社の株式等以外の財産であるときは，当該財産の内容及び数若しくは額又はこれらの算定方法
　　(2)　完全子会社の株主（完全親会社を除く。）に対する金銭等の割当てに関する事項（会社法768①三）

3．完全親会社が株式交換に際して完全子会社の新株予約権の新株予約権者に対して当該新株予約権に代わる当該完全親会社の新株予約権を交付するとき
　(1)　当該新株予約権についての次に掲げる事項（会社法768①四）
　　　イ　当該完全親会社の新株予約権の交付を受ける完全子会社の新株予約権の新株予約権者の有する新株予約権（株式交換契約新株予約権）の内容
　　　ロ　株式交換契約新株予約権の新株予約権者に対して交付する完全親会社の新株予約権の内容及び数又はその算定方法
　　　ハ　株式交換契約新株予約権が新株予約権付社債に付された新株予約権であるときは，完全親会社が当該新株予約権付社債についての社債に係る債務を承継する旨並びにその承継に係る社債の種類及び種類ごとの各社債の金額の合計額又はその算定方法
　(2)　株式交換契約新株予約権の新株予約権者に対する完全親会社の新株予約権の割当てに関する事項（会社法768①五）

4．株式交換がその効力を生ずる日（効力発生日）（会社法768①六）

　会社法は，株式交換契約において定めるべき事項を列挙しています（会社法768①）。なお，会社法は必ずしも契約書の作成は要求していませんが，完全親会社が行う株式交換による変更登記にあたり，株式交換契約書の添付が必要とされており（商業登記法89），実務上は契約書の作成は必須となります。
　上記法定記載事項のうち，1．と4．は，いかなる場合にも定めるべき事項であり，2．と3．はそれぞれの事由に該当する場合にのみ定めなければならない事項です。
　たとえば，実際の株式交換では，完全子会社の株主に対して，完全親会社の株式以外を交付する場合には，完全親会社において債権者保護手続が必要となる関係上，完全親会社の株式のみを交付する場合が多いですが，その場合の法定契約事項は，下記のとおりとなります。

①　完全子会社及び完全親会社の商号及び住所（会社法768①一）
②　完全親会社が株式交換に際して完全子会社の株主に対して交付する完全親会社の株

> 式の数（種類株式発行会社にあっては，株式の種類及び種類ごとの数）又はその数の算定方法並びに当該完全親会社の資本金及び準備金の額に関する事項
> ③ 完全子会社の株主（完全親会社を除く。）に対する完全親会社の株式の割当てに関する事項（会社法768①三）
> ④ 株式交換がその効力を生ずる日（効力発生日）（会社法768①六）

　さらに，完全子会社の株主に対して，対価を交付しない株式交換も認められますが，その場合の法定契約事項は上記①，④のみとなります。
　以下では，各記載項目毎に解説します。

1．完全子会社及び完全親会社の商号及び住所（会社法768①一）

　通常の契約書では，前文に当事者名を記載し，また，契約書末尾に各当事者の住所を記載するのが通例です。ただし，会社法はこれら事項を株式交換契約において定めることを要求していますので，契約書を作成する際には，念のため契約書本文のなかに当事会社の商号と住所を規定しておくことが無難です。以下はその文例です。

（例1）

> （株式交換をする株式会社）
> 第○条
> 　甲（商号：○○株式会社，住所：○○）及び乙（商号：○○株式会社，住所：○○）は，株式交換により，乙の発行済株式の全部を甲に取得させる。

2．完全親会社が株式交換に際して完全子会社の株主に対してその株式に代わる金銭等を交付するとき

　会社法においては，株式交換に際して完全子会社の株主に対して，何らの対価も交付しない場合も許されます。
　しかし，完全子会社の株主に対して，金銭等（完全親会社の株式，社債，新株予約権，新株予約権付社債，これら以外の財産（金銭が代表例））を交付する場合には，それぞれ，下記(1)から(5)に述べる事項が法定記載事項となります。
　また，下記(1)から(5)のいずれの場合においても，下記(6)の，金銭等の割当てに関する事項が法定記載事項となります。

(1) 完全親会社の株式を交付するとき

　この場合，当該株式の数（種類株式発行会社にあっては，株式の種類及び種類ごとの数）又はその

数の算定方法並びに当該完全親会社の資本金及び準備金の額に関する事項を記載します。

① 交付する株式の数又はその数の算定方法

株式交換契約の締結時に，交付する株式の数が確定している場合には，その確定した数を記載します。

また，株式交換契約締結時に，交付する株式の数が確定していない場合には，その数の算定方法を記載することになります。なお，株式交換契約において交付株式数等を定めなければならないとする趣旨は，株主等に株式交換契約の公正性を判断させることにあると思われます。したがって，交付株式数の算定方法は，一義的な数値が導かれるものでなければならず，執行者に裁量を与える内容のものは許されないものと思われます。

✻ Column ✻

株式買取請求権が行使された場合

会社法は，株式交換における株式買取請求の効果は，株式交換の効力発生日に生じるものと規定しています（会社法786⑤）。

旧商法下では，株式買取請求の対象とされた株式の移転は，その代金の支払時にその効力が生じるものとされていましたので，株式買取請求をしている完全子会社の株主に，完全親会社の株式が割り当てられるのか，そうだとすれば，買取請求の対象物は完全親会社の株式となるのか（価額の算定に影響しうるのか），等，解釈上の疑義が生じていました。

そこで会社法は，株式買取請求の効果は株式交換の効力発生日に生じることとして，上記の解釈上の疑義を立法的に解決しています。

したがって，株式買取請求がなされた後，株式交換の効力が生じたときは，当該請求をした完全子会社の株主の有する株式は，その効力発生日に，子会社を経由して完全親会社に移転することになります。

また，効力発生日後に，株式買取請求が撤回された場合，完全子会社は原状回復義務として自己株式を返還する義務を負うはずですが，すでに当該株式は親会社に移転しており，返還義務は履行不能と解されますので，結局，当該自己株式の代金相当額の金銭で返還することになると解されています（相澤哲・細川充「組織再編行為（下）」商事法務1753号46頁参照）。

（例2）

> （株式交換に際して交付する株式数）
> 第○条
>   甲は，株式交換に際して，乙の株主（但し，甲を除く。）に対し，その有する乙の普通株式に代わる金銭等として，甲の普通株式○○○株を交付する。

　株式交換に際して，完全親会社が保有する完全子会社の株式は，株式交換の対象とはなりません（会社法768①三括弧書参照）。上記いずれの記載例も，括弧書きで甲株式の交付対象となる乙の株主から，甲を除外する旨を記載しているのは，この旨を明確にする趣旨です（当該括弧書きの記載をしなくても，株式交換契約の効力に影響はありません）。

　なお，株式交換に際して，完全子会社が保有する自己株式に対しては，完全親会社の株式が交付されます。会社法は原則として子会社による親会社株式の取得を禁じていますが（会社法135①），株式交換による場合は例外的に親会社株式の取得が許容されます（会社法135②五，会社法施行規則23二）。ただし，相当の時期に処分することが要請されており（会社法135③），会社法976十は当該処分の懈怠に対して過料の制裁を規定していますので注意を要します。

② 資本金及び準備金の額に関する事項

　株式交換に際し，完全子会社の株主に対して，完全親会社の株式を交付する場合には，完全親会社の貸借対照表上，資本金，資本準備金，又はその他資本剰余金の額に変動が生じます（会社法計算規則68，69参照）。反対に，完全親会社株式を一切交付しない場合には，これら資本項目の変動はありません。

　そして，具体的にどれだけの資本金，資本準備金等を増加させるかについては，完全親会社が株式交換契約の定めに従い定めた額によることとされているため（会社法計算規則68①一ロ，二ロ，69①一ロ，二ロ），株式交換契約において当該資本金及び資本準備金に関する事項を定めることになります。

　すなわち，計算規則は一定の金額を「株主払込資本変動額」と定め（その内容は，株式交換の態様により異なります），これを完全親会社において増加すべき資本金，資本準備金，又は資本剰余金の額に按分することとしています。

株主払込資本変動額＝資本金増加額＋資本準備金増加額＋資本剰余金増加額

　ただし，その他資本剰余金を増加させることは，それだけ分配可能額を増加させ（会社法461②），債権者を害するおそれがあります。

　そこで会社法は，株式交換に際する債権者保護手続をとった場合とそうでない場合を区別して，その他資本剰余金の増加額に関する規制を行っています。

　すなわち，債権者保護手続をとらない場合には，増加するその他資本剰余金の額は，株主払

込資本変動額に株式発行割合（株式交換に際して発行する完全親会社株式の数を，当該株式交換に際して発行する完全親会社株式数と処分する自己株式の数の合計で除した割合）を乗じた額未満でなければならず，債権者保護手続をとった場合には，株主払込資本変動額の全額をその他資本剰余金とすることも許されます。

> （債権者保護手続を行う場合）
>
> その他資本剰余金増加額＜株主払込資本変動額×株式発行割合（※）
>
> ※株式発行割合＝発行する完全親会社株式数÷（発行する完全親会社株式数＋処分する自己株式数）
>
> （債権者保護手続を行わない場合）
>
> 資本剰余金増加額　≦　株主払込資本変動額

　株主払込資本変動額からその他資本剰余金増加額を控除した残額は，資本金又は資本準備金の増加額に充てられることとなります。資本金と資本準備金の割り振りに法律上の制限はありませんが，株式交換契約において一定の定めを置くことが必要になることは，すでに述べたとおりです。

（例3）

> （資本金及び準備金の額に関する事項）
> 第○条
> 　甲が株式交換に際し増加すべき資本金及び準備金の額は，次のとおりとする。
> (1)　資　本　金　○○○円
> (2)　資本準備金　○○○円

　なお，会社法上は，「株式交換完全親株式会社の資本金及び準備金の額に関する事項」（会社法768①一イ）とのみ規定され，資本金と資本準備金の確定額を記載することまでは要求していません。計算規則も，具体的にどれだけの資本金，資本準備金等を増加させるかは，「完全親会社が株式交換契約の定めに従い定めた額」（会社法計算規則68①一ロ，二ロ，69①一ロ，二ロ）によることとしています。

　したがって，株式交換契約書の記載上，資本金や資本準備金額の算定方法のみを記載することも許されるものと解されます。

　また，その他資本剰余金の額については記載する必要がないですが，任意的記載事項として

記載することはもちろん可能です。

(2) 完全親会社の社債（新株予約権付社債についてのものを除く。）を交付するとき

この場合，当該社債の種類及び種類ごとの各社債の金額の合計額又はその算定方法を記載します。

「社債の種類」として具体的に何を記載するべきかは，法文上は明確ではありませんが，社債原簿の記載事項を規定する会社法681条が，社債の内容を特定する事項（会社法施行規則165参照）を「社債の種類」と定義しております。

（例4）

> （株式交換に際して交付する社債の種類及び合計額）
> 第○条
> 　甲は，株式交換に際して，乙の株主（但し，甲を除く。）に対し，その有する乙の普通株式に代わる金銭等として，下記社債を発行する。
>
> 記
>
> 　発行総額　　　○○○円
> 　各社債の金額　○○○円
> 　利率　　　　　年2％
> 　償還の方法　　期日一括償還
> 　償還の期限　　平成○年○月○日
> 　　　　………

(3) 完全親会社の新株予約権（新株予約権付社債に付されたものを除く。）を交付するとき

この場合，当該新株予約権の内容及び数又はその算定方法を記載します。「新株予約権の内容」として具体的に何を記載するべきかは，法文上は明確ではありませんが，会社法236条1項が，新株予約権の内容として目的株式数や権利行使価額等を定めています。

（例5）

> （株式交換に際して交付する新株予約権の内容及び数）
> 第○条
> 　甲は，株式交換に際して，乙の株主（但し，甲を除く。）に対し，その有する乙の普通株式に代わる金銭等として，下記新株予約券○○個を発行する。

```
           記
  新株予約権1個当たりの目的株式数           普通株式○個
  新株予約権1個の行使に際して出資される財産の価額  ○○円
  新株予約権を行使することができる期間       平成○年○月○日から
                                    平成○年○月○日まで
  ：
  ：
```

(4) 完全親会社の新株予約権付社債を交付するとき

この場合，当該新株予約権付社債についてのロに規定する事項及び当該新株予約権付社債に付された新株予約権についてのハに規定する事項を記載します。

(5) 上記(1)から(4)以外の財産を交付するとき

この場合，当該財産の内容及び数若しくは額又はこれらの算定方法を記載します。

なお，「財産」と評価できるものであれば，自由に交付対象を選定することが可能です。もっとも，株式交換においては，完全子会社の株主等に対し，その有する「株式数に応じて」対価を交付しなければなりませんので（会社法768③），完全子会社に多数の株主が存在する場合には，金銭や親会社株式等，その金額や数量により価値を把握することが容易な財産が選定されることになります。

金銭を交付する場合，株式交換契約ではその総額又は算定方法を定めることになります（下記例参照）。

（例6）

```
（株式交換に際して交付する金銭の額）
第○条
  甲は，株式交換に際して，乙の株主（但し，甲を除く。）に対し，その有する乙の普通株式に代わる金銭等として，金○○○円を交付する。
```

(6) 完全子会社の株主（完全親会社を除く。）に対する金銭等の割当てに関する事項
（会社法768①三）

上記(1)から(5)のいずれの場合にも，金銭等の割当てに関する事項の記載が必要となります。

「割当てに関する事項」は，完全子会社の株主が有する完全子会社株式に対して，株式交換に際して交付される金銭等の割合を示すものです。上記(1)から(5)が，株式交換に際して交付される金銭等の総額（総数）ないしその算定方法を示すものであるのに対して，「割当てに関する事項」は，個々の完全子会社株主が具体的にどれだけの金銭等を受領できるのかを把握するための情報となります。

(例7 (例2に対応))

> (株式の割当)
> 第□条
> 　甲は，株式交換に際して，効力発生日の前日における最終の乙の株主名簿に記載又は記録された株主（但し，甲を除く。）に対し，その有する乙の普通株式1株につき，第○条に規定する株式0.5株を割当交付する。

(例8 (例4に対応))

> (社債の割当)
> 第□条
> 　甲は，株式交換に際して，効力発生日の前日における最終の乙の株主名簿に記載又は記録された株主（但し，甲を除く。）に対し，その有する乙の普通株式1株につき，第○条に規定する社債0.5口を割当交付する。

(例9 (例5に対応))

> (新株予約権の割当)
> 第□条
> 　甲は，株式交換に際して，効力発生日の前日における最終の乙の株主名簿に記載又は記録された株主（但し，甲を除く。）に対し，その有する乙の普通株式1株につき，第○条に規定する新株予約権0.5個を割当交付する。

(例10 (例6に対応))

> (金銭の割当)
> 第□条
> 　甲は，株式交換に際して，効力発生日の前日における最終の乙の株主名簿に記載又は記録された株主（但し，甲を除く。）に対し，その有する乙の普通株式1株につき，金○○円を割当交付する。

3．完全親会社が株式交換に際して完全子会社の新株予約権の新株予約権者に対して当該新株予約権に代わる当該完全親会社の新株予約権を交付するとき

(1) 株式会社間の株式交換

　会社法では，株式会社間の株式交換につき，株式交換契約の定めにより，完全子会社の新株予約権の全部又は一部を消滅させた上で，当該新株予約権の新株予約権者に対して完全親会社

の新株予約権を交付することを認めて，株式交換における新株予約権の承継を実質的に可能にしています。

この場合には，①完全親会社の新株予約権の交付を受ける完全子会社の新株予約権の新株予約権者の有する新株予約権（株式交換契約新株予約権）の内容，及び，②株式交換契約新株予約権の新株予約権者に対して交付する完全親会社の新株予約権の内容及び数又はその算定方法，③株式交換契約新株予約権の新株予約権者に対する完全親会社の新株予約権の割当てに関する事項，を株式交換契約において定める必要があります。

(2) **株式交換契約新株予約権が，新株予約権付社債に付された新株予約権であるとき**

この場合，完全親会社が当該新株予約権付社債についての社債に係る債務を承継する旨並びにその承継に係る社債の種類及び種類ごとの各社債の金額の合計額又はその算定方法を定めることが必要です。

Column

新株予約権者の保護

株式交換に伴い新株予約権の承継がなされる場合，新株予約権者の保護を図るため，一定の場合，完全子会社の新株予約権者には新株予約権買取請求権が付与されます。

まず，あらかじめ，新株予約権の内容として，株式交換等を行う際に，当該新株予約権の新株予約権者に完全親会社の新株予約権を交付する旨，及びその条件を定めることができます（会社法236①八）。

そして，実際に株式交換がなされた場合に当該条件に従った取扱いがなされない場合には，当該新株予約権の新株予約権者は，新株予約権の買取請求をすることができます（会社法787①三）。

このようなあらかじめの定めがなされていない新株予約権について新株予約権の承継を行うことも可能ですが，この場合は，新株予約権者に無条件に新株予約権買取請求権が付与されます。

4．株式交換がその効力を生ずる日（効力発生日）（会社法768①六）

株式交換は，株式交換契約に定めた効力発生日にその効力が生じますが（会社法769①），効力発生日には，株式交換に必要な各種手続を行う時期に関する基準としての意味もあります。

すなわち，株式交換に必要な株主総会の承認決議は，効力発生日の前日までにする必要があ

り（会社法783①，795①），株式買取請求の請求期間は，効力発生日の20日前の日から前日までの間とされ（会社法785⑤，797⑤），また，債権者保護手続が必要な場合，効力発生日までに手続が終了していない場合には，当該株式交換の効力が生じないから（会社法769⑥），効力発生日の前日までには手続を終了しておく必要があります。

したがって，たとえば効力発生日までに債権者保護手続を終えることができそうにない，といった状況となった場合には，効力発生日を変更する手続をとることになります（会社法790①）。

この点を考慮してか，株式交換契約の実務では，効力発生日の記載に加えて，手続進行上，必要な場合には協議により効力発生日の変更ができる旨を記載する例があります（下例参照）。

（例11）

> （効力発生日）
> 第○条
> 　効力発生日は，平成○年○月○日とする。ただし，株式交換手続の進行状況により必要な場合には，甲乙協議のうえこれを変更できるものとする。

3.3　任意的記載事項

以上に述べたような法定記載事項以外であっても，取引上必要な事項があれば任意に株式交換契約書に記載することができます。

なお，会社法施行前の商法の下では，①株式交換に際して株式交換完全親会社の定款を変更する場合に，その内容，②株式交換前から株式交換完全親会社の役員の任期を株式交換後最初に到来する決算期に関する定時総会の終結時まで以外のものとする場合にはその旨，③株式交換の日までに利益配当する場合にはその額が法定記載事項として要求され，また，④実務上，株式交換に際して株式交換完全親会社の役員を選任する場合はその氏名を記載する必要があると解釈されていました。

しかし，会社法ではこれらの事項は法定記載事項とされていませんので，仮にこれらを記載すると，任意的記載事項として扱われることになり，それぞれの記載事項に関して要求される意思決定手続（株主総会決議等）を，株式交換契約の承認とは別の議案を立てて承認を得る必要があります。

その他，会社財産保全条項（株式交換契約から効力発生日まで，それぞれの当事会社における財産を適切に管理させることを定める条項），解除条項（資産状態や経営状態に重大な変更が生じた場合等，株式交換契約を解除できる旨を定める条項），等，種々の任意的記載事項が考えられます。

第1編　基礎解説編

第4節　金融商品取引法・取引所に関する諸規則

4.1　公開会社をめぐる規制

　公開会社とは，取引所上場会社（東証1部，2部，マザーズ等）と店頭登録会社の総称です。このような公開会社が株式交換をする場合，①金融商品取引法の規制と②取引所の規則を遵守する必要があります。特に，届出などが必要か否かについて，慎重な確認が必要です。

　株式交換その他事業再編においては，いずれの規制に関しても，ディスクロージャーが問題になります。

4.2　金融商品取引法の開示規制

(1)　金融商品取引法の開示規制の概要

　金融商品取引法の開示規制は，おおよそ以下のとおりとなります。なお，以下では，目論見書など投資家に直接開示する規制でなく，官公庁などに届出をして投資家に間接的に開示する規制のみをとりあげます。

　①　発行市場開示

　　「有価証券」の「募集」をした場合の有価証券届出書，少額募集等の有価証券通知書などです。

　②　流通市場開示

　　有価証券報告書が代表的なものです。いったん提出義務が生じると継続開示となります。

　　また，市場外の取引に関する規制ですが，公開買付規制も流通市場開示に類するものです。

　③　適時開示の担保のための開示

　　投資判断に影響を与える事象が生じた場合，それを適時に開示することが望ましいといえます。そこで，東京証券取引所などでは，タイムリー・ディスクロージャー・ルールを定め，上場会社に適時開示をさせています。しかし，法的にはその真実性は担保されていません。あくまで取引所の自主規制であり，せいぜい上場契約違反です。そこで，金商法上，「臨時報告書」の提出を義務づけ，虚偽の適時開示を規制できるようにしています。また，インサイダー取引もそのような重要事実を公表せずにかかえたまま，会社関係者がその株式の取引を禁じることで，適時開示を担保する側面があります。

(2)　株式交換と金商法開示

　株式交換による株式等の発行には，有価証券の募集又は売出しと同様の開示規制が課され（金商法4，2の2，同施行令2），この場合に提出される有価証券届出書には，届出書における通常の記載事項の他，株式交換の概要，目的等，株式交換契約の概要，割当ての内容及びその算定根拠，株式交換対象会社の会社情報等を記載しなければなりません（開示府令8①三，五，

②ニ)。

　株式交換を行う場合において，完全子会社の株式等に関して開示が行われていたにもかかわらず，株式交換において交付される有価証券に関して開示が行われていないとき，すなわち，完全子会社が公開会社であり，完全親会社が非公開会社である場合には，株式交換により交付される有価証券の発行者は，発行開示及びその後の継続開示を行わなければなりません（金商法４，24）。

　さらに，継続開示義務を負う株式の発行者は，一定の重要な事実（企業内容等の開示に関する内閣府令19）が発生する度に，遅滞なく「臨時報告書」を財務省財務局長に提出しなければなりません。

　一定の株式交換もこの重要な事実の１つに掲げられています（企業内容等の開示に関する内閣府令19②六の二，六の三）。

4.3　取引所の開示規制

①　上場会社の業務執行を決定する機関が株式交換を決定した場合，直ちに当該事実を開示しなければなりません（上場有価証券の発行者の会社情報の適時開示等に関する規則２①一ｆの２）。記載事項は，以下のとおりです。

　(i)　株式交換の目的
　(ii)　株式交換の条件等（日程，交換比率等）
　(iii)　当事会社の概要
　(iv)　今後の見通し

　なお，株式交換があれば，東証のホームページ上のＴＤ－ｎｅｔで参照することも可能です。ただし，２日程度しか掲載されません。

②　また，子会社＊の業務執行機関が以下の(a)から(c)に該当する又は該当するか否かが不明な株式交換を決定した場合にも，直ちに当該事実を開示することになります（同規則２②一ａ，同取扱２一）。

　＊　ここにいう子会社とは，他の会社が提出した届出書等で，公衆の縦覧に供された直近のものにおいて，当該他の会社の属する企業集団に属する会社として記載された会社をいいます（上場有価証券の発行者の会社情報の適時開示等に関する規則２①一ｌ，金商法166⑤）。

　　具体的には，上場会社の「連結子会社」及び「持分法適用の非連結子会社」が少なくともその範囲に含まれることとなります（金商法５①二，企業内容等の開示に関する内閣府令８の２）。

(a)　当該会社の最近連結会計年度の末日における連結純資産額の30％以上が減少し，もしくは増加することが見込まれるもの

(b)　当該会社の最近連結会計年度の売上高の10％以上が減少し，もしくは増加することが見込まれるもの

> (c) 当該会社の連結経常利益又は連結当期純利益が最近連結会計年度の連結経常利益又は連結当期純利益（最近連結会計年度の連結経常利益又は連結当期純利益が10億円未満の場合には，最近5連結会計年度の平均）の30%以上が減少し，もしくは増加することが見込まれるもの

4.4 内部者取引規制

　内部者取引規制（インサイダー取引）は，犯罪です。未公表の重要事実を知って，会社関係者が当該株式を取引すると処罰されます。

　株式交換をすると実質的な決定機関が決定した事実は，原則として，重要事実です。特定の相手に対する株式交換に着手することを決めた以降は，役員・従業員等会社関係者は自社株を売買してはなりません。ただし，例外として，以下の軽微基準に該当した場合，重要事実にはなりません。

(1) 公開会社が完全親会社となる株式交換

① 基準時を最近の事業年度末に，基準を純資産として，完全子会社が完全親会社の30%未満

② 最近事業年度の売上高で比較して，完全子会社が完全親会社の10%未満

③ 子会社との間で行う株式交換

(2) 公開会社の連結子会社が当事会社となる株式交換

① 最近事業年度末と株式交換後の二時点における連結純資産の増減の幅が30%未満

かつ，

② 連結売上高の増減が，最近連結会計年度の連結売上高の10%未満の増減にとどまっていること。

第 5 節　独占禁止法上の規制

5.1　独禁法上の規制の概要

独占禁止法の第4章に，企業結合に関する規制が規定されています。これらのうち，株式交換で問題となるものは，次の3つです。

① **持株会社による事業支配力の過度集中規制**（独禁法9）
② **一定の取引分野における競争を実質的に制限することとなる株式保有規制**（独禁法10）
③ **金融機関の株式保有規制**（独禁法11）

③は，金融機関が他の会社の議決権総数の5％（保険会社は10％）を超える株式を取得することを規制するものです。金融機関が他の会社を株式交換で買収することは，この規制により困難といえます。例外的に株式交換での買収が認められるためには，公取委の認可を受けなければならないからです。

したがって，実質的には，①②のみ考慮すればよいといえます。

5.2　一定の取引分野における競争の実質的制限となる株式保有規制（独禁法10）

大雑把に言えば，以下の3つのプロセスで，違反するかどうかを判断します。

① **企業結合か**
② **市場はどこにあるか**（一定の取引分野の確定）
③ **競争減殺があるか**（競争の実質的制限の有無）

①企業結合は，

(a) 株式所有割合50％超，
(b) 株式所有割合25％超50％未満，かつ，株式所有会社が単独筆頭株主，
(c) それ以外で株式所有割合10％超，かつ，株主順位3位以内のときに認められます。

(c)の場合は，株式所有割合や株主の順位などを総合考慮して認めるか否かを判断します。

また，役員兼任がある場合，企業結合を認定されやすいので，注意が必要です。

さらに，株式交換の当事会社以外の企業結合も合わせて問題にされます。

いずれにせよ，疑わしいグレーゾーンの場合，公取委に事前相談をして，より問題の少ないスキームに修正していくべきでしょう。

②市場に関しては，何を市場と見るかという問題です。マイクロソフトとネットスケープとが企業結合したとします。このとき，問題の市場をコンピュータソフト市場と見ると，他のたくさんの競争相手がいるので商品の質や価格を左右できないように思えます。また，ワープロソフト市場と見るとまったく問題はありません。

しかし，インターネットのブラウザソフト市場と見ると，他に有力な競争者はなく，商品の価格などを自由にできてしまいそうです。

③競争減殺とは，商品役務の質，値段を固定化させることです。正当な理由がなければ独禁法違反となります。ガイドラインにのっとって，シロかクロか判断します。疑わしいときは，事前相談するしかありません。

なお，企業結合ガイドラインの詳細は，株式移転に関する第2章第5節を参照してください。

● **判断要素**

・当事会社の市場における地位
・市場構造・特性分析
　　競争者の数・集中度
　　参入障壁
　　輸入圧力
　　取引関係に基づく閉鎖性・排他性
・その他
　　総合的事業能力
　　隣接市場からの競争圧力
　　効率性

第2章

株式移転の法務

第1節　株式移転制度とは何か

1.1　株式移転制度の概要

　株式移転は，1又は2以上の株式会社がその発行済株式の全部を新たに設立する株式会社に取得させること（会社法2㉜）であり，純粋持株会社を設立する事業再編手法です。

　株式移転は，完全子会社の会社財産を減少させずに，主として株主構成を変動させる手続きです。そのため，会社債権者が不利益を被ることはなく，原則として債権者保護手続を要しません。

　完全子会社となる株主が，その保有株式を完全親会社となる会社に現物出資しているように見える面もあります（銀持創7参照）。しかし，株式移転は，あくまで合併類似の組織法的行為とされていますので，現物出資による新株発行や会社の設立の場合と異なり，検査役の調査（会社法33，207①，284）も不要です。

1.2　株式移転の使い方

(1)　株式移転の活用方法

① 　純粋持株会社の創設

　株式移転は，基本的には，純粋持株会社を設立するための制度です。基本形は，1つの株式会社が持株会社を創設するものです。さらに，そこから株式交換・会社分割などを用いて，グループ再編をするような手法にも用いることができます。

図1-2 株式移転後の持株会社のつくり方

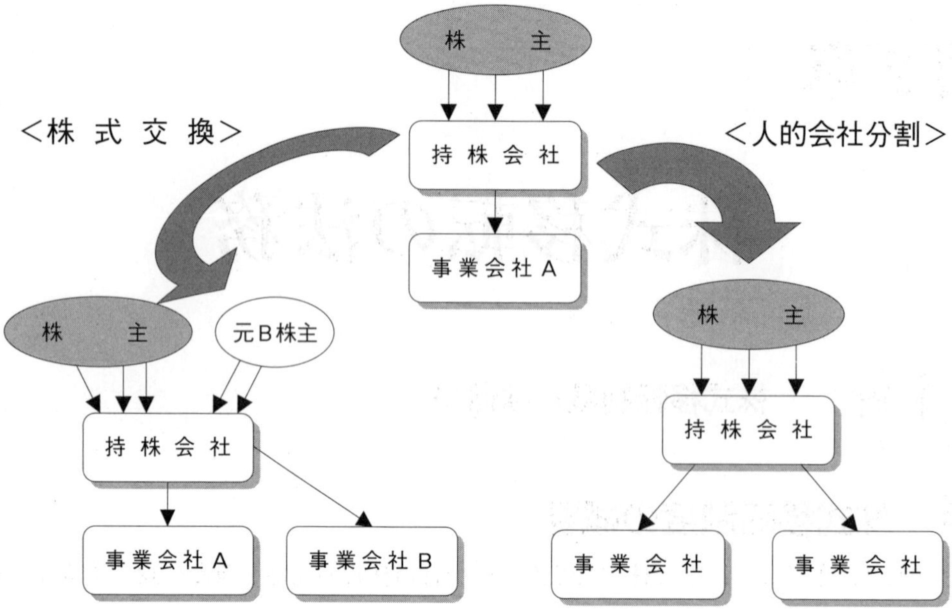

② 合併の代替手段

　さらに共同株式移転は，複数の会社の事業統合に際して，合併の代替手段となり得ます。合併の場合，旧会社の人間同士派閥を形成したり，それが人事に波及するなど統合が難しい実情があります。給与水準・給与体系などの調整も困難です。その点，共同株式移転による事業統合は，旧事業会社がそのまま存続しますので，なんら問題なく統合できます。その後，段階的に人事交流を図ったり制度の調整をしていくことで，比較的スムースに統合できます。

(2) 株式移転の活用例

株式移転の実施例としては，以下のものが挙げられます。

(i) セブンアンドアイホールディングス（イトーヨーカ堂，セブンイレブンジャパン，デニーズジャパン）

(ii) Ｊ．フロント　リテイング（大丸と松屋ホールディングス）

(iii) パソナグループ（パソナの持株会社化）

(iv) 明治ホールディングス（明治製菓と明治乳業）

(v) コーエーテクモホールディングス（テクモと光栄）

> ● 株式交換と株式移転の違い
>
> 　株式交換も株式移転も完全親子会社を創設する制度です。しかし，株式移転は，株式交換が既存の会社間で行うものであるのに対して，新たに完全親会社となる会社を設立する制度です。
>
> 　株式移転において，完全子会社となる会社が一社である場合には，契約書の作成はありえません。そのため，株式移転においては，株式交換契約書のような契約書の作成は必要とされず，株式移転「計画」を「作成」することとされています（会社法773①）。
>
> 　また，株式移転の効力発生は，株式交換と異なり，完全親会社の設立の登記がなされたときとされています（後記42頁）。

1.3　持株会社をつくる方法

　このように，株式移転は，純粋持株会社を設立する制度です。

　この他持株会社を設立する手法としては，分社型の会社分割があります。

　株式移転はすでに存在している会社の親会社をつくって持株会社をつくり，会社分割はすでに存在している会社の事業を子会社に承継させて持株会社をつくります。

　株式移転は上方向，会社分割は下方向の行為によって持株会社をつくるといったイメージです。

　持株会社を創設する場合には，株式移転制度か会社分割制度のいずれかを選択することになると思いますが，以下のような違いがあるので，それぞれの場合に応じて利用しやすい制度を選択すればよいでしょう。

(1)　株主の変動か営業主体の変動か

　株式移転と株式分割は，株主の変動であるか事業主体の変動であるかという点で異なります。

　つまり，株式移転は，株主の変動を伴いますが，事業は子会社となる会社のままで変化はありません。これに対して，会社分割は株主の変動は伴いませんが，事業主体を子会社に変更することになります。

　これらの違いから，それぞれの制度には以下のようなメリット・デメリットがあるといえます。

図1-3　株式移転と会社分割

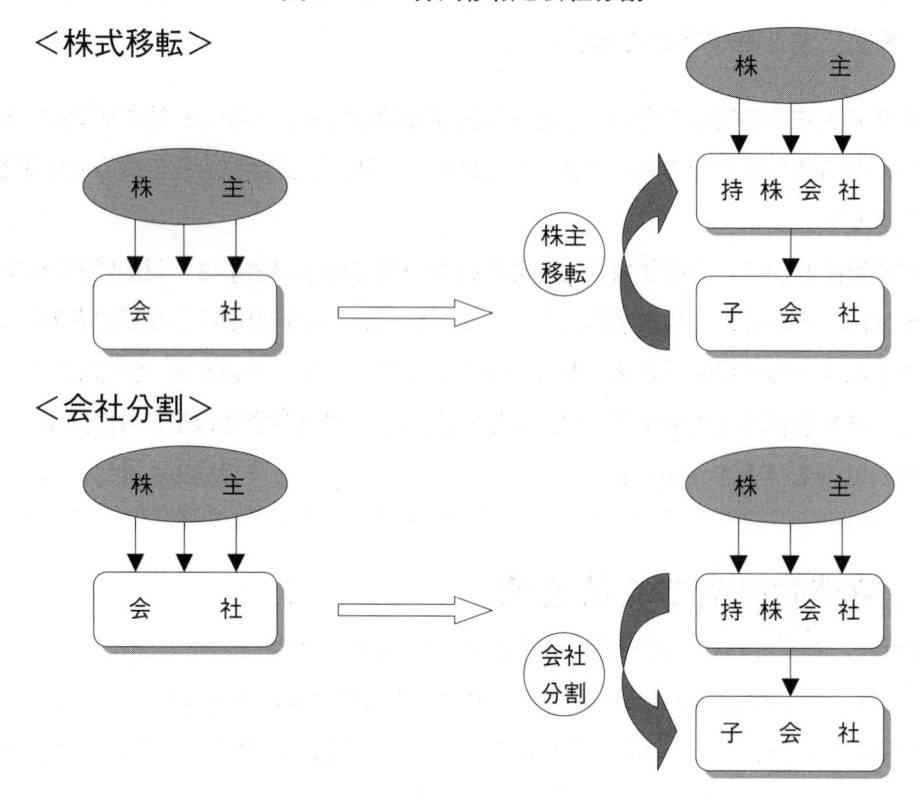

＜株式移転＞

＜会社分割＞

(2) 株式移転のメリット・デメリット

① メリット

　株式移転においては，株主の変動が生じるのみで，事業主体の変動やそれに伴う財産の移転がないことから，原則として債権者保護手続が必要とされていません。

　また，同様に事業主体の変更がないことから，個別の財産の登記・登録といった対抗要件の具備や労働契約の承継の手続きや許認可の承継も問題となりません。

② デメリット

　株式移転には，制度上必ず持株会社が新設されることから，初年度の配当財源の確保に努める必要が生じます。株式移転は，株主の変動が生じることから，株主が多数におよぶ際には手続きに手間がかかります。公開会社が株式移転をする場合，いったん上場廃止をしたうえで新設した持株会社を上場しなければなりません。

　また，株式移転は，株式会社にしか適用がなく持分会社には適用がありません。持分会社を親会社として株式会社を子会社とする場合にも利用できません。

(3) 会社分割のメリット・デメリット

これは，株式移転のメリット・デメリットのちょうど裏返しになります。

① メリット

　株式移転と異なり，持株会社となる会社は，従前営業していた会社ですから，十分な剰余

金を残すことができ，初年度の配当財源確保はあまり問題となりません。

株主の変動は生じないため，株主数の多い会社であっても，手続きの手間はかかりません。

公開会社の場合，いったん上場廃止等をすることを考える必要がありません。

会社分割においては，合同会社のような持分会社も利用できます（ただし，合名会社合資会社を吸収分割会社又は新設分割会社とする会社分割は認められていません）。一度に複数の営業を複数の会社に分離することが可能なため，そのような事業再編を行う場合には手間が省けます。

② デメリット

会社分割では，事業の主体が変動することに伴って財産の変動が生じます。そこで，株式移転とは異なり，債権者保護手続が必要です。

また，事業に含まれる個々の財産の承継に際して，個別財産の登記・登録といった対抗要件の具備は，必要です。なお，営業の承継は，合併・相続と同じ包括承継ですので，契約の承継についての同意は不要です。

契約の承継の中でも，特に，労働契約については、会社の分割に伴う労働契約の承継等に関する法律（労働契約承継法）により，

(i) **総会2週間前に労働契約の承継の有無を通知**（労承法2）

(ii) **承継される事業に主として従事する労働者が計画書等に記載されていない → 異議申出で承継**（同法4）

(iii) **承継される事業に従として従事する労働者が計画書等に記載され承継対象となっている場合 → 異議申出で承継されない**（同法5）

といった手続きを踏むことが要求されています。

さらに，営業の主体が変更されてしまうので，許認可業務を営んでいる場合には，許認可の承継も必要になります。この点は，業法などで特別措置が定められていないかどうかの確認が必要です。

以上のようなメリット，デメリットがあることから，それぞれのニーズに合わせた手法を選択するのが良いでしょう。

第1編 基礎解説編

第2節　株式移転のスケジューリング

2.1　スケジュールの組み方

(1)　株式移転のスケジュール策定の心構え

　株式交換の章で，スケジューリングは余裕を持って計画すべきことをすでに述べました。法律の最低限の規制を知りつつ，実務的に可能な日程を組むことが重要です。

(2)　前提としての法定手続のフローチャート

　株式移転においては，以下のような諸手続きが必要です。

図1-4　株式移転の流れ

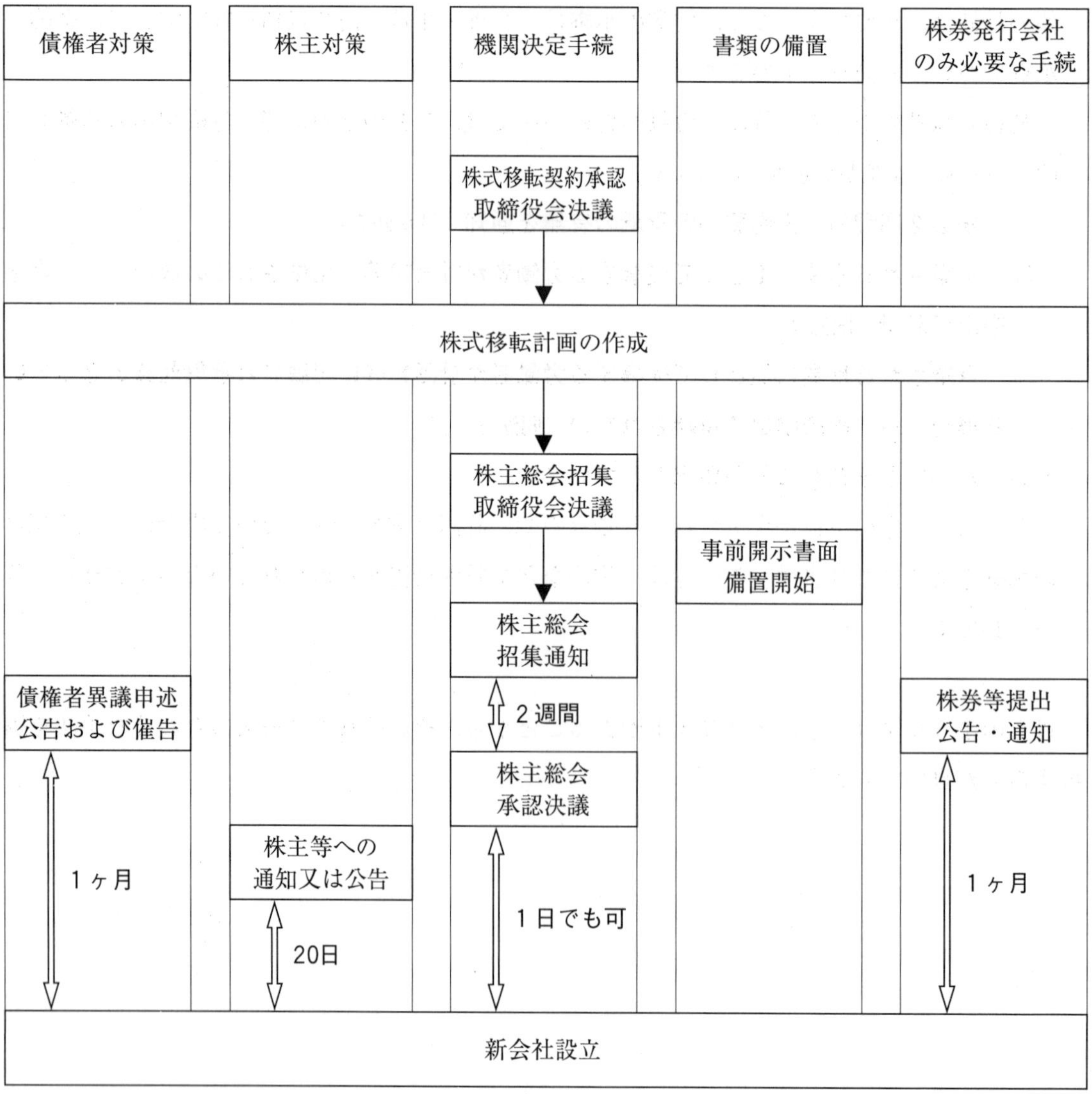

債権者対策	株主対策	機関決定手続	書類の備置	株券発行会社のみ必要な手続
		株式移転契約承認 取締役会決議		
株式移転計画の作成				
		株主総会招集 取締役会決議	事前開示書面 備置開始	
		↓		
		株主総会 招集通知		
債権者異議申述 公告および催告		↕ 2週間		株券等提出 公告・通知
		株主総会 承認決議		
↕ 1ヶ月	株主等への 通知又は公告 ↕ 20日	↕ 1日でも可		↕ 1ヶ月
新会社設立				

36

2.2　スケジューリングにあたっての会社法上の基礎知識

(1)　取締役会による株式移転の方針決定

　株式移転による持株会社化は，株式会社の重要な経営判断です。したがって，取締役会は，重要な業務執行として，株式移転による完全親会社設立の件を決議します（会社法362②一）。

　共同持株会社を設立する場合，統合先企業との間で，共同株式移転に関する覚書（資料1－1）や共同株式移転基本合意書を締結することがしばしばあります。この締結に先立ち，それぞれの取締役会が承認決議をします。

　なお，上場会社の場合，株式移転の合意が事実上決まれば，金融商品取引法上のインサイダー取引のおそれが生じます。また，取引所の適時開示規則などの自主ルールを遵守する必要もあります。したがって，合意ができあがった時点で，その都度公表する必要があります。公表とは，2以上の報道機関に伝達して，12時間以上経過することです（金融商品取引法施行令30①）。東京証券取引所の場合，インターネット上に流すことで，自動的に報道機関に伝達し，翌日ホームページ上に公開するシステム（ＴＤ－ｎｅｔ）があります。

資料1－1　共同株式移転に関する覚書

共同株式移転に関する覚書

　A株式会社（以下，「甲」という）とB株式会社（以下，「乙」という）は，甲及び乙を完全子会社とする持株会社（以下，「丙」という）を共同株式移転の方式により設立することにつき，以下のとおり合意した。

（目　的）

第1条　甲及び乙は，甲乙を完全子会社とする丙を，共同株式移転の方式により，設立する。

　　2　甲及び乙は，前項の丙設立のため，平成○年○月○日頃を目処に，共同株式移転合意書（以下，「本契約」という）を締結し，両社の株主総会で承認を求める事項を決定する。

（株式移転をなすべき時期）

第2条　株式移転をなすべき時期は，平成△年△月△日を目処とする。

（株式移転比率）

第3条　甲及び乙の普通株主に対する丙株式の割当に関する事項は，甲及び乙それぞれの企業価値を2以上の第三者機関により鑑定した結果を参考にして，甲乙協議の上，平成○年○月○日ごろを目処に決定する。

（事業統合推進体制の確立）

第4条　甲及び乙は，両社一体としてグループ経営による経営資源の効率的配分を図るべく，遅滞なく統合推進委員を選出し，具体的な手続を推進させる。

(公表)
第5条　甲及び乙は，本覚書締結の事実及び内容を本覚書締結後直ちに共同で2以上の報道機関に対し記者発表する。

本覚書成立の証として正本2通を作成し，甲乙各自1通ずつ保有する。

　　　　　平成□年□月□日

　　　　　　　　　　　　　　　　　　　　　甲　東京都○○区…
　　　　　　　　　　　　　　　　　　　　　　　Ａ株式会社
　　　　　　　　　　　　　　　　　　　　　　　　　代表取締役社長　　○○○○
　　　　　　　　　　　　　　　　　　　　　乙　東京都○○区…
　　　　　　　　　　　　　　　　　　　　　　　Ｂ株式会社
　　　　　　　　　　　　　　　　　　　　　　　　　代表取締役社長　　○○○○

資料1－2　共同株式移転基本合意書

共同株式移転基本合意書

　Ａ株式会社（以下，「甲」という）とＢ株式会社（以下，「乙」という）は，甲及び乙を完全子会社とする持株会社「株式会社ＡＢホールディングス」（以下，「丙」という）を共同株式移転の方式により設立することにつき，平成□年□月□日付共同株式移転に関する覚書第1条第2項に基づき，以下のとおり合意した。

(目　的)
第1条　甲及び乙は，共同株式移転の方式により丙を設立し，それぞれ丙の完全子会社となる。

(丙の定款)
第2条　新設する丙の定款は，別紙「株式会社ＡＢホールディングス定款」記載のとおりとする。

(丙が発行する株式)
第3条　丙は，株式移転に際して，普通株式○○○○株を発行し，丙の本店所在地における設立登記の日（以下，「株式移転の日」という）の前日の最終の甲乙の株主名簿（実質株主名簿も含む。以下，同様とする）に記載された株主（実質株主も含む。以下，同様とする）に対し，その所有する甲株式○株につき丙株式を△株，その所有する乙株式□株につき丙株式を●株の割合をもって割当交付する。

　2　前項により発行する株式に対する配当金は，平成●年●月●日から起算する。

(丙の資本及び資本準備金の額)
第4条　丙の資本及び資本準備金の額は，次のとおりとする。
　(1)　資　本　金　　　金●○○○万円
　(2)　資本準備金　　　株式移転の日における現存する甲及び乙の純資産額から，前号の金額及び第5条により甲及び乙の株主に支払うべき金額の総額を控除した額

(株式移転交付金)
第5条　甲乙は，株式移転の日の前日の最終の甲乙それぞれの株主名簿に記載された株主に対し，平成○年○月○日から平成○年○月○日に至る期間の配当金に代えて，その所有する甲ないし乙

の株式1株につき〇円の株式移転交付金を，株式移転の日後3月以内に支払う。ただし，甲乙は，協議の上，株式移転の日の前日の甲乙の資産，負債の状態その他の経済情勢の変化に応じ，この交付金を変更することができる。

（株式移転をなすべき日）

第6条　株式移転をなすべき日は，平成〇年〇月〇日とする。ただし，甲乙は，双方協議の上，手続進行上の必要性その他の事由あるとき，これを変更することができる。

（丙の取締役・監査役）

第7条　丙の取締役は，X，Y，…，W，Zの10名とする。

2　丙の監査役は，D，E，F，Gの4名とする。

（甲乙の株主総会での承認）

第8条　甲乙は，本合意書第2条ないし前条の事項及び会社法804条の事項につき，それぞれ株主総会の特別決議による承認を受けなければならない。

（甲乙の財産保全義務）

第9条　甲及び乙は，本合意書締結後株式移転の日の前日に至るまで，善良なる管理者の注意をもってその業務の執行及び財産の管理，運営を行い，その財産及び権利義務に重大な影響を及ぼす行為については，あらかじめ甲乙協議し合意の上，これを行うものとする。

（本合意書の条件変更及び解除）

第10条　甲乙は，本合意書締結の日から株式移転の日の前日に至るまでの間，天災地変その他の事由により，甲又は乙の資産状態，経営状態に重大な変動が生じたときは，双方協議の上本合意書の条件を変更し，または本合意書を解除することができる。

（本合意書等の効力）

第11条　甲乙のいずれかが第8条の承認を受けられなかった場合ないし官公庁の許認可が得られなかった場合，本合意書及び平成〇年〇月〇日付株式移転に関する覚書は，効力を失う。

（本合意書に定めのない事項）

第12条　本合意書に定める事項のほか，株式移転に関し必要な事項は，本契約の趣旨に従い，甲乙協議の上定める。

本合意書締結の証として，正本2通を作成し，甲乙記名押印の上，各1通を保有する。

　　　平成　年　月　日

　　　　　　　　　　　　　　　　　　　　甲　東京都〇〇区…
　　　　　　　　　　　　　　　　　　　　　　A株式会社
　　　　　　　　　　　　　　　　　　　　　　　代表取締役社長　〇〇〇〇
　　　　　　　　　　　　　　　　　　　　乙　東京都〇〇区…
　　　　　　　　　　　　　　　　　　　　　　B株式会社
　　　　　　　　　　　　　　　　　　　　　　　代表取締役社長　〇〇〇〇

(2) 株式移転計画の作成

株式移転をするには，株式移転計画の作成が必要であり（会社法772），その内容は以下のとおりです（会社法773①）。

①	株式移転により設立する会社の目的，商号，本店所在地及び発行可能株式総数
②	①のほか，完全親会社の定款で定める事項
③	完全親会社の設立時取締役の氏名，その他の役員等の氏名
④	完全子会社の株式に代えて交付する完全親会社株式に関する事項及びその割当に関する事項
⑤	④に代わり，社債，新株予約権又は新株予約権付社債を交付するときは，これらの社債等に関する事項及びその割当に関する事項
⑥	完全子会社の新株予約権者に，完全親会社の新株予約権を交付するときは，その新株予約権に関する事項及びその割当に関する事項

(3) 株主総会の招集

取締役会は，株主総会を招集することを決議します（会社法362②一，296③）。その直後，招集通知を発送します。発送は，公開会社では株主総会の日の2週間前とされています（会社法299①，④）が，古い判例により，発送日と株主総会開催日との間に14日必要といわれています。たとえば，6月28日に総会を開くなら，6月13日までに発送する必要があります。発送日の証拠化のために配達証明郵便を用いることもあります。

(4) 関係書類の事前開示

完全子会社となる会社は，備置開始日から効力発生後6ヶ月を経過する日までの間，以下の書類を本店に備置しなければなりません（会社法803①）。株主は，営業時間内ならばいつでも，この書類を閲覧し，その謄本・抄本の交付を要求できます（会社法803③）。会社は，謄本・抄本の交付にあたって，費用を徴収できます。

備置開始日は，以下のうちいずれか早い日とされています（会社法803②）
(i) 株主総会決議が必要な場合，総会の日から2週間前の日
(ii) 株式買取請求権等に関して株主へ通知を要する場合，通知・公告の日
(iii) 新株予約権買取請求に際して予約権者に通知公告を要する場合，通知・公告の日
(iv) 債権者異議手続で個別の催告が必要な場合，催告・公告の日
＊ただし，(ii)・(iii)については，効力発生日より20日前までであることを要する。

事前開示書類（会社法803①，同施行規則206）
① 株式移転計画の内容
② 株式移転の条件の相当性に関する事項
③ 相手方当事会社の計算書類等の内容
④ 当事会社の重要な後発事象等の内容
⑤ 完全親会社の債務の履行の見込みに関する事項

① 株式移転計画の内容

具体的な記載方法は,「第3節　株式移転計画及び株式移転議案作成の実務」を参照してください。記載例としては,50頁以下資料1―4をご覧下さい。

② 株式移転の条件の相互性に関する事項

単独で株式移転をする場合,経済的利益はどのような比率であろうともまったく問題ありません。たとえば,全株式6万株,純資産額6,000万円の完全子会社につき,Aが2万株,Bが4万株保有していたとします。完全子会社の株式1,000株につき完全親会社の株式1株を割り当てるとしますと,A20株,B40株になります。完全親会社が6,000万円で完全子会社株を受け入れるとしますと,Aの把握する価値は2,000万円,Bのそれは4,000万円です。そして,完全子会社株1,000株につき5株割り当てますと,A100株,B200株となります。やはり,把握する価値は,2,000万円と4,000万円になります。このように,単独の株式移転の場合,どのような割当比率でも,株主は経済的には損をしません。

しかし,共同株式移転の場合,他の完全子会社の割当比率次第では,株主は経済的損失をこうむりかねません。

たとえば,X社もY社も,全株式6万株,純資産額1億8,000万円,X社の株主A2万株,Y社の株主B2万株保有という事例で考えてみます。

株式移転前は,AもBも把握する価値は,6,000万円です。ここで,X社とY社が共同株式移転をして,完全親会社H社を設立します。そのとき,X社株主は,保有する1,000株につき1株,Y社株主は5株という割当比率だったとします。すると,Aの把握する価値は,2,000万円,Bの把握する価値は,1億円となり,割当比率（XYの関係では1：5）に応じた把握価値の差が,同じ条件だった2人に生じてしまいました。

このように共同株式移転の割当比率は,どちらの完全子会社の株主にとってもシビアな問題です。そのため,特に上場会社では第三者機関による各当事会社の株式評価をし,その結果を参考にして,著しく不合理でない割当比率を決定します。

株式移転では,完全親会社が子会社に交付するものは,株式,社債,新株予約権もあり（ただし,金銭・財産の交付は不可）,その条件の相当性も開示すべきとされています。

③ 相手方当事会社の計算書類等の内容

共同株式移転の場合の相手方会社に関する開示事項です。最終事業年度に係る計算書類等の内容が開示の対象となります。ここにいう「計算書類等」には,貸借対照表,損益計算書,株主資本変動計算書,個別注記表,事業報告書が該当し,監査役設置会社の場合には監査報告,会計監査人設置会社の場合は会計監査報告も含まれます。なお,事業年度末日後に臨時決算をする場合は,臨時計算書類の内容を開示します。

④ 当時会社の重要な後発事象等の内容

最終事業年度の末日後に重要な財産の処分,重大な債務の負担その他会社財産の状況に重

要な影響を与える事象が生じたときは，その内容を開示します。なお，事前備置開始日から株式移転の効力が生じるまでの間に新たな最終事業年度が生じることになる場合には，その事業年度の末日後に生じた内容に限られます。

⑤ 完全親会社の債務の履行の見込みに関する事項

異議を述べることのできる債権者がいる場合に開示します。旧商法では，債務の履行のあることが要件でしたが（旧商法374の2①三），会社法では債務の履行の見込みがない場合も許容しています。

(5) 株式移転承認決議

株式移転による完全親会社設立につき，株主総会の承認決議が必要です（会社法804①）。その際，総株主の議決権の過半数にあたる株式を有する株主が出席し，その議決権の3分の2以上の賛成による特別決議が必要です（会社法309②十二）。

株式移転による完全親会社設立議案の概要は，招集通知に記載されなければなりません（会社法298①五，同施行規則63⑦七）。

上記株式移転議案の概要は，書面又は電磁的方法による議決権行使が行われる場合，参考書類記載事項となります（会社法施行規則88，91）。

原則として，特別決議が必要です。ただし，①完全子会社が公開会社，かつ，その株主に譲渡制限株式等を交付する場合には，特殊決議が（会社法309③三，②十二），②種類株式発行会社において，株式移転がある種類の株主に損害を及ぼすおそれがある場合には，種類株主総会の特別決議が必要となります。

(6) 株式移転反対株主の株式買取請求

これは，株式交換とほぼ同じですので（会社法806，807），9頁以下を参照してください。

(7) 株券提出手続

完全子会社となる会社が株券発行会社である場合（会社法219），株券提出手続を行います。株券提出手続とは，定款所定の方法による公告（官報ないし日刊新聞紙への掲載）と株主及び登録質権者への通知をします（会社法219①）。

なお，上場会社においては株券提出手続が不要であること，非上場会社であっても，会社法の下では株券不発行が原則となっており，そのような場合も株券提出手続が不要となることは，株式交換と同様です。

(8) 完全親会社の設立登記

株式移転は，完全親会社の株式移転による「設立の登記」（会社法925）をすることで効力を生じます（会社法774）。

この株式移転による設立登記は，株式移転をなすべき時期から本店所在地2週間，支店所在地3週間以内に行わなければなりません（会社法925）。

登記申請に際しての添付書類の一部として，以下のようなものがあります（商登90）。

(ⅰ) 株式移転計画書
(ⅱ) 完全親会社の定款
(ⅲ) 設立時の役員の就任承諾書
(ⅳ) 完全親会社の資本の額を証する書面
(ⅴ) 完全子会社の登記事項証明書
(ⅵ) 完全子会社の株主総会議事録
(ⅶ) 設立時代表取締役の選任に係る書面
(ⅷ) 債権者保護手続をしたことを証する書面

(9) 株式移転報告書の事後開示

完全親子会社双方の代表取締役は，株式移転の効力発生日（完全親会社の設立登記の日）から6ヶ月間，以下の事項を記載した書面を本店に備置しなければなりません（会社法811①二，815③三）。

(ⅰ) 株式移転の効力を生じた日
(ⅱ) 株式・新株予約権の買取手続の経過
(ⅲ) 債権者異議手続の経過
(ⅳ) 完全親会社に移転した株式の数
(ⅴ) その他重要事項（会社法施行規則190，210）

この報告書は，株主総会以後の事象に関する株主へのディスクロージャーのためにあります。したがって，株主総会以後，株式移転の日までにあった重要事項と，法定事項を記載することになります。

株主は，この事後開示書類を営業時間内であれば，いつでも閲覧し，謄本ないし抄本の交付を請求できます（会社法811④，815⑥）。

(10) 株式の発行・端数株処分代金・株式移転交付金の支払い

株式交換と同様です。前述12頁以降をご参照ください。

資料1－3　事後備置書類

平成○年○月○日

甲株式会社と乙株式会社との共同株式移転に関する事項

東京都○○区…
甲株式会社
代表取締役社長　X

東京都○○区…
乙株式会社
代表取締役社長　Y

　甲株式会社と乙株式会社は，平成○年○月○日開催のそれぞれの定時株主総会においてご承認いただきました共同株式移転による完全親会社であるH社設立の決議に基づいて，平成○年○月○○日をもって株式移転を実施し，設立登記を行いました。この株式移転に関する事項は下記のとおりです。

記

1．会社法第806条第1項の規定による株式の買取請求をされた株主（実質株主を含みます。以下同じとします）は，以下のとおりでした。
　　①　請求件数　　　　　株式会社○○○○につき5件
　　　　　　　　　　　　　当社につき0件
　　②　株式の種類及び数　普通株式　5,000株（合計）
　　③　買取請求にかかる株式の価格　200万円（合計）
（1．会社法第806条第1項の規定による株式の買取請求をされた株主（実質株主を含みます。以下同じとします）は，両社ともございませんでした。―買取請求がない場合の記載例）

2．甲株式会社および乙株式会社は，商法第368条の規定により平成○年○月○日付の○○新聞におきまして，甲株式会社及び乙株式会社の株主に対し，平成○年○月○日までに株券を提出されたい旨ならびに株式移転の日において株券は無効となる旨を公告し，かつ，株主及び登録質権者に各別の通知を行いました。

3．株式移転によって，H株式会社に移転した甲株式会社の株式の数は○○○株，乙株式会社の株式の数は○○○株です。

4．H株式会社は，株式移転に際して発行する新株式○○○○株を，甲株式会社と乙株式会社の株主（実質株主を含みます。以下同じです）に対し，その所有する甲株式会社普通株式1,000株につきH株式会社1株，その所有する乙株式会社普通株式1,000株につきH株式会社の普通株式○．○株の割合をもって割当て交付いたしました。

5．H株式会社が，株式移転に関する株主総会の承認に基づき，株式移転の日の前日の最終の甲株式会社の株主名簿に記載された株主に対し支払う株式移転交付金の総額は，○○○円（1株につき○円○銭），乙甲株式会社の株主名簿に記載された株主に対し支払う株式移転交付金の総額は，○○○円（1株につき○円○銭）です（支払わない場合には，不要です）。

6．この株式交換の結果，H株式会社は，資本金が○○○○万円，資本準備金が○○○○万円となっております。

以　上

2.3 具体的なスケジュール例

表1−2　株式移転に関する日程例（公開会社）

3月決算，9月末中間決算

完全親会社となる会社		完全子会社となる会社		備　　考
月日	手　続	月日	手　続	
		12／22	取締役会（全面的統合に関する契約書承認・調印），プレスリリース（公表）株式移転計画作成	証券取引所へのファイリング
3／31	決算期	3／31	決算期	
		5／25	取締役会，株式移転承認総会招集決議	証券取引所へのファイリング
		6／8	事前開示書類の本店備置開始	承認総会の2週間前から株式移転の日後6ヶ月を経過するときまで，証券取引所へのファイリング
		6／12	承認総会招集通知発送	
		6／28	定時株主総会	証券取引所へのファイリング
			臨時報告書の提出	承認総会決議後，遅滞なく
		7／18	反対株主の株式買取請求行使期限	総会決議の日から20日以内に請求
9／21	証券取引所による完全親会社上場の金融庁長官届出（上場予定日の7日前まで）			
		9／22	上場廃止	
9／28	新規上場			

9／29		設立の登記				
		株式移転関係書類の事後備置開始				
11／9		端数株等処分				
11／30		株式の発行				
12／8		株式移転交付金の支払い	12／8		中間配当金支払い	

第3節　株式移転計画及び株式移転議案作成の実務

3.1　株式移転計画作成及び総会決議事項

　株式移転は，純粋持株会社（完全親会社）設立の手続きです。そのため，株式交換とは異なり，株主総会での承認決議の時点で完全親会社が存在していません。ですから，株式移転の場合，完全親会社の特別決議は問題となりませんし，完全親会社との契約という法律構成をとっていません。

　したがって，株式移転では，法定の決議事項を含んだ株式移転計画及び株主総会の議案作成が，株式交換の契約書作成に対応するものとなります。

　なお，既述のように，共同株式移転の場合，完全子会社が相互に，しばしば共同株式移転基本統合書や覚書のような契約を締結します。

　この場合，その契約書作成は，株式移転計画及び議案作成と同様に進められます。なお，2以上の株式会社が共同して株式移転する場合には，共同して株式移転計画を作成します（会社法772②）。

● **株式移転計画記載事項**

① 株式移転により設立する会社の目的，商号，本店所在地及び発行可能株式数（会社法773①一）
② ①のほか，完全親会社の定款で定める事項（会社法773①二）
③ 完全親会社の設立時の取締役の氏名，その他役員等の氏名（会社法773①三，四）
④ 株式移転対価として交付される完全親会社の株式の数又はその算定方法及び資本金，準備金の額に関する事項並びに株式の割り当てに関する事項（会社法773①五，六）
⑤ 完全子会社の株主に対して完全親会社の社債等を交付するときはその事項及び割り当てに関する事項（会社法773①七，八）
⑥ 完全子会社の新株予約権の新株予約権者に対して完全親会社の新株予約権を交付するときはその事項及びその割り当てに関する事項（会社法773①九，十）

---

(1)　設立する完全親会社の目的，商号，本店所在地及び発行可能株式数，その他完全親会社の定款で定める事項（会社法773①一，二）

　設立する完全親会社の定款規定を株式移転計画案で作成します。完全子会社となる会社の株主は，株式移転がなされると，完全親会社の株主になりますので，その株主が定款規定を承認します。

公開会社の場合，定款記載の商号を先に登記されてしまわないよう，公表前に登記所に仮登記を申請しておく必要があります。

> ● **持株会社の定款の目的**
>
> 　完全親会社の定款の目的は，すなわち持株会社の定款の目的となります。他の会社の株式保有以外に事業をしない純粋持株会社は，以下のような定款の目的の記載をします。
> 　① 子会社の事業目的と同じ目的を列挙
> 　② 次の事業を営む他の会社の株式を所有することにより，当該会社の事業活動を支配・管理すること
> 　なお，以下の記載については，議論がありましたが，実務上はあまりに抽象的であると適法性を疑問視されていますので，避けたほうが賢明でしょう。
> 　③ 他の会社の株式を所有することにより，当該会社の事業活動を支配・管理すること

(2) 株式移転対価として交付される完全親会社の株式の数又はその算定方法及び資本金，準備金の額に関する事項並びに株式の割り当てに関する事項（会社法773①五，六）

　完全親会社が発行する株式の種類及び数については，比較的問題がありません。ただし，完全子会社となる会社が転換社債型新株予約権付社債を発行していた場合，株式移転をなすべき時期の前日までの転換権行使による完全子会社株増加分への割当てを計算して，記載しておく必要があります（資料1－4，後記50頁）。実務的には，転換社債型新株予約権付社債の行使による完全子会社株の増加分は，招集通知の初稿段階である4月いっぱいまでは確定数字で発行する株式数に組み入れてしまい，5月初めから計算式で対応します。

　株式の割当てに関する事項は，後記50頁を参照してください。ポイントは，1株当たりの価値を算出して，その比率を決定し，その後，その比率で割当株式数を決定することです。1株当たりの価値の算出には，第三者機関による客観的な鑑定意見書を，できれば複数とることが重要です。

(3) 完全子会社の株主に対して完全親会社の社債等を交付するときはその事項及び割り当てに関する事項（会社法773①七，八）

(4) 完全子会社の新株予約権者に対して完全親会社の新株予約権を交付するときはその事項及びその割り当てに関する事項（会社法773①三，四）

(5) 完全親会社の設立時取締役の氏名，その他役員の氏名（会社法773①三，四）

　株式移転は，完全親会社を設立する手続きです。したがって，完全親会社の最初の取締役及

び監査役を選任しなければなりません。それゆえ，最初の取締役，監査役候補者の氏名が株主総会の承認決議事項とされています。

書面投票制度採用会社の場合，実質役員選任であるため，参考書類記載事項として，以下の事項を記載しなければなりません（参考書類規則3①九，同3①一）。

(i) 取締役等の候補者の氏名
(ii) 生年月日
(iii) 略歴
(iv) その有する会社の株式の数
(v) 他の会社の代表者であるときはその事実
(vi) 会社との間に特別の利害関係があるときはその要旨
(vii) 就任の承諾を得ていないときはその旨

なお，上記(iv)の「その有する株式数」について，複数の会社が共同して親会社を設立する場合，双方の所有株式数を併記する例があります（日本ユニパックホールディング，みずほホールディングス）。

＊Column＊

役員の報酬

取締役や監査役の報酬については，定款又は株主総会の決議で定めておくことが必要です（会社法361，387）。

また，株式移転の株主総会では，将来設立される親会社の株主となる者が承認をするのですから，この機会に役員の報酬に関する決議をしても不都合はありません。

そこで，実務上，株式移転の株主総会において，定款の附則に報酬額を記載しておくか，株式移転の議案の中で役員報酬の決議をしてしまうことが多いと思います。

トウアバルブグループ本社やみずほホールディングスは株式移転の議案の中で決議しており，日本ユニパックホールディングでは報酬を定款の附則で記載しています。

報酬の議案（記載内容）としては，一般の事案と同様に，総額で定め，使用人兼務取締役がいる場合には，使用人分を除く扱いとなります（トウアバルブグループ本社の実例）。

資料1－4　株式移転承認議案の参考書類記載例

第2号議案　株式移転による完全親会社設立の件

1．株式移転を必要とする理由

　株式会社○○及当社は，全面的統合により，新しい総合△△事業グループを結成し，経営効率の向上と事業分野，機能面における特色・強みの結合を実現することにより，グローバルな△△事業市場において，わが国を代表し，かつ，世界でも屈指の存在となることを目指すことに合意いたしました。

　本議案は，この合意に基づき，2社が共同で会社法第772条に定める株式移転により「株式会社○○ホールディングス」を設立し，当社がその完全子会社となることをお諮りするものであります。

　株主の皆様におかれましては，何卒この趣旨にご賛同の上，ご承認賜りますようお願いいたします。

2．株式移転の内容

　(1)　設立する完全親会社の定款

　　　設立する完全親会社の定款は，後記「株式会社○○ホールディングス定款」記載のとおりであります。

　(2)　設立する完全親会社が発行する株式の種類及び数並びに株主（実質株主を含む。以下同様とする）に対する株式の割当

　　　完全親会社は株式移転に際し，普通株式1,080,570.24株〔〔完全子会社となる会社が転換社債を発行している場合の記載例〕及び株式会社○○の発行した転換社債のうち，平成14年5月1日〔平成14年6月総会で承認する場合。招集通知の初稿作成時期を考慮したもの〕から平成15年3月28日〔株式移転をなすべき時期の前日〕までに転換権の行使により発行される同社株式数の1000分の1に相当する数〕の普通株式を発行し，当社株主及び株式会社○○株主に対し，それぞれ次の比率でこれを割り当てます。

・当社株主

　当社普通株式1,666株につき設立する完全親会社普通株式1株を割り当てます。

・株式会社○○

　当社普通株式1,000株につき設立する完全親会社普通株式1株を割り当てます。

〔株式会社○○の事項は，共同株式移転する旨を決議する趣旨から，要求されると考えられています〕

　(3)　設立する完全親会社の資本の額及び資本準備金

　　　資本の額　　　600億円

　　　資本準備金　　株式移転の日に，当社及び株式会社○○に現存する純資産額の合計額から，上記資本の額及び後記(4)の株主に支払をなすべき金額の総額を控除した金額

　(4)　株式移転交付金（株主に支払いをなすべき金額）

　　　設立する完全親会社が当社及び株式会社○○の株主に支払をなすべき株式移転交付金は，それぞれ次のとおりです。

・当社の株主に対しては，株式移転交付金の支払いをいたしません。

・株式会社○○の株主に対しては，平成15年3月28日の最終の同社株主名簿（実質株主名簿を含む。以下同じ）に記載された株主又は登録質権者に対し，その所有する同社株式1株に対し金4円50銭の株式移転交付金を設立後3ヶ月以内に支払います。〔株式会社○○の事項は，共同株式移転する旨を決議する趣旨から，要求されると考えられています。〕

(5) 株式移転をなすべき日（株式移転をなすべき時期）

平成15年3月29日

ただし，株式移転の進行に応じ，必要あるときは，当社と株式会社〇〇が協議の上，これを変更することができるものといたします。

(6) 完全子会社が株式移転の日までにする利益の配当の限度額

中間配当金の限度額

・当社は，利益配当金及び中間配当金の支払いをいたしません。

・株式会社〇〇は，平成14年3月31日の最終の株主名簿に記載された株主又は登録質権者に対し，総額42億6,890万円を限度として利益配当金を支払います。また，同社は平成14年9月30日の最終の株主名簿に記載された株主又は登録質権者に対し，総額34億3,919万円を限度として中間配当金を支払います。

〔株式会社〇〇の事項は，共同株式移転する旨を決議する趣旨から，要求されると考えられています〕

(7) 設立する完全親会社の取締役及び監査役の氏名

・取締役の氏名

氏　名 （生年月日）	略歴及び他の会社の代表状況	所有する当社及び 株式会社〇〇株式数
〇　〇　〇　〇 （昭和12年〇月〇日生）	昭和〇年〇月　当社入社 昭和〇年〇月　当社取締役〇〇部長 昭和〇年〇月　当社常務取締役 昭和〇年〇月　当社専務取締役 昭和〇年〇月　当社取締役副社長 昭和〇年〇月　当社代表取締役社長 　　　　　　　現在に至る	当　社 　　　　7,000株 株式会社〇〇 　　　　　0株

中　略

(注)　1．△△△△氏を除き，株式移転に際し就任する取締役と当社及び株式会社〇〇との間には，特別の利害関係はありません。

2．△△△△氏は，株式会社△△の代表取締役であり，当社は同社から当社本社工場の工場用地の一部を賃借しております。

・監査役の氏名

氏　名 （生年月日）	略歴及び他の会社の代表状況	所有する当社及び 株式会社○○株式数
	中　　略	
○　○　○　○ （昭和24年○月○日生）	昭和○年○月　弁護士登録（第○東京弁護士会） 昭和○年○月　○○総合法律事務所パートナー 昭和○年○月　○○法律事務所創設 昭和○年○月　当社顧問弁護士 昭和○年○月　当社取締役副社長 　　　　　　　現在に至る	当　社 　　　　　　　0株 株式会社○○ 　　　　　　　0株

(注) 1. 監査役のうち，現在，○○○△氏は当社の取締役であり，また，○○○□氏は株式会社○○の取締役ですが，両氏は完全親会社の監査役に就任する前日までに，それぞれ取締役を辞任する予定であります。
　　 2. 株式移転に際し就任する監査役と当社及び株式会社○○との間には，特別の利害関係はありません。
　　 3. 監査役のうち，○○○○氏は，「株式会社の監査等に関する商法の特例に関する法律」第18条第1項に定める社外監査役です。

(8) 取締役及び監査役の報酬額〔一体の議案として同時に総会決議を得る例〕

　　「株式会社○○ホールディングス」の取締役・監査役それぞれの報酬総額は，当社及び株式会社○○の報酬総額，その他諸般の事情を考慮して，取締役の報酬総額を月額45百万円以内，監査役の報酬総額を月額15百万円以内といたします。

　　なお，設立時の「株式会社○○ホールディングス」の取締役の員数は9名，監査役の員数は6名となる予定であります。

(9) 共同設立に関する事項

　　当社は，株式会社○○と共同して，完全親会社たる株式会社○○ホールディングスを設立いたします。

（株式会社○○の概要）（平成22年3月31日現在）

社　　　名	株式会社○○
本店所在地	東京都○○区…
設立年月日	昭和○○年○月○日
資　本　金	10,000,000,000円
事業内容	○○の製造販売
役　　　員	代表取締役社長　○　○　○　○ 専務取締役　　　●　●　●　●
従　業　員	6,009名

⑽ 設立する完全親会社の会計監査人の選任に関する事項
　　設立する完全親会社の会計監査人は次のとおりといたします。

名　　　称	監査法人○○○○○
事　務　所	・主たる事務所 　東京都○○区… ・関与社員が勤務する事務所 　東京都△△区…
沿　　　革	昭和○○年○月　○○監査法人設立 平成○年　○月　△△監査法人と合併し，監査法人○○○○となる。
概　　　要 （平成22年4月1日現在）	公認会計士　1,800名・会計士補　700名 事務所（国内）35か所，海外駐在員　22都市　40名 監査関与会社　5,000社

3．会社法803条1項の株式の割当てに関する説明
　当社及び株式会社○○は，株式会社○○○○銀行及びABCファイナンス株式会社による株式移転比率算定結果を参考として，両社協議のうえ株式移転比率を次のとおり決定いたしました。

会　社　名	当　社	株式会社○○
株式移転比率	0.6	1

　したがいまして，設立する完全親会社株式の割当比率は，当社普通株式1,666株につき，完全親会社普通株式1株を，株式会社○○普通株式1,000株につき，完全親会社普通株式1株を，それぞれ割当交付いたします。

（注）1．株式会社○○○○銀行は算定にあたり，株式市価法，修正簿価方式及び収益還元方式を用いました。
　　　2．ABCファイナンス株式会社は算定にあたり，株式市価法及び修正純資産法（超過収益均衡モデル）を用いました。
　　　3．株式移転比率は，比率決定の前提となる諸条件に天災地変その他の事由により，重大な変動が生じた場合には，当社と株式会社○○が協議のうえ，これを変更することがあります。

4．会社法803条1項の貸借対照表及び損益計算書の内容
　当社の貸借対照表および損益計算書の内容につきましては，添付書類の○頁から○頁までに記載のとおりです。
　株式会社○○の貸借対照表及び損益計算書は，それぞれ次のとおりです。

（中　略）

5．本議案に関する事項
　本議案は，当社及び株式会社○○の株式移転承認株主総会の承認並びに法令に定める関係官庁の承認が得られることを条件といたします。

「株式会社○○ホールディングス定款」
（以下，略）

第4節 金融商品取引法・取引所に関する諸規則

4.1 はじめに

　金融商品取引法では，平成18年改正により，主に上場企業の組織再編成に関する情報開示を充実させる目的で，組織再編成により新たに有価証券が発行され，または，既に発行された有価証券が交付される場合のうち一定の場合について開示義務が定められることとなりました（金商法4①）。

　ここでいう企業の「組織再編成」には，株式移転も含まれます（金商法2の2，同施行令2）。

4.2 株式移転と金融商品取引法の開示規制

1．有価証券届出書

　株式移転によって株式移転完全子会社の株主等に設立完全親会社の有価証券が交付される場合で，次の要件を満たす場合はその有価証券の発行会社は有価証券報告書の提出を行わなければなりません（金商法2の2，4①二，5①，同施行令2の4～2の7）。

① 株式移転完全子会社の株主等が多数であること
② 株式移転完全子会社が開示会社で株式移転完全子会社の株主等に交付される有価証券について開示が行われていないこと
③ 発行価額又は売出価額の総額が1億円以上であること

　ただし，金融商品取引法5条4項の要件を満たす場合は，その有価証券の発行会社は参照方式（内閣府令で定める添付書類等を参照すべき旨記載する方式）により有価証券の届出を行うことができます。

2．有価証券通知書

　株式移転によって株式移転完全子会社の株主に株式移転設立完全親会社の有価証券が交付される場合で，次の要件を満たす場合はその有価証券の発行会社は有価証券通知書の提出を行わなければなりません（金商法4⑥，同施行令2の4～2の7）。

① 株式移転完全子会社の株主等が多数であること
② 株式移転完全子会社が開示会社で株式移転完全子会社の株主等に交付される有価証券について開示が行われていないこと
③ 発行価額又は売出価額の総額が1,000万円超1億円未満であること

3．継続開示義務

　完全子会社が継続開示会社の場合，株式移転後に上場廃止されても，そのままでは，なお有

価証券報告書を提出しなければなりません。

継続開示義務は、その有価証券が、
① 上場有価証券である場合（金商法24①一）
② 店頭登録有価証券である場合（金商法24①二）
③ 公募（募集・売出し）されている場合（金商法24①三）
④ 資本5億円以上かつ株主500名以上の株式会社により発行されている場合（金商法24①但書，24①四，同施行令3の6③）

に生じます。

株式移転によって完全子会社が上場廃止になった場合、③のみが問題になります。③の場合に、継続開示義務を免れるのは、①継続開示義務者が清算中の場合、②継続開示義務者が相当期間営業休止している場合、③公募をした有価証券の所有者が25名未満となった場合に、内閣総理大臣の承認を受けたときです（金商法24①但書，同施行令4，企業内容等の開示に関する内閣府令16②）。この場合、完全子会社が公募をした株式の所有者は、完全親会社のみになりますので、③にあたるものとして、申請をすれば継続開示義務は免れます。もっとも、期末の株主名簿が申請書添付書類となっているため、期中で株式移転をしても申請は営業年度末以降となります。なお、他に社債などの「募集」をしていると免除が受けられませんので注意をしてください。

4．臨時報告書

継続開示義務を負う株式の発行者は、一定の重要な事実（企業内容等の開示に関する内閣府令19）が発生するたびに、遅滞なく「臨時報告書」を内閣総理大臣に提出しなければなりません（金商法24の5④）。一定の株式移転も重要な事実の一つに掲げられています（企業内容等の開示に関する内閣府令19②六の三，19②十四の三）。

したがって、有価証券報告書を提出している会社（金商法24①）は、株式移転が行われることが業務執行機関により決定された場合には、遅滞なく、臨時報告書を提出しなければならない場合があります。また株式移転計画の内容の変更などの臨時報告書記載事項に変更が生じた場合には訂正報告書を提出しなければなりません（金商法24の5⑤，7）。

臨時報告書を提出すべき重要な事実のうち株式移転に関するものは、以下のとおりです。

(1) 提出会社が完全親会社の場合

株式移転の株主総会承認決議があった場合

(2) 提出会社の連結子会社の株式交換の場合

① 最近連結会計年度末の連結純資産が30％以上増減することが見込まれる連結子会社の株式移転

または，

② 提出会社の売上高が、最近連結会計年度の売上高の10％以上の増減が見込まれる連結子

第1編　基礎解説編

会社の株式移転

③　①ないし②を満たす「株式移転」にかかる株主総会の決議があった場合

　株式移転の場合，株式交換と異なり，株式移転承認決議がなされた後，遅滞なく臨時報告書を提出すればよいことになっています。

　臨時報告書の記載事項は，以下のとおりです（企業内容等の開示に関する内閣府令19②六の二）。

(i)　株式移転において，提出会社（ないしは連結子会社）のほかに完全子会社となる会社がある場合は，当該他の完全子会社となる会社の名称，住所，代表者の氏名，資本金及び事業の内容

(ii)　株式移転の目的

(iii)　株式移転の方法，株式移転承認決議の内容

(iv)　連結子会社の名称，住所，代表者の氏名（上記(ii)の場合のみ。同令19②十四の三）

4.3　取引所の開示規制

①　上場会社の業務執行を決定する機関が「**株式移転を決定した場合**」，直ちに当該事実を開示しなければなりません（上場有価証券の発行者の会社情報の適時開示等に関する規則3条1(1)ｊ）。

　記載事項は，以下のとおりです。

(i)　株式移転の目的

(ii)　株式移転の条件等（日程，株式移転比率及びその算定根拠，株式移転交付金，完全親会社の上場申請に関する事項等）

(iii)　株式移転当事会社，新会社の概要

(iv)　今後の見通し

　具体的には，みずほホールディングス，日本ユニパック他の開示事例（「株式交換・株式移転の開示事例」別冊商事法務234号224頁以下）を参照してください。なお，株式移転があれば，東証のホームページ上のＴＤ－ｎｅｔで参照することも可能です。ただし，2日程度しか掲載されません。

②　また，上場会社の**子会社**の業務執行機関が「**株式移転を決定した場合**」，直ちに当該事実を開示することになります（同規則3条2(1)ｂ）。

　連結子会社の株式移転の場合の開示事項は，以下のとおりです。

(i)　子会社および共同して株式移転をする場合の相手会社の名称等

(ii)　株式移転の目的

(iii)　株式移転の条件等（日程，株式移転比率及びその算定根拠，株式移転交付金，完全親会社の上場申請に関する事項等）

(iv)　株式移転当事会社，新会社の概要

(v) 今後の見通し

4.4 内部者取引規制

内部者取引規制（インサイダー取引）は，犯罪です。未公表の重要事実を知って，会社関係者が当該株式を取引すると処罰されます。

株式移転をすると実質的な決定機関が決定した事実は，重要事実です（金商法166②一リ）。公開会社自身がする株式移転については，軽微基準がありません。

子会社が株式移転をする事実も重要事実です（金商法166②五ロ）。しかし，こちらは，以下の軽微基準が定められています（取引規制府令52②）。

① 公開会社の連結純資産額の増減見込額が最近連結会計年度の末日における連結純資産額の30％未満

かつ，

② 公開会社の連結売上高の増減見込額が最近連結会計年度の連結売上高の10％未満

第5節　独占禁止法の規制

5.1　株式移転で問題となる独禁法の規定

独禁法は，自由な競争を確保することを目的とします。たとえば，それまで激しい競争をしていた2つの企業が合併してしまえば，その競争はなくなり，消費者に供給される商品あるいは役務（サービス）の価格の上昇や品質の低下をもたらしかねません。そこで，独禁法は，2つ以上の企業が結合する場合のみ，規制をすることにしています。

株式移転の場合，共同株式移転のみが規制対象です。たとえば，みずほグループの持株会社化の事例は，興銀，第一勧銀，富士銀行が共同で持株会社を設立して，3行が完全子会社となりました。これにより，3行は結合しました。このような場合には，独禁法上，預金業務，貸出業務などへの影響を考慮することになります。これに対して，単独で持株会社を設立する事例は，単純なグループ内再編であるため，それまで単独企業で独禁法の問題がなければ，株式移転をしたからといって競争に悪影響を及ぼすとはいえません。したがって，単独株式移転ならば，独禁法の規制を考慮しなくてよいといえます。

適用される可能性のある規定は，以下の2つです。

① **事業支配力が過度に集中する場合**（独禁法9①②）
② **株式保有規制**（独禁法10）

実務上，①が問題となるケースは，少ないといえます。他方，②は，ある程度以上の会社同士の結合の場合，問題になります。もちろん非公開会社であっても規模の大きい会社同士が企業結合すれば，問題になります。

いずれにしろ，公取委のガイドラインにより明白にシロといえないケースでは，微妙な事例判断が求められますので，公正取引委員会に事前相談をすることになります。事案にもよりますが，長いものでは2，3ヶ月の審査を要する場合があります。また，一部営業の外部への譲渡を条件とするなどの修正を求められることもあります。したがって，十分余裕をもって事前相談をする必要があります。

5.2　事業支配力が過度に集中する場合（独禁法9①②）

(1) 法律上の要件

平成9年以前，持株会社は，独禁法上認められていませんでした。しかし，現在，独禁法は，「事業支配力が過度に集中することとなる」持株会社のみ規制することとしています（独禁法9①）。

では，「事業支配力が過度に集中することとなる」とは，いかなる場合でしょうか。

独禁法上は，次のように定義されています（独禁法9③，平成14.11.12（改定H18.5.1，H

19.9.30）公取委「事業支配力が過度に集中することとなる持株会社の考え方」2(1)参照）。

① 持株会社グループの形態が，
　(a) 総合的事業規模が相当数の事業分野にわたって著しく大きいこと。
　(b) 資金に係る取引に起因する他の事業者に対する影響力が著しく大きいこと。
　(c) 相互に関連性のある相当数の事業分野においてそれぞれ有力な地位を占めていること。
のいずれかに該当し，

② 国民経済に大きな影響を及ぼし，

③ 公正かつ自由な競争の促進の妨げとなる。

という要件をすべて満たす場合に，当該持株会社は，事業支配力が過度に集中することとなる持株会社となるのです。

(2) 公取委ガイドラインによる類型化

このような法律の要件は，抽象的ですので，公正取引委員会は，具体的事例判断に資するように，ガイドラインによって事業支配力が過度に集中することとなる持株会社を類型化しています（平成14.11.12（改定H18.5.1，H19.9.30）公取委「事業支配力が過度に集中することとなる持株会社の考え方」2参照）。

① 第1類型
　(a) 持株会社グループの連結総資産が15兆円を超えるものであって，
　(b) 5以上の主要な事業分野（日本標準産業分類三桁分類のうち売上高6,000億円超の業種）のそれぞれに，別々の大規模会社（単体総資産3,000億円超）を有する場合

図1－5　第1類型のイメージ

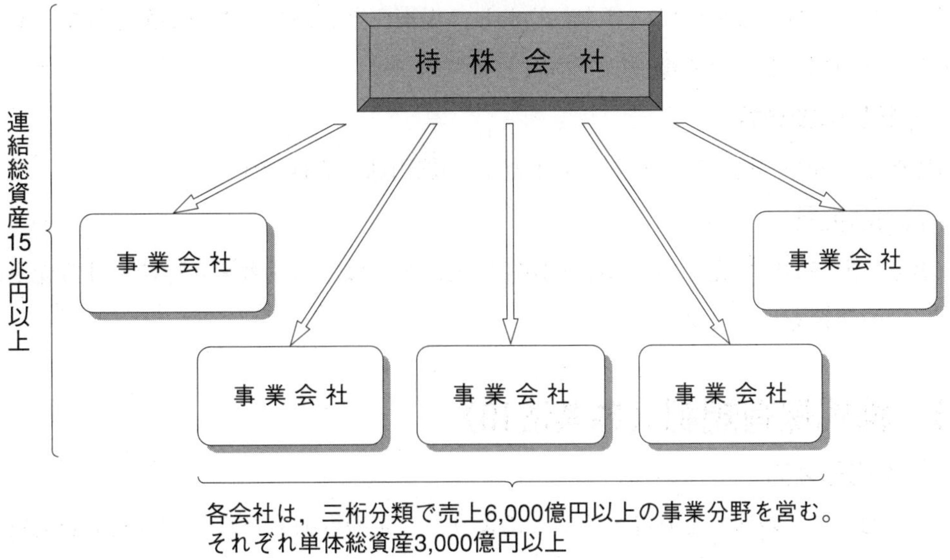

各会社は，三桁分類で売上6,000億円以上の事業分野を営む。
それぞれ単体総資産3,000億円以上

② 第 2 類型

持株会社グループ内に，単体総資産15兆円超の金融会社と単体総資産3,000億円超の金融以外の業務を営む会社が存在する場合

③ 第 3 類型

持株会社グループ内で以下の場合

(a) 相互に関連性のある

(b) 相当数の

(c) 主要な事業分野のそれぞれに

(d) 別々の有力な会社がある

(3) 事業の相互関連性

公取委ガイドラインは，取引関係がある場合と補完・代替関係がある場合を挙げています。

取引関係による相互関連性は，たとえば，自動車メーカー，タイヤ・チューブ製造業，プラスチック板・棒・管・継手・異形押出製品製造業，ガラス・同製品製造業，卸売業等（平成 9 年12月 8 日公正取引委員会「事業支配力が過度に集中することとなる持株会社の考え方」別表四参照）のように，製品と，その原材料や生産設備機器といった密接な取引関係がある場合に認められます。

補完・代替関係による相互関連性は，たとえば，広告代理業と新聞業ないし民間放送業（補完関係），映画館とビデオ製作・配給業とか（代替関係）といった（平成14.11.12（改定 H18. 5. 1，H19. 9.30）公正取引委員会「事業支配力が過度に集中することとなる持株会社の考え方」別表 3）ユーザーが財・サービスを結合して消費し，または，選択的に利用する場合に認められます。

(4) 相 当 数

原則として，5以上とされています。しかし，規模がきわめて大きい事業分野で，有力な会社をグループ内に有している場合は，3以上です。

(5) 主要な事業分野

日本標準産業分類三桁分類のうち，売上高6,000億円超の業種です。

(6) 有力な会社

当該事業分野において売上高のシェア10％以上，または，当該事業分野における売上高で上位 3 位以内の会社をいいます。

5.3 株式保有規制（独禁法10）

(1) 基本的考え方

会社は，他の会社の株式を取得することにより，一定の取引分野における競争を実質的に制限することとなる場合，当該株式を取得してはなりません（独禁法10①）。なお，不公正な取引方法による株式取得も規制対象とされています。たとえば，優越的地位の濫用によって株式を無理やり譲渡させたといった場合です。しかし，実務上，ほとんど問題になりません。

株式保有規制の基本的な考え方は，

① 企業結合にあたるか
② 一定の取引分野（関連市場）の確定
③ 競争を実質的に制限することとなるか

どうかの3つの手順で考えます。もっとも，事実上，ガイドラインとして意味を持つのは②③です。

公正取引委員会は，企業結合が形成，維持，強化されることによって，市場支配が進むこととカルテル等の協調行為がなされやすくなることを問題視しています。業界1位と2位が結合し，海外からの競争者の新規参入もないとしますと，その寡占的地位を利用して，私的独占に該当する行為が行われる蓋然性が高くなります。また，業界で激しく競争していた2社が株式を持ち合って，競争を止め，価格談合を事実上始めるかもしれません。このようなことを未然に防止するために，公正取引委員会は，企業結合の段階で，一定の場合には規制しているのです。

実務的な考え方は，まず明白にシロといえる類型をはずします。その上で，微妙なものだけを実質審査するのです。

● 明白にシロといえる類型

① 経営破綻会社に対する支援
② 当事会社グループの市場シェアが10％以下
③ 当事会社グループの市場シェアが25％以下，かつ，順位が2位以下で，輸入含め参入が容易な市場である場合（従前，活発な競争がなされていた当事会社は除く）
④ 垂直型結合・混合型結合であり，市場の閉鎖性・排他性，総合的事業能力等の問題を生じない場合

---

(2) 企 業 結 合

公取委のガイドラインが競争への影響を見るべき企業結合として挙げるのは，

① 株式保有比率50％超
② 株式保有比率20％超，かつ，単独筆頭株主
③ 株式保有比率10％超，かつ，株主順位3位以内で，株主の分散状況，融資等の取引状況，役職員の兼任状況等を考慮して，結合関係が形成，維持，強化されていると見られる場合
④ 共同出資会社に関して，当事会社間の取引関係，業務提携等の契約関係により結合関係が形成，維持，強化されていると見られる場合

の4つです（企業結合審査に関する独占禁止法の運用指針平成22年1月1日改定）。

そのうえで，当事会社間に結合関係が形成・維持・強化される場合には，各当事会社とすでに結合関係が形成されている会社を含めて結合関係が形成・維持・強化されます。

株式移転による持株会社化の場合，完全親子会社関係が形成されますので，親子間で①にそれぞれあたり，複数の事業会社が共同株式移転をしていれば，その事業会社同士も持株会社を介して結合関係となります。

この点は，通常，明らかなので思考の整理の意味をもつだけです。

(3) 一定の取引分野（関連市場）の確定

ガイドラインの考え方は，

① 商品・役務の特性
② 地理的範囲
③ 取引段階
④ 取引の相手方

等を考慮して，関連市場を確定するというものです。

企業結合の場合，供給者の市場が問題です。ここで，独禁法上問題となるべき市場かどうかは，需要者の目で，各供給者を色分けして同じ市場に入ってくるのか，異なる市場といえるのかという具合に判断します。もちろん，別々の市場が重なり合って成立することもあります。その場合にも，独禁法上問題とするだけの価値のある市場かどうかを判定したうえで処理することになるでしょう。

① **商品・役務の特性**

ユーザーにとって，商品の機能・効用が同じかどうかで市場の範囲を確定していくというものです。商品・役務の特性といっても，需要者の目から見たものです。

② **地理的範囲**

供給者の存在する場所と輸送手段等の提供手段により，対象となる需要者が決まります。また，需要者の行動範囲によって競争相手となる供給者の地理的範囲が決まります。

③ **取引段階**

メーカーから卸売業，卸売業から小売業，小売業から消費者というそれぞれの取引段階ごとに市場が成立します。たまに，メーカーが消費者へ直販することがありますが，この場合，小売業者とメーカーとが競合する小売市場が形成されることになります。

④ **取引の相手方**

特殊な嗜好・要請を持つ需要者がいた場合，その需要者を中心とする市場が論理的に成立します。これが一定規模以上となりますと，独禁法上保護に値することになります。

企業結合を考えるにあたっては，(a)市場をなるべく広くとらえると独禁法違反となりにくく，(b)思いきり狭くとらえれば別の市場として独禁法違反を免れる関係にあることに注意が必要です。

株式移転で事業統合する際には、各当事会社の供給している商品・役務を列挙して、それぞれの関係（効用・機能の代替性はあるか、ブランド等差別化されていないか）を検討します。その上で、それぞれの地理的範囲を確定していけば関連市場はほとんど確定できます。

(4) 競争を実質的に制限することとなる場合（競争減殺の蓋然性）

競争を実質的に制限するとは、商品・役務の価格・品質を左右できる状態をもたらすことです（東京高判昭和28年12月7日東宝・新東宝事件）。「こととなる」場合とは、企業結合により競争減殺が容易に現出され得る状態がもたらされることで足りるとされています。

企業の側で事前にピックアップしておくべき項目は、以下のとおりです。それをウエイトをつけて、説明するのです。その際、客観的な資料を添付する必要があります。

① 当事会社の地位

(a) 市場シェアは、大きいか。他の競争者との格差は大きいか。

(b) 順位は、高いか。

(c) 従来の当事会社間の競争は激しかったか。

市場シェアが過半を超え、他に有力な競争者がいないと、新規参入の可能性でもない限り、競争減殺ありとされてしまいます。このような場合、市場をより広くとらえられないかなど、視点を変えてみる必要があります。

② 市場の状況

(a) 競争者の数・集中度

競争者の数が少なくなると問題視されます。特に、3社で70％というような寡占状態となると協調行動が懸念されます。他方で、同等の規模のグループの存在は、有力な競争者と見られ、市場支配力形成を妨げる要因とも考えられます。具体的には、過去の競争状況、市場シェアや価格変動状況を参照して検討します。

(b) 参入障壁は低いか

具体的な競争者の交代や数の増減などの資料、上位三社累積シェアの変動傾向の資料、法制度上の参入規制の有無の資料等、客観的資料により説明することになります。また、生産設備に特に変更を加えることなく当該商品を供給し得る事業者の場合参入障壁は高くないといえます。

(c) 輸　　　入

国内シェアがほぼ1位であっても、輸入圧力が強ければ、競争減殺とならず、逆に輸入圧力に対応するためにより効率性を高める目的で、企業結合しているということもあります。

(d) 取引関係の閉鎖性・排他性

メーカーと流通業者の企業結合がなされた場合に、流通網があまりなく、競合メーカーの流通網が断たれるような閉鎖的な流通市場であると、競争減殺は大きいといえます。

③ その他の判断要素

(a) 総合的事業能力

高いブランド力がある場合，競争減殺効が大きいといえることがあります。

経営破綻している企業の支援の場合，競争減殺はないとされます。債務超過認定までされなくとも，競争減殺のおそれのないことの一要素にはなります。

(b) 隣接市場からの圧力

要するに企業結合しても，価格低下圧力が別途かかることがいえればよいのです。たとえば，地理的に隣接する市場に代替品があって，下手に価格を上げればそちらに行ってしまう状況にあるとか，次の取引段階に価格交渉力の強い企業がいるといった場合（携帯電話の電池メーカーが合併して寡占状態になっても，携帯電話市場の競争が激しく，携帯電話メーカーの価格交渉力が強い状況では，競争減殺はないといえます）です。

(c) 効率性

企業結合により，具体的にどのような効率化が図れるのか，これが一番のポイントです。効率性の改善が競争を促進する方向に作用すると認められるように説明に配慮します。

このような実質審査が必要な案件は，必ず事前相談をしましょう。なお，具体的な判断に関して，公正取引委員会は，事前相談結果を公表しています。公正取引委員会のホームページを閲覧すれば，さまざまな持株会社設立による事業統合に関して，事前相談結果を見ることができます。これによって，より具体的なイメージを形成してください。

第3章

株式交換・移転の会計と税務

第1節　概　　要

1.1　基本的な考え方

　株式交換とは，株式会社がその発行済株式の全部を他の株式会社又は合同会社に取得させる行為です（会社法2三十一）。

　また，株式移転とは，一又は二以上の株式会社がその発行済株式の全部を新たに設立する株式会社に取得させる行為です（会社法2三十二）。

　株式交換・株式移転のいずれを行った場合でも，結果としては100％の親子関係を有する企業グループが誕生しますが，株式交換の場合は既に存在している会社が親会社となるのに対し，株式移転の場合は100％の親子関係を構築するために親会社を新たに設立する点が異なります。

　また，株式交換の場合は株式会社に限らず合同会社も完全親会社となることができますが，株式移転の場合には完全親会社となれるのは株式会社に限定されています。

　ちなみに，株式交換・株式移転のいずれの場合でも，完全子会社となれるのは株式会社に限定されています。

　株式交換・株式移転（以下「株式交換等」といいます）により100％の親子関係が生じますので，会社法では，株式交換等により親会社となる会社を株式交換（移転設立）完全親会社，子会社となる会社を株式交換（移転）完全子会社と称することとされていますが（会社法767,768①一,773①一,773①五），税法上は親会社となる会社を株式交換（移転）完全親法人，子会社となる会社を株式交換（移転）完全子法人と称することとされています（法法2十二の六の三,十二の六の四,十二の六の五,十二の七）。

　株式交換等の直接の当事者は株式を移転する完全子会社の株主（次頁図S社株主）と株式を割り当てる完全親会社（次頁図P社）になりますが，会計及び税務の処理については次の四者について検討が必要になります（ちなみに，完全子会社となる会社（S社）と完全親会社となる会社（P社）が，株式交換契約の法律上の当事者です）。

図1－6 株式交換の概要図

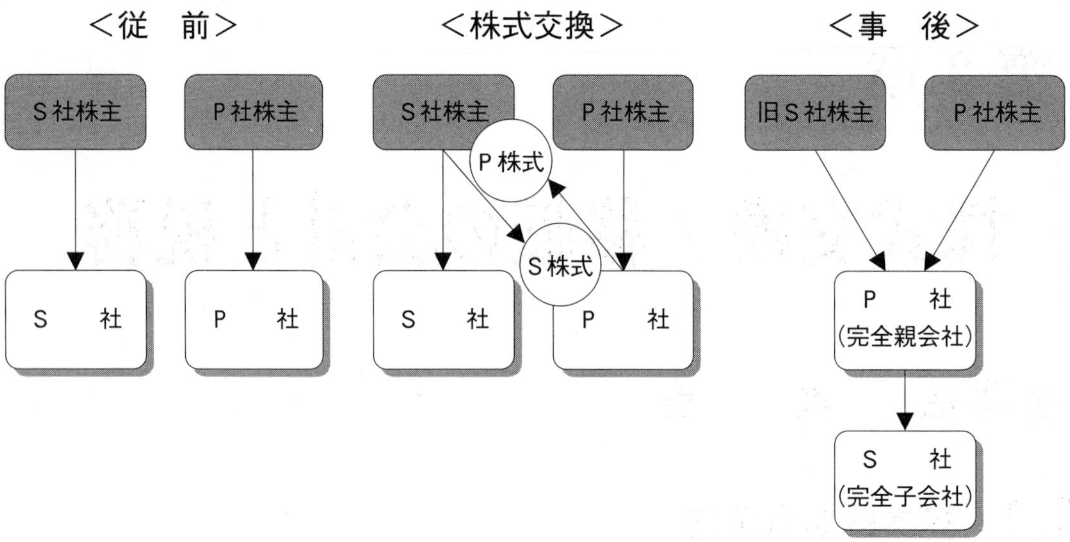

＜従　前＞　　　　　　＜株式交換＞　　　　　　＜事　後＞

S社株主 → S社　　　　S社株主 ←P株式→ P社株主　　　旧S社株主 → P社（完全親会社）
P社株主 → P社　　　　　　　　 S株式　　　　　　　　P社株主 → P社（完全親会社）
　　　　　　　　　　　　S社　　　　P社　　　　　　P社（完全親会社）→ S社（完全子会社）

1.2　検討すべき事項

　株式交換等の具体的な会計処理及び税務上の特例等については次節以降で詳しく解説していきますが，それぞれの当事者において検討すべき事項は次のとおりになります。

(1)　完全親会社となる会社

　株式交換等が適格要件を満たすか否かにより完全親会社が取得する完全子会社株式の完全親会社における税務上の取得価額が異なることとなり，会計処理とのずれが生じることがあります。

(2)　完全子会社となる会社

　会社法では，株式交換等を合併と類似した組織法上の行為とみなし，完全子会社となる会社は株式交換契約又は株式移転契約の一方の当事者になっています。しかし，実際上は完全子会社となる会社は，合併の場合と異なり，株式その他の資産の移転元でも移転先でもなく，株式交換等の後も従前のまま存続し，株主構成が変わるだけであるため，完全子会社においては会計処理を要しないようにも思われます。

　しかしながら，税務上は株式交換等が適格要件を満たさない場合には完全子会社の有する一定の資産を時価評価しなければならないことが規定されているため（法法62の9①），会計処理が必要となるとともに課税関係が生じます。

(3)　完全子会社となる会社の株主

①　株式の移転の処理

　株式交換等を行った場合，税務上は原則として，完全子会社の株式を譲渡してその譲渡対価をもって完全親会社の株式を取得したと考えるため，課税関係が生じます。

　しかしながら，株式交換等に際して完全親会社株式以外の資産の交付を受けない場合には，

法人株主については株式交換等の直前の帳簿価額による譲渡を行ったものとして（法法61の2⑨⑪），個人株主については譲渡がなかったものとみなされる（所法57の4①②）ことによって，課税が繰延べられることになります。

② 株式交換比率が適正でない場合の課税関係

株式交換比率は完全親会社となる会社と完全子会社となる会社の公平な企業評価に基づいて決定されるべきものですが，これが適正を欠く場合には完全親会社の株主と完全子会社の株主との間で経済価値の移転があるものとみなされ，課税関係が発生する場合があります。

　注）株式交換比率決定の基礎となる企業評価については，「第3編　企業評価」にて詳細に解説を行います。

(4) 完全親会社となる会社の株主

完全子会社となる会社の株主の場合と同様に，株式交換比率が適正でない場合の課税関係について検討が必要になります。

(5) 株式買取請求権が行使された場合

会社法は，株式交換等に反対する完全親会社となる会社の株主及び完全子会社となる会社の株主に株式買取請求権を認めています（会社法785①，797①，806①）。

株主が株式買取請求権を行使した場合には，買取価額と資本金等の額との差額部分についてみなし配当課税が発生するとともに，資本金等の額と取得価額との差額部分について，個人株主の場合は譲渡所得の発生，法人株主の場合は買取価額による株式の譲渡損益が発生することとなります。

また，買取価額については「公正な価格」によることとされています。この買取価額は適正な企業評価等によって決定されるべきものですが，仮に不適正な価額による買取り（高額買取りまたは低額買取り）がなされた場合には課税関係が生じることとなります。

第2節　株式交換完全子会社の会計

2.1　取得とされた株式交換の会計処理

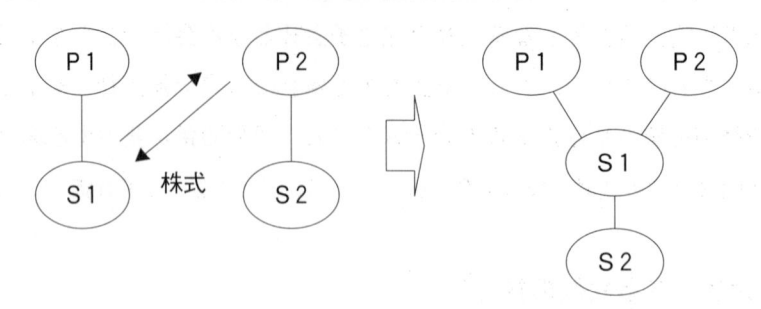

(1)　会計処理の概要

株式交換完全子会社は，株式交換によって株主構成（完全親会社）が変わるのみであり，会計処理には影響しません。

(2)　平成20年改正基準

平成20年12月26日に企業結合会計基準が改正されましたが，その中で株式交換については以下の通りです。株式交換による取得の場合，市場価格のある取得企業等の株式が取得の対価として交付されるとき，いつの時点の株価で取得原価を算定するかについて，改正前の平成15年会計基準においては以下の取扱いとなっていました。

➤ 原則として，企業結合の主要条件が合意されて公表された日（合意公表日）前の合理的な期間における株価を基礎にして算定する。

しかしながら，取得原価の算定の基本原則として「被取得企業又は事業の取得原価は，原則として，取引時点の取得の対価となる財の時価」とされており，株式交付のみ合意公表日の株価というのは整合的でないとの見方がありました。また，合意公表日には必ずしも取得原価は確定しないとの見方もありました。

したがって，平成20年改正会計基準では，国際的調和も考慮し，以下の取扱いとなりました。

➤ 市場価格のある取得企業等の株式が取得の対価として交付される場合には，取得の対価となる財の時価は，原則として，企業結合日における株価を基礎にして算定する（企業結合に関する会計基準24項）。

2.2　逆取得となる株式交換の会計処理（株式交換完全子会社が取得企業となるケース）

株式交換における「逆取得」とは，完全子会社が取得企業となることをいいます（企業結合に関する会計基準36項）。

逆取得となる株式交換における完全子会社の処理は，以下の点で通常の取得と異なります。

(1) 新株予約権交付及び新株予約権付社債承継の場合

　株式交換の際に，株式交換完全親会社が取得企業である株式交換完全子会社の新株予約権者に新株予約権を交付する場合，又は株式交換完全親会社が新株予約権付社債を承継する場合，株式交換完全子会社は，株式交換日の前日に付していた適正な帳簿価額による新株予約権又は新株予約権付社債の金額を利益計上します（企業結合会計基準及び事業分離等会計基準に関する適用指針118－3項）。

　また，取得企業である株式交換完全子会社が株式交換日の前日に親会社となる企業の株式を保有していた場合，株式交換日の前日の適正な帳簿価額により，取得原価とします（同118－4項）。

第3節 株式交換・株式移転に伴う完全子法人の税務

3.1 概要

　株式交換・株式移転は，端的にいえば完全子法人の株主と完全親法人との間の株式の移転であり，他の組織再編成と異なり株式交換・株式移転後においても完全子法人は完全親法人とは別の人格として残るという特徴があります。そのため，原則として完全子法人について税務上の処理はありません。

　しかしながら，株式交換・株式移転が税制適格の株式交換・株式移転に該当しない場合（非適格株式交換・非適格株式移転）には，完全子法人の一定の資産について時価評価損益を認識する必要があります。

3.2 株式交換・株式移転の税務処理

(1) ポイント

> ① 株式交換・株式移転が税制適格要件に該当する場合
>   → 完全子法人について課税関係は生じません。
> ② 株式交換・株式移転が税制適格要件に該当しない場合
>   → 完全子法人が株式交換・株式移転の直前に有する特定の資産について時価評価を行い，時価評価損益を認識する必要があります。

(2) 非適格の場合

　株式交換・株式移転が非適格に該当する場合には，完全子法人の有する一定の資産について時価評価する必要があります。

　この規定は，平成18年度の税制改正により株式交換・株式移転が合併等の他の組織再編成と同じ取扱いとなることに伴い，他の組織再編成の税務上の取扱いとの整合性を保つために設けられたものです。

　他の非適格組織再編成では，移転する資産負債につき移転元法人側で資産負債の移転という事実に基づき時価による譲渡を認識するのに対し，株式交換・株式移転では資産負債の移転が生じないためこの取扱いはありませんでした。しかしながら，株式交換・株式移転の最終点は株式による法人の支配であり，『法人の取得』という点では他の組織再編成となんら変わるところがありません。

　そこで，他の組織再編成と同様に完全子法人が株式交換・株式移転の直前に有していた一定の資産について税務上，時価評価による評価損益を認識して株式交換・株式移転の日の属する

事業年度の所得計算をすることとなります。

3.3 完全子法人の特定資産の時価評価

(1) 内　　容

　非適格株式交換又は非適格株式移転（以下「非適格株式交換等」といいます）を行った場合には，その完全子法人は非適格株式交換等の直前において有する時価評価資産の評価益又は評価損を，その非適格株式交換等の日の属する事業年度の所得の金額の計算上，益金の額又は損金の額に計上することとなります（法法62の9）。

(2) 時価評価資産

　この規定の対象となる時価評価資産は，次の資産のうち適用除外要件に該当しないものをいいます（法法62の9）。

　なお，負債は時価評価の対象となりません。

① 固定資産（土地等を除く）
② 土地等（土地の上に存する権利，棚卸資産及び投機目的資産である土地等を含む）
③ 有価証券
④ 金銭債権
⑤ 繰延資産

(3) 適用除外要件

　次に掲げる資産については，上記の時価評価資産から除かれます（法令123の11①）。

1．完全子法人が非適格株式交換等の日の属する事業年度の開始日前5年以内に開始した各事業年度又は各連結事業年度において次の規定の適用を受けた減価償却資産

　・ 国庫補助金等で取得した固定資産等の圧縮損の損金算入（法法42）
　・ 特別勘定を設けた場合の国庫補助金等で取得した固定資産等の圧縮損の損金算入（法法44）
　・ 工事負担金で取得した固定資産等の圧縮損の損金算入（法法45）
　・ 保険金等で取得した固定資産等の圧縮損の損金算入（法法47）
　・ 特別勘定を設けた場合の保険料等で取得した固定資産等の圧縮損の損金算入（法法49）
　・ 転廃業助成金等に係る課税の特例（措法67の4，68の102）

2．売買目的有価証券（法法61の3①一）

3．償還有価証券（法令119の14）

4．含み損益が資本金等の額の2分の1に相当する金額（その金額が1,000万円に満たない場合には1,000万円）未満であるもの

　なお，4．の要件の判定に当たり次の事項に留意する必要があります。

① 平成19年4月1日以後に資本的支出を行い，新規取得資産として帳簿価額が別個の資産

として区別されているものであっても，区分せず帳簿価額の合計額で判定します（法基通12の2－2－4の2）。

② 時価評価資産について繰延ヘッジ処理による利益額又は損失額の繰延（法法61の6①）の適用を受けている場合には，デリバティブ取引等によるヘッジが有効である金額として計算される金額を帳簿価額に加減算した修正帳簿価額と時価との差額により判定します（法令123の11②）。

③ 非適格株式交換等の日の属する事業年度の開始日前5年以内に開始した各事業年度又は各連結事業年度において上記1に掲げる圧縮記帳制度の適用を受けた土地等で含み益が生じているものについては，その含み益の額から次の金額のうちいずれか少ない金額を控除した金額で判定します（法令123の11①四）。

　イ　前5年内に上記1に掲げる規定の適用を受けて損金の額に算入した圧縮損の金額
　ロ　その含み益に相当する金額

(4) 時価評価の単位

評価損益は，次の資産の区分に応じた単位により時価と帳簿価額を比較して計算します（法規27の15，27の16の2）。

① 金銭債権……一の債務者ごと
② 減価償却資産
　・建物……一棟（区分所有建物の場合には，区分所有権）ごと
　・機械及び装置……一の生産設備又は一台若しくは一基（通常一組又は一式をもって取引の単位とされるものにあっては，一組又は一式）ごと
　・その他の減価償却資産……上記に準じた単位ごと
③ 土地等……一筆ごと
④ 有価証券……銘柄ごと
⑤ その他の資産……通常の取引単位を基準とした区分ごと

(5) 長期割賦販売等を行っている場合

上記の時価評価規定のほか，完全子法人が長期割賦販売等について延払基準を適用してる場合には，次の規定により，その非適格株式交換等のあった日の属する事業年度において，一定の繰延割賦損益を実現させる必要があります。

＜非適格株式交換等に伴う長期割賦販売等に係る収益及び費用の処理＞

時価評価の規定の適用を受けた完全子法人がその非適格株式交換等の日の属する事業年度（以下「非適格株式交換等事業年度」といいます）において資産の販売等又はリース譲渡につき延払基準又はリース譲渡の適用を受けている場合には，その資産の販売等又はリース譲渡に係る繰延長期割賦損益額（収益の額及び費用の額のうち過年度において益金の額及び損金の額に算入したものを控除した金額）を，その非適格株式交換等事業年度において益金の額及び損金の額に算入

し，繰延損益の実現をしなければなりません（法法63④）。

ただし，非適格株式交換等事業年度終了のときにおける繰延長期割賦損益額が1,000万円に満たない資産の販売等及びリース譲渡については適用されません（法令126の2）。

3.4 時価評価後の各種規定の適用

この規定の適用により評価損益を計上した時価評価資産については時価評価以後の税務上の帳簿価額は時価評価に係る評価益の増額後及び評価損の減額後の金額となります（法令123の11④）。

よって，次の規定の適用にあたり，注意する必要があります。

なお，この取扱いは資産の評価益の益金不算入等（法法25②），資産の評価損の損金不算入（法法33②），民事再生等評価換え，連結時価評価の規定の適用を受けて行った評価換えと同様の取扱いとなります。

(1) 減価償却費の計算

減価償却資産について時価評価の規定の適用を受けて，帳簿価額を増額し又は減額した場合には，非適格株式交換等があった日の属する事業年度以後の各事業年度の所得の金額の計算上，時価評価を考慮して所得計算を行うこととなります。

■増額した金額（評価益）の取扱い

評価益として帳簿価額を増額した金額は，過年度において償却費として損金経理した金額，すなわち「繰越償却超過額」とみなします（法法31⑤，法令61の4）。

また，その資産の取得価額については，その評価益の額を加算した金額となります（法令54④）。

■減額した金額（評価損）の取扱い

評価損として帳簿価額を減額した金額は過年度において損金の額に算入された金額，すなわち減価償却累計額に含めます（法令48②）。

なお，評価損については取得価額の修正の規定はありませんので，修正は不要となります。

■減価償却費の計算

各償却方法に応じ，次に掲げる計算方法となります。

なお，償却限度額の計算にあたり，非適格株式交換等が事業年度の途中で行われた場合には，時価評価は事業年度最初の日において行われたものとみなして，その計算を行います。つまり，非適格株式交換等が行われた事業年度においては時価評価後の金額を基に減価償却費の計算を行うこととなります。

・定額法・旧定額法の場合

計算の基礎となる取得価額は次のとおりです。

〔評価益……従来の取得価額に評価益の額を加算した金額となります。
 評価損……従来の取得価額（評価損は考慮しません。）

・定率法・旧定率法の場合

　　計算の基礎となる帳簿価額は，評価益の額又は評価損の額を加減算した金額となります。

　　また，定率法の計算上算定される償却保証額及び改定取得価額について計算の基礎となる取得価額は評価益の場合にはその評価益の額を加算した金額とします。

・生産高比例法・旧生産高比例法

　　時価評価が行われた日の属する事業年度以後の事業年度については，次の算式により償却限度額の計算を行います（法令48③，48の2③）。

$$\left(\frac{評価損益を加減算した帳簿価額^{※}}{残存採掘数量}\right) \times その事業年度の採掘数量$$

　　※　旧生産高比例法の場合には，その帳簿価額から残存価額を控除します。

・リース期間定額法

　　時価評価が行われた日の属する事業年度以後の事業年度については，次の算式により償却限度額の計算を行います（法令48④，48の2④）。

$$\left(\frac{評価損益を加減算した帳簿価額^{※}}{残存リース期間}\right) \times その事業年度の月数$$

　　※　平成19年3月31日以前に締結した国外リース資産の場合には，その帳簿価額から見積残存価額を控除します。

(2) 棚卸資産

棚卸資産について時価評価の規定の適用を受けて，帳簿価額を増額し又は減額した場合には，非適格株式交換等があった日の属する事業年度以後の各事業年度の所得の金額の計算上，その増額後又は減額後の帳簿価額を取得価額としてその棚卸資産の期末評価額の計算を行うこととなります（法令33④）。

(3) 繰延資産

繰延資産について時価評価の規定の適用を受けて，帳簿価額を増額し又は減額した場合には，非適格株式交換等があった日の属する事業年度以後の各事業年度の所得の金額の計算上，時価評価を考慮して所得計算を行うこととなります（法令64③）。

■増額した金額（評価益）の取扱い

評価益として帳簿価額を増額した金額は，過年度において償却費として損金経理した金額，すなわち「繰越償却超過額」とみなします（法法32⑦，法令66の2）。

■減額した金額（評価損）の取扱い

評価損として帳簿価額を減額した金額は過年度において損金の額に算入された金額，すなわち償却累計額に含めます（法令64②）。

■償却費の計算

　減価償却と同様，償却限度額の計算にあたり，非適格株式交換等が事業年度の途中で行われた場合には，時価評価は事業年度最初の日において行われたものとみなして，その計算を行います。つまり，非適格株式交換等が行われた事業年度においては時価評価後の金額を基に償却費の計算を行うこととなります。

　償却費の額の計算式は，次のとおりとなります。

$$\left(\frac{評価損益を加減算した帳簿価額}{残存期間} \times その事業年度の月数\right)$$

(4) 有価証券

　有価証券（売買目的有価証券及び償還有価証券を除く）について，時価評価が行われた場合には，非適格株式交換等の日以後の有価証券の一単位当たりの帳簿価額の算出方法としての移動平均法又は総平均法の計算は次のとおりとなります。

■移動平均法（法令119の3④）

　非適格株式交換等のあった日において，時価評価額による一単位当たりの帳簿価額の計算を行います。

■総平均法（法令119の4①）

　非適格株式交換等があった日の属する事業年度の総平均法の計算は，その事業年度開始の日から非適格株式交換等の日の前日までの期間（評価換前期間）及び非適格株式交換等の日からその事業年度終了の日までの期間（評価換後期間）をそれぞれ一事業年度とみなしてその計算を行います。

(5) 外貨建資産等

■取　扱　い

　外貨建資産等について時価評価が行われた場合には，その外貨建資産等の取得又は発生の基因となった外貨建取引は，その時価評価の時（非適格株式交換等の日）において行ったものとみなして外貨建取引の換算（法法61の8①）及び外貨建資産等の期末換算（法法61の9①）の規定を適用します（法令122の2）。

　なお，外貨建資産等とは次のものをいいます。

・外貨建債権及び外貨建債務
・外貨建有価証券
・外貨預金
・外国通貨

■適用除外資産

　次の資産については時価評価の対象から除外しています（法令122の2）。

・　為替予約等による先物外国為替契約等により円換算額を確定させた外貨建取引に係る資

産又は負債（法法61の8②）
- 繰延ヘッジ処理の適用を受ける外貨建資産等（法法61の6①一）
- 時価ヘッジ処理の適用を受ける売買目的外有価証券（法法61の7①）

(6) 特定資産の譲渡等損失額

完全子法人がその非適格株式交換等の前にその完全子法人を合併法人・分割承継法人・被現物出資法人とする特定適格合併等を行った場合において，特定引継資産又は特定保有資産を有しているときは，これらの資産が時価評価資産に該当する場合に生じる評価損の金額は，特定資産譲渡等損失額として取り扱われ損金不算入となります（法法62の7，法令123の8）。

なお，特定適格合併等とは，適格合併，適格分割又は適格現物出資のうち共同事業を営むための組織再編成の要件を満たさないものをいいます。

第3章 株式交換・移転の会計と税務

第4節　株式交換・株式移転に伴う完全子法人の株主の税務

4.1　株式交換等に係る税務の考え方

(1) 基本的な考え方

　税務上，株式交換及び株式移転は，譲渡の一態様として考えます。すなわち，従来から所有する株式を時価で譲渡し，同額で新たな株式を取得したものとして考え，従来から所有する株式につき譲渡損益を認識するというのが，税務上の基本的な考え方です。

　しかし，株式交換においては株式交換完全親法人又は株式交換完全支配親法人の株式のみを取得し株式以外の資産の交付がない場合，株式移転においては株式移転完全親法人の株式のみを取得し株式以外の資産の交付がない場合には，現金等の流入がないため担税力がないこと等を考慮し，一定の場合を除きその譲渡損益の認識を将来に繰り延べる措置が施されています。

(2) 株式以外の資産の交付がない場合とは

　株式の譲渡損益が繰り延べられる株式交換及び株式移転は，その株式移転等が適格か非適格にかかわらず，株式以外の資産の交付がない場合に限られていますが，以下の資産の交付は，「株式以外の資産の交付」から除外されています（法法61の2⑨⑪，所法57の4①②）。

● 剰余金の配当として交付された金銭その他の資産
● 株式交換，株式移転に反対する株主に対する買取請求に基づく対価として交付される金銭その他の資産

　詳細は第7節「7.1　共通する要件」を参照してください。

4.2　株式交換等にかかわる課税の特例

(1) 株式交換の場合

　株式交換により完全子法人になる法人の株主は，従来から所有していた株式に代えて完全親法人または完全支配親法人（以下「親法人等」といいます）の株式を受け取ることとなります。税務上は，完全子法人の株式を譲渡し，親法人等の株式を取得したものとして株式譲渡損益を認識することとなります。

　しかし，親法人等のどちらか一方だけの株式を受け取り，株式以外の資産の交付がない場合には，適格株式交換であるか，非適格株式交換であるかにかかわらず，完全子法人の株主は以前から所有していた株式を帳簿価額で譲渡したものとして取り扱われ，株式の譲渡に対する課税は繰り延べられることとなります。

(イ) 法人株主の場合

　旧株式を交換直前の帳簿価額で譲渡したものとして譲渡損益を認識しない（法法61の2⑨）。

㈣　個人株主の場合

旧株式の譲渡がなかったものとみなす（所法57の4①）。

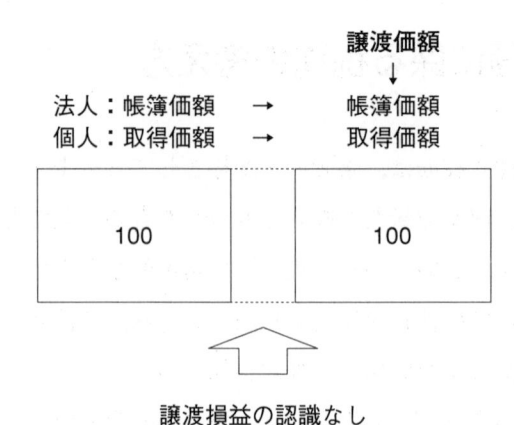

```
                          譲渡価額
                             ↓
     法人：帳簿価額    →    帳簿価額
     個人：取得価額    →    取得価額

        ┌──────┐      ┌──────┐
        │      │      │      │
        │ 100  │      │ 100  │
        │      │      │      │
        └──────┘      └──────┘
                ↑
           譲渡損益の認識なし
```

　この取扱いは，新株予約権又は新株予約権付社債（以下「新株予約権等」といいます）についても同様です。完全子法人が，所有していた新株予約権等に代えて，株式交換により親法人等の新株予約権等のみの交付を受けた場合には，法人株主は帳簿価額で譲渡したものとして譲渡損益を認識せず（法法61の2⑫），個人株主は旧新株予約権等の譲渡がなかったものとみなします（所令116）。

⑵　子会社法人の株主が外国法人又は非居住者である場合の取扱い

① 恒久的施設を有しない場合

　株式以外の資産の交付がない株式交換において株式譲渡損益に課税が行われないのは⑴に記載したとおりです。

　しかし，完全子法人となる法人の株主に国内に恒久的施設を有しない外国法人又は非居住者（以下「外国法人等」といいます）がいる場合において，三角株式交換（注1）により外国株式交換完全支配親法人株式（注2）（国内事業管理親法人株式（注3）は除きます）が交付される場合には，完全子会社法人株式を，外国株式完全交換支配親法人株式のその交換の時における価額により譲渡したものとして，譲渡損益を認識することとなります（法令188①十七，措法37の14の2③）。

譲渡価額
↓
法人：帳簿価額　→　交換時の価額
個人：取得価額　　　　（時価）

課税あり｛ 150

100

　これは，国内に恒久的施設を有しない外国法人等が外国株式完全交換支配親法人株式の交付を受けた場合，その後の保有・譲渡の状況の確認が困難となるため，新株が交付された時点において譲渡損益の認識を行うためです。

（注１）　三角株式交換については，第７節「7.3　三角株式交換の場合の取扱い」を参照してください。
（注２）　外国株式交換完全支配親法人株式とは
　　　　株式交換において，完全親法人となる法人の発行済株式等の全部を保有する外国法人の株式
　　　（措法37の14の2⑤六）
（注３）　国内事業管理親法人株式とは
　　　　外国法人等が国内において行う事業にかかわる資産として管理し，かつ国内の恒久的施設において管理する株式（以下「国内事業管理株式」といいます）を有する場合において，その国内事業管理株式に対して交付された外国親法人株式（法令188⑦，措法37の14の2③）

②　恒久的施設を有する場合

　国内に恒久的施設を有する外国法人等は，内国法人及び居住者と同様に，課税の繰り延べが行われ，譲渡損益は認識しません。
　ただし，国内事業管理親法人株式の全部又は一部について，次のいずれかの行為が行われた場合には，その行為が行われた時にその時の価額により株式を譲渡したものとみなして，譲渡損益を認識することとなります（法令188②，措法37の14の2④，措令25の14①）。

　㈑　その外国法人等の国内において行う事業に係る資産として管理しなくなる行為
　㈺　その外国法人等の国内の恒久的施設から国外にある本店，住所，居所，又は事務所，事業所その他これらに準ずるものに移管する行為
　㈻　その他国内の恒久的施設において管理しなくなる行為

【株式交換の課税関係のまとめ】

完全子会社株主	適格		非適格
	交付金銭等なし		交付金銭等あり（株式要件なし）
	外国親法人株式	外国親法人以外の株式	
居住者・内国法人	譲渡損益に課税なし		課税あり
非居住者・外国法人（所有）国内事業管理株式	譲渡損益に課税なし		課税あり
非居住者・外国法人（所有）それ以外	課税あり	課税なし	課税あり

(3) 株式移転の場合

株式移転により完全子法人になる法人の株主は，従来から所有していた株式に代えて完全親法人の株式を受け取ることとなります。税務上は，完全子法人の株式を譲渡し，完全親法人の株式を取得したものとして株式譲渡損益を認識することとなります。

しかし，完全親法人の株式のみを受け取り，その株式以外の資産の交付がなかった場合には，適格株式移転であるか，非適格株式移転であるかにかかわらず，完全子法人の株主は以前から所有していた株式を帳簿価額で譲渡したものとして取り扱われます。

① **法人株主の場合**

旧株式を交換直前の帳簿価額で譲渡したものとして譲渡損益を認識しない（法法61の2⑪）。

② **個人株主の場合**

旧株式の譲渡がなかったものとみなす（所法57の4②）。

この取扱いは，新株予約権または新株予約権付社債（以下「新株予約権等」といいます）についても同様です。完全子法人が，所有していた新株予約権等に代わり，株式移転により親法人の新株予約権等のみの交付を受けた場合には，法人株主は帳簿価額で譲渡したものとして譲渡損益を認識せず，個人株主は旧新株予約権等の譲渡がなかったものとみなします（法法61の2⑫，所令116）。

【株式移転の課税関係のまとめ】

適格株式移転	非適格株式移転
交付金銭等なし	交付金銭等あり
譲渡損益に課税なし	譲渡損益に課税あり

4.3 取得した親会社株式の取得価額

(1) 株式交換の場合

① 株主が法人の場合

株式交換により取得した株式交換完全親会社法人又は株式交換完全支配親法人（以下「親法人」という）の株式の取得価額は，その株式交換が適格であるか非適格であるかにかかわらず，その株式以外の資産の交付がなかった場合には，株式交換完全子法人の交換直前の帳簿価額となります。当該株式交換完全親法人又は当該親法人の株式の交付を受けるために要した費用がある場合には，取得価額に算入します（法令119①八）。

新株予約権等のみの交付を受けた場合も同様に，旧新株予約権等の取得価額を引き継ぎ，交付を受けるために要した費用がある場合には取得価額に加算します（法令119①十二）。

課税の繰り延べが認められず，譲渡損益が認識された場合のその親法人の取得価額は，株式交換時においてその株式の取得にために通常要する価額となります（法令119①二十五）。

② 株主が個人の場合

居住者が株式交換により取得した株式交換完全親会社法人又は株式交換完全支配親法人（以下「親法人」という）の株式の取得価額は，その株式交換が適格であるか非適格であるかにかかわらず，その株式以外の資産の交付がなかった場合には，従来から所有していた株式交換完全子法人の取得価額となります。当該株式交換完全親法人又は当該親法人の株式の交付を受けるために要した費用がある場合には，取得価額に算入します（所令167の7③）。

新株予約権等のみの交付を受けた場合も同様に，旧新株予約権等の取得価額を引き継ぎ，交付を受けるために要した費用がある場合には取得価額に加算します（所令116）。

課税の繰り延べが認められず，譲渡損益が認識された場合のその親法人の取得価額は，株式交換時においてその株式の取得にために通常要する価額となります（所令109①五）。

交付株式の区分		適格株式交換			非適格株式交換
		交付金銭なし			交付金銭あり（株式要件なし）
		・完全親会社株式 ・国内親会社株式	・海外親法人株式 （国内事業管理株式）	・海外親法人株式 （国内事業管理株式以外）	
内国法人 居住者		旧株の帳簿価額 旧株の取得価額	旧株の帳簿価額 旧株の取得価額	旧株の帳簿価額 旧株の取得価額	交付株式の時価
外国法人・非居住者 　恒久的施設あり		旧株の帳簿価額 旧株の取得価額	旧株の帳簿価額 旧株の取得価額	交付株式の時価	交付株式の時価
外国法人・非居住者 　恒久的施設なし		旧株の帳簿価額 旧株の取得価額	交付株式の時価	交付株式の時価	交付株式の時価

(2) 株式移転の場合

　株式移転により取得した株式移転完全親会社法人の株式の取得価額は，その株式移転が適格であるか非適格であるかにかかわらず，当該株式以外の資産の交付がなかった場合には，法人株主においては株式交換完全子法人の株式の交換直前の帳簿価額となり，個人株主においては株式交換完全子法人の株式の取得価額となります。

　株式移転完全親法人の株式の交付を受けるために要した費用がある場合には，取得価額に算入します（法令119①十，所令167の7④）。

　課税の繰り延べが認められず，譲渡損益が認識された場合のその親法人の取得価額は，株式移転時においてその株式の取得のために通常要する価額となります（法令119①二十五，所令109①五）。

　新株予約権等の取得費も同様となります。（(1)株式交換の場合を参照してください）

	適格株式移転	非適格株式移転
	交付金銭等なし	交付金銭等あり
法人株主	完全子法人株式の帳簿価額＋取得費用	時価
個人株主	完全子法人株式の取得価額＋取得費用	時価

4.4　株式買取請求権が行使された場合の課税関係

　上記**4.1**(2)のとおり，株式譲渡損益の繰り延べられる株式交換等は株式以外の資産の交付がない場合（交付金銭等がない場合）に限られていますが，反対株主からの株式買取請求に基づき支払われた金銭等はこの交付金銭等から除かれています。

　この株式交換，株式移転に反対する株主が完全子会社に対して株式買取請求権を行使した場合は，完全子会社が自己株式を取得したものとして取り扱われ，反対株主にみなし配当が生じることがあります。また完全子会社株式の取得価額や帳簿価額との差額に対して，譲渡課税が生じることもあります。

(1) みなし配当

　反対株主が交付を受ける金銭等のうち資本金等の額を超える部分の金額（買取請求にかかわる株式に対応する金額）は，反対株主に対する配当の金額とみなされます（法法24①四，法令23①四，所令61②四）。

第3章　株式交換・移転の会計と税務

交付を受けた金銭 その他の資産の価額	みなし配当の額
	資本金等の額（注）

（注）資本金等の額（法法2十六，法令8）
　　法人が株主等から出資を受けた資本金の額又は出資金の額と一定の金額の合計額

(2) 譲渡損益の認識

反対株主が交付を受ける金銭等のうち，みなし配当とされた金額以外の金額は，譲渡に係る対価の額とされます（法法61の2①一，措法37の10③四）。

(3) 課税関係の整理

	法　人	個　人
みなし配当課税	受取配当等の益金不算入の適用あり 　　　（法法23①一，法法24①四）	配当所得 　　　　　（所法25①四） 配当控除の適用 　　　　　（所法92）
譲渡課税	譲渡対価の額－帳簿価額 　＝譲渡益　もしくは　譲渡損 　　　　（法法61の2①一）	譲渡対価の額－取得価額 ＝事業所得，譲渡所得又は雑所得 ※赤字が生じた場合 　⇒　それぞれの黒字と通算 ※控除しきれない金額 　⇒　ないものとする 　　　（措法37の10①，③四，⑥四）

第1編　基礎解説編

第5節　株式交換完全親会社の会計

5.1　取得とされた株式交換の会計処理

(1) 個別財務諸表上の会計処理

① 概　　　要

　株式交換による企業結合が取得と判定された場合，株式交換完全親会社の個別財務諸表上，パーチェス法を適用した場合の取得原価で被取得企業株式（完全子会社株式）を計上します。

　子会社株式の取得原価の算定は，取得の対価に，取得に直接要した支出額（取得の対価性が認められるものに限る）を加算して算定します。

　ただし，株式交換完全親会社が作成する連結財務諸表において，みなし取得日に株式交換が行われたものとして会計処理する場合には，株式交付日をみなし取得日と読み替えて適用します。

【設例】

(1) 前　　　提

① 甲社を株式交換完全親会社，乙社を株式交換完全子会社とする株式交換（交換比率1：0.5）を行う。甲の発行済株式数は200株，乙の発行済株式数は200株である。

② 甲が取得企業，乙が被取得企業とする。

③ 甲は乙の株主に甲株式を交付した。株式交換日における甲の時価は12であり，交付した株式の時価総額は1,200である。

④ 株式交換日における乙保有の有価証券の時価は340（帳簿価額300），土地の時価は440である。

⑤ 甲は，増加資本1,200のうち，200を資本金とし，残りを資本剰余金とした。

⑥ 株式交換日直前の乙の個別貸借対照表は以下のとおりである。

乙社貸借対照表

現　　　　　金	200	資　　本　　金	200
有　価　証　券	340	資　本　剰　余　金	200
土　　　　　地	200	利　益　剰　余　金	300
		その他有価証券評価差額金	40
計	740	計	740

(2) 甲社の個別財務諸表上の会計処理

（借）乙 社 株 式	1,200	（貸）資 本 金	200
		資 本 剰 余 金	1,000

(3) 甲社の連結財務諸表上の会計処理

（借）現 金	200	（貸）乙 社 株 式	1,200
有 価 証 券	340		
土 地	440		
の れ ん	220		

② 株式交換完全親会社が新株予約権付社債を承継する場合等の取扱い

株式交換に際して，株式交換完全親会社が株式交換完全子会社の新株予約権者に新株予約権を交付する場合，又は株式交換完全親会社が新株予約権付社債を承継する場合には，当該新株予約権又は新株予約権付社債の時価を子会社株式の取得原価に加算するとともに，同額を新株予約権又は新株予約権付社債として純資産の部又は負債の部に計上します（企業結合会計基準及び事業分離等会計基準に関する適用指針110―2）。

③ 株式交換完全親会社が新株を発行した場合の会計処理

企業結合の対価として，株式交換完全親会社が新株を発行した場合には，払込資本（資本金又は資本剰余金）を増加させます。増加すべき払込資本の内訳項目は，会社法の規定に基づき決定します。

株式交換完全親会社が新株を発行した場合の増加資本の額は取得の対価の算定に準じて処理します。

④ 株式交換完全親会社が自己株式を処分した場合の会計処理

企業結合の対価として，株式交換完全親会社が自己株式を処分した場合には，増加資本の額（自己株式の処分の対価の額。新株の発行と自己株式の処分を同時に行った場合には，新株の発行と自己株式の処分の対価の額）から処分した自己株式の帳簿価額を控除した額を払込資本の増加（当該差額がマイナスとなる場合にはその他資本剰余金の減少）として会計処理します。

なお，増加すべき払込資本の内訳項目は，会社法の規定に基づき決定します。また，増加資本の額は，取得の対価の算定に準じて処理します。

⑤ 株式交換完全親会社が自社の株式以外の財産を交付した場合の会計処理

株式交換による企業結合の場合において，株式交換完全子会社の株主に対して，株式交換完全親会社の株式以外の財産を交付したときは，当該交付した財産の時価と企業結合日の前日における適正な帳簿価額との差額を株式交換日において，株式交換完全親会社の損益に計

⑥ 子会社が親会社の株式を対価として株式交換した場合の会計処理

子会社が親会社株式を支払対価として他の企業と株式交換を行う場合には，以下の処理をします。

(1) 個別財務諸表上の会計処理

上記株式交換完全親会社が自社の株式以外の財産を交付した場合の会計処理に準じて処理します。

(2) 連結財務諸表上の会計処理

個別財務諸表において計上された損益を，連結財務諸表上は資本取引として自己株式処分差額に振替えて処理します（自己株式等会計基準9・10・12項）。

⑦ 株式交換完全親会社の税効果会計

株式交換完全親会社が取得した子会社株式に係る一時差異（取得時から生じた一時差異に限る）に関する税効果は認識しません。

ただし，予測可能な期間に当該子会社株式を売却する予定がある場合（一時売却で売却後も子会社又は関連会社にとどまる予定の場合には売却により解消する部分の一時差異に限る），又は売却その他の事由により当該子会社がその他有価証券として分類されることとなる場合には，当該一時差異に対して税効果を認識します。

なお，株式交換後に当該子会社株式に生じた一時差異は，通常の税効果会計の取扱いによります。

(2) 連結財務諸表上の会計処理

① 投資と資本の消去

株式交換の資本連結の手続は，連結原則に従い，以下の(1)と(2)を消去します（連結原則第四三1）。また，両社の消去差額であるのれん（又は負ののれん）は，20年以内のその効果の及ぶ期間にわたって，定額法その他の合理的な方法により規則的に償却します。また，負ののれんは平成20年改正基準により，発生時に特別利益として処理することとされています。

(1) 株式交換完全親会社の投資

株式交換完全親会社の投資は，子会社株式の取得原価（株式交換以前に株式交換完全子会社となる会社の株式を保有していた場合には，当該株式の取得原価を加算する）とします。

(2) 株式交換完全子会社の資本

株式交換完全子会社の資本は，取得原価の配分方法に準じて算定された識別可能資産及び負債の差額とします。

② 株式交換日が株式交換完全子会社の決算日以外の日である場合の取扱い

株式交換日が株式交換完全子会社の決算日以外の日である場合には，連結原則注解9に従い，株式交換の日の前後いずれか近い決算日（みなし取得日）に株式交換が行われたものとみ

なして処理することができます。ただし，みなし取得日は，原則的な取得原価の算定日である企業結合日以降とします。この場合の取得原価の算定において，企業結合日をみなし取得日と読み替えます。

5.2 逆取得となる株式交換の会計処理（株式交換完全子会社が取得企業となるケース）

(1) 株式交換完全親会社（被取得企業）の個別財務諸表上の会計処理

① 概　　要

　組織再編が株式交換の形式をとる場合において，株式交換完全親会社が被取得企業となる場合（株式交換完全子会社が取得企業となる場合）には，株式交換完全親会社の個別財務諸表上の子会社株式の取得原価は，株式交換完全子会社（取得企業）の企業結合日における適正な帳簿価額による純資産額に基づいて算定することとされています。すなわち，株式交換完全親会社（被取得企業）が取得する子会社株式（取得企業株式）の取得原価は株式交換完全子会社（取得企業）の適正な帳簿価額による株主資本の額により算定することとなります。

② **株式交換完全親会社が新株予約権付社債を承継する場合等の取扱い**

　株式交換に際して，株式交換完全親会社（被取得企業）が株式交換完全子会社（取得企業）の新株予約権者に新株予約権を交付する場合，又は株式交換完全親会社（被取得企業）が新株予約権付社債を承継する場合には，株式交換完全親会社は，株式交換完全子会社（取得企業）の株式交換日の前日における適正な帳簿価額による株主資本の額に，株式交換完全子会社（取得企業）で認識された新株予約権の消滅に伴う利益又は新株予約権付社債の承継に伴う利益の額（税効果調整後）を加算して子会社株式の取得原価を算定します。また，株式交換完全親会社（被取得企業）は，株式交換日の前日に株式交換完全子会社（取得企業）で付されていた適正な帳簿価額により新株予約権又は新株予約権付社債を純資産の部又は負債の部に計上します。

(2) 株式交換完全子会社（取得企業）の個別財務諸表上の会計処理

株式交換に際して，株式交換完全親会社（被取得企業）が株式交換完全子会社（取得企業）の新株予約権者に新株予約権を交付する場合，又は株式交換完全親会社（被取得企業）が新株予約権付社債を承継する場合には，株式交換日の前日に株式交換完全子会社（取得企業）で付されていた適正な帳簿価額による新株予約権又は新株予約権付社債の額を利益に計上します。

(3) 株式交換後の連結財務諸表上の会計処理

株式交換完全子会社（取得企業）は，株式交換完全親会社（被取得企業）を被取得企業としてパーチェス法を適用します。すなわち，株式交換日の前日における株式交換完全子会社（取得企業）の連結財務諸表上の金額（連結財務諸表を作成していない場合には個別財務諸表上の金額）に，以下の手順により算定された額を加算します。

(1) 取得原価の算定

取得の対価に，取得に直接要した支出額（取得の対価性が認められるものに限る）を加算して算定します。

ただし，取得の対価となる財の時価は，株式交換完全親会社（被取得企業）の株主が結合後企業（株式交換完全親会社）に対する実際の議決権比率と同じ比率を保有するのに必要な数の株式交換完全子会社（取得企業）の株式を，株式交換完全子会社（取得企業）が交付したものとみなして算定するとされています。

(2) 取得原価の配分

株式交換完全親会社となる会社（被取得企業）から取得した資産及び引き受けた負債の会計処理は，株式交換日において識別可能なもの（識別可能資産及び負債）に対して，その株式交換日における時価を基礎として配分し，取得原価と取得原価の配分額との差額はのれん（又は負ののれん）として資産（又は特別利益）に計上するとされます。

(3) 増加資本の会計処理

(1)で算定された取得の対価を払込資本に加算します。

ただし，連結財務諸表上の資本金は株式交換完全親会社（被取得企業）の資本金とし，これと株式交換直前の連結財務諸表上の資本金（株式交換完全子会社の資本金）が異なる場合には，その差額を資本金又は資本剰余金に振り替えます。

5.3 共通支配下の取引（株式交換）

(1) 個別財務諸表上の会計処理

① **親会社（株式交換完全親会社）の会計処理**

(a) 株式交換完全子会社株式の取得原価の算定

親会社が追加取得する株式交換完全子会社株式の取得原価は，取得の対価（少数株主に交付した株式交換完全親会社株式の時価）に取得に直接要した支出額（取得の対価性が認められるものに限る）を加算して算定することとされています。

(b) 株式交換完全親会社の増加資本の会計処理

株式交換により増加する株式交換完全親会社の資本は，払込資本とし，前述の処理に準じます。

② **親会社（株式交換完全親会社）が新株予約権付社債を承継する場合等の取扱い**

(a) 親会社（株式交換完全親会社）の会計処理

株式交換に際して，親会社が子会社の新株予約権者に新株予約権を交付する場合，又は親会社が新株予約権付社債を承継する場合には，親会社は，株式交換日の前日に子会社が付していた適正な帳簿価額による株主資本の額に，株式交換完全子会社等で認識された新株予約権の消滅に伴う利益又は新株予約権付社債の承継に伴う利益の額（税効果

調整後）を加算して子会社株式の取得原価を算定します。

また，親会社は株式交換日の前日に子会社で付されていた適正な帳簿価額による新株予約権又は新株予約権付社債の額を純資産の部又は負債の部に計上します。

(b) 子会社（株式交換完全子会社）の会計処理

親会社が子会社の新株予約権者に新株予約権を交付する場合，又は親会社が新株予約権付社債を承継する場合には，子会社は，株式交換日の前日に株式交換完全子会社で付していた適正な帳簿価額による新株予約権又は新株予約権付社債の額を利益により計上します。

③ 中間子会社に対価を支払う場合の取扱い

株式交換に際して，親会社（株式交換完全親会社）が，株式交換完全子会社以外の子会社（中間子会社）に対価を支払う場合，親会社が中間子会社から追加取得する株式交換完全子会社株式の取得原価は，株式交換日の前日に株式交換完全子会社が付していた適正な帳簿価額による株主資本の額に，株式交換日の前日の持分比率を乗じた中間子会社を持分相当額により算定します。また，その額を払込資本として処理します。

中間子会社が，株式交換完全子会社株式と引き換えに取得した親会社株式の取得原価は，当該株式交換完全子会社株式の適正な帳簿価額により算定します。

④ 子会社が孫会社を株式交換完全子会社とする場合の取扱い

子会社がその子会社（孫会社）を株式交換完全子会社とする場合，子会社が追加取得する株式交換完全子会社株式（孫会社株式）の取得原価は，最上位の親会社と子会社の株主との取引ではないため，前述の中間子会社に対価を支払う場合における中間子会社持分相当額に準じて算定します。また，その額を払込資本として処理します。

(2) 連結財務諸表上の会計処理

① 子会社株式の追加取得の会計処理（投資と資本の消去）

追加取得した子会社株式の取得原価と追加取得により増加する親会社の持分（追加取得持分）又は減少する少数株主持分の金額との差額は，のれん（又は負ののれん）に計上し，のれん（又は負ののれん）は，前述（86頁）の処理に準じて会計処理します。

なお，追加取得持分または減少する少数株主持分は，連結原則第四五1及び同注解12により，連結会計方針として採用する子会社の資産及び負債の評価方法（全面時価評価法）に従って算定します。

② 株式交換日が子会社の決算日以外の日である場合の取扱い

株式交換日が子会社の決算日以外の日である場合には，当該株式交換日の前後いずれかの決算日（みなし取得日）に株式交換が行われたものとみなして処理することができます（連結会計基準注5）。ただし，みなし取得日は，主要条件が合意されて公表された日以降としなければなりません。

③ 株式交換直前に子会社（株式交換完全子会社）が自己株式を保有している場合の取扱い

(a) 親会社（株式交換完全親会社）の会計処理

株式交換直前に子会社が自己株式を保有しており，株式交換日において，親会社が当該自己株式（子会社株式）の取得と引き換えに子会社に対して自社の株式（親会社株式）を交付した場合の親会社の会計処理は，前述の親会社の会計処理に準じて処理します。

なお，連結財務諸表上は，最初に前述の子会社株式の追加取得の会計処理を行い，次に，株式交換完全子会社が保有する親会社株式の取得原価を自己株式に振り替えます。

(b) 子会社（株式交換完全子会社）の会計処理

自己株式と引き換えに受け入れた親会社株式の取得原価は，親会社が付した子会社株式の取得原価を基礎として算定します。また，親会社株式の取得原価と自己株式の帳簿価額との差額は，自己株式処分差額としてその他資本剰余金に計上します。

【設例】

(1) 前提

① 甲社（公開企業）は×1年3月31日に1,600を出資し，子会社乙社（持分比率80％）を設立した。

② ×2年3月期の乙社の当期純利益は2,000である。

③ 甲は×2年4月1日に株式交換により乙を完全子会社化した。

④ 株式交換比率は1：1であり，甲は新株を乙の少数株主に40株（株式交換時の時価1,000：株価25）を発行した。

⑤ 甲は株式交換の手続きの中で，債権者保護手続を実施し，甲は新株の発行に伴う増加資本をその他資本剰余金とした。

⑥ 株式交換日直前（×2年3月31日）の貸借対照表は以下のとおりである。

甲社個別貸借対照表

諸　資　産	2,400	資　本　金	2,000
乙　社　株　式	1,600	利　益　剰　余　金	2,000
計	4,000	計	4,000

乙社個別貸借対照表

諸　資　産	4,000	資　本　金	2,000
		利　益　剰　余　金	2,000
計	4,000	計	4,000

甲社連結貸借対照表

諸 資 産	6,400	少数株主持分	800
		資 本 金	2,000
		利 益 剰 余 金	3,600
計	6,400	計	6,400

(2) 甲社の個別財務諸表上の会計処理

（借）乙 社 株 式	1,000	（貸）その他資本剰余金	1,000

(3) 甲社の連結財務諸表上の会計処理

（借）資 本 金	2,000	（貸）少数株主持分	400
利 益 剰 余 金	400	乙 社 株 式	1,600
		少数株主持分	400
（借）少数株主持分	800	（貸）乙 社 株 式	1,000
の れ ん ※	200		

※　追加取得した株式交換完全子会社株式の取得原価1,000と減少する少数株主持分800との差額をのれんとして計上する。

(4) 株式交換後（×2年4月1日）の貸借対照表

甲社個別貸借対照表

諸 資 産	2,400	資 本 金	2,000
乙 社 株 式	2,600	その他資本剰余金	1,000
		利 益 剰 余 金	2,000
計	5,000	計	5,000

乙社個別貸借対照表

諸 資 産	4,000	資 本 金	2,000
		利 益 剰 余 金	2,000
計	4,000	計	4,000

甲社連結貸借対照表

諸　資　産	6,400	資　本　金	2,000
の　れ　ん	200	資本剰余金	1,000
		利益剰余金	3,600
計	6,600	計	6,600

5.4　取得と判定された株式移転の会計処理

(1)　株式移転設立完全親会社の個別財務諸表上の会計処理

① 子会社株式の取得原価の算定

株式移転による共同持株会社の設立の形式をとる企業結合において、取得企業の決定規準に従って、いずれかの株式移転完全子会社を取得企業として取り扱います。

子会社株式（取得企業株式及び被取得企業株式）の取得原価は、それぞれ以下のように算定します。

(a)　子会社株式（取得企業株式）

(i)　原則的な取扱い

企業結合日における株式移転完全子会社（取得企業）の適正な帳簿価額による純資産額に基づいて算定します。すなわち、株式移転設立完全親会社が取得する子会社株式（取得企業株式）の取得原価は、株式移転日の前日における株式移転完全子会社（取得企業）の適正な帳簿価額による株主資本の額により算定することとなります。

(ii)　簡便的な取扱い

株式移転日の前日における株式移転完全子会社（取得企業）の適正な帳簿価額による株主資本の額と、直前の決算日に算定された当該金額との間に重要な差異がないと認められる場合には、株式移転設立完全親会社が取得する子会社株式（取得企業株式）の取得原価は、株式移転完全子会社（取得企業）の直前の決算日に算定された適正な帳簿価額による株主資本の額により算定することができます。

(b)　子会社株式（被取得企業株式）

被取得企業株式の取得原価はパーチェス法を適用して算定します。したがって、取得の対価に、取得に直接要した支出額（取得の対価性が認められるものに限る）を加算して算定します。

ただし、株式移転設立完全親会社が作成する連結財務諸表において、みなし取得日に株式移転が行われたものとして会計処理する場合には、株式交付日をみなし取得日と読み替えます。

② 株式移転設立完全親会社が新株予約権付社債を承継する場合等の取扱い

　株式移転に際して，株式移転設立完全親会社が株式移転完全子会社（取得企業又は被取得企業）の新株予約権者に新株予約権を交付する場合，又は株式移転設立完全親会社が新株予約権付社債を承継する場合には，株式移転設立完全親会社は，株式移転設立完全子会社株式（取得企業株式又は被取得企業株式）の取得原価を以下のように算定します。

(a) 子会社株式（取得企業株式）

　(i) 原則的な取扱い

　　　子会社株式の取得原価に，株式移転完全子会社（取得企業）で認識された新株予約権の消滅に伴う利益又は新株予約権付社債の承継に伴う利益の額（税効果調整後）を加算します。また，株式移転設立完全親会社は，株式移転日の前日に株式移転完全子会社（取得企業）で付されていた新株予約権又は新株予約権付社債の適正な帳簿価額を純資産の部又は負債の部に計上します。

　(ii) 簡便的な取扱い

　　　子会社株式の取得原価を算定する場合であっても，株式移転完全子会社（取得企業）で認識された新株予約権の消滅に伴う利益又は新株予約権付社債の承継に伴う利益の額（税効果調整後）を株式移転完全子会社（取得企業）の直前の決算日に算定された適正な帳簿価額による株主資本の額に加算します。

(b) 子会社株式（被取得企業株式）

　　子会社株式の取得原価に，当該新株予約権又は新株予約権付社債の時価を加算するとともに，同額を新株予約権又は新株予約権付社債として純資産の部又は負債の部に計上します。

③ 株式移転設立完全親会社の資本の会計処理

　株式移転設立完全親会社の資本の額は，払込資本（資本金又は資本剰余金）を増加させます。増加すべき払込資本の内訳項目は，会社法の規定に基づき決定します。

　株式移転設立完全親会社の増加資本の額は取得の対価の算定に準じます。

④ 株式移転設立完全親会社の税効果会計

　株式移転設立完全親会社が取得した子会社株式（取得企業の株式と被取得企業の株式）に係る一時差異（取得のときから生じていたものに限る）に関する税効果は認識しません。ただし，予測可能な期間に当該子会社株式を売却する予定がある場合（一部売却で売却後も子会社又は関連会社にとどまる予定の場合には売却により解消する部分の一時差異に限る），又は売却その他の事由により当該子会社株式がその他有価証券として分類されることとなる場合には，当該一時差異に対する税効果を認識します。

　なお，株式交換後に当該子会社株式に生じた一時差異は，通常の税効果会計の取扱いによります。

(2) 株式移転完全子会社（取得企業又は被取得企業）の個別財務諸表上の会計処理

株式移転に際して，株式移転設立完全親会社が株式移転完全子会社（取得企業又は被取得企業）の新株予約権者に新株予約権を交付する場合，又は株式移転設立完全親会社が新株予約権付社債を承継する場合には，株式移転完全子会社は株式移転日の前日に付していた適正な帳簿価額による新株予約権又は新株予約権付社債の額を利益に計上します。

(3) 株式移転設立完全親会社の連結財務諸表上の会計処理

① 投資と資本の消去

株式移転の資本連結手続は，連結原則に従い，以下の(1)①と②及び(2)①と②をそれぞれ相殺消去します（連結原則第四三１）。(2)の消去差額は，のれん（又は負ののれん）とし，のれんは20年以内のその効果の及ぶ期間にわたって，定額法その他の合理的な方法により規則的に償却します。また，負ののれんは平成20年改正基準により，発生時に特別利益に計上します。

(a) 株式移転完全子会社（取得企業）に関する会計処理

(i) **株式移転設立完全親会社の取得企業に対する投資**

株式移転設立完全親会社の投資は，子会社株式の取得原価とします。

(ii) **株式移転完全子会社（取得企業）の資本**

株式移転完全子会社（取得企業）の資本は，取得企業の適正な帳簿価額による株主資本とします。両者はいずれも取得企業の適正な帳簿価額を基礎とした金額のため，消去差額は生じません。

(b) 株式移転完全子会社（被取得企業）に関する会計処理

(i) **株式移転設立完全親会社の被取得企業に対する投資**

株式移転設立完全親会社の投資は，子会社株式の取得原価とします。

(ii) **株式移転完全子会社（被取得企業）の資本**

株式移転完全子会社（被取得企業）の資本は，取得原価の配分（前述）に準じて算定された識別可能資産及び負債の差額とします。

② 株式移転完全子会社（取得企業）の純資産の引継ぎ

連結財務諸表上，株式移転設立完全親会社は株式移転完全子会社（取得企業）の純資産を，原則として，そのまま引き継ぎます。株式移転完全子会社（取得企業）が連結財務諸表を作成している場合には，当該純資産の金額は株式移転完全子会社の連結財務諸表上の金額とします。

ただし，連結財務諸表上の資本金は株式移転設立完全親会社の資本金とし，これと株式移転直前の株式移転完全子会社（取得企業）の資本金が異なる場合には，その差額を資本金又は資本剰余金に振り替えます。

③ 株式移転日が株式移転完全子会社（被取得企業）の決算日以外の日である場合の取扱い

株式交換の場合と同様に取り扱います。

【設例】

(1) 前　提

① 甲社と乙社（たがいに資本関係なし）は，株式移転（交換比率1：0.5）により株式移転設立完全親会社丙社を設立した。

② 甲が取得企業，乙が被取得企業とする。

③ 甲の株主には，甲社株式1株当たり丙社株式が1株交付された。また，乙の株主には乙社株式1株当たり丙社株式0.5株が交付された。なお，株式移転日の甲の株価(12)により計算した乙の株主に交付した株式の時価総額は1,200（12×200株×0.5）であったものとする。また，甲及び乙の発行済株式数はそれぞれ200株とする。

④ 株式移転日における乙保有の有価証券の時価は340（帳簿価額300），土地の時価は440である。

⑤ 株式移転設立完全親会社丙社は，増加すべき資本2,200のうち，資本金を600増加させ，残額については資本剰余金とした。

⑥ 株式移転日直前の甲と乙の個別貸借対照表は以下のとおりである。

甲社貸借対照表

現　　　　金	400	資　本　金	400
有　価　証　券	360	資　本　剰　余　金	300
土　　　　地	300	利　益　剰　余　金	300
		その他有価証券評価差額金	60
計	1,060	計	1,060

乙社貸借対照表

現　　　　金	200	資　本　金	200
有　価　証　券	340	資　本　剰　余　金	200
土　　　　地	200	利　益　剰　余　金	300
		その他有価証券評価差額金	40
計	740	計	740

(2) 株式移転設立完全親会社丙社の個別財務諸表上の会計処理

（借）甲　社　株　式	1,000	（貸）資　本　金	600
乙　社　株　式	1,200	資　本　剰　余　金	1,600

(3) 甲社の連結財務諸表上の会計処理

① 株式移転完全子会社甲社（取得企業）に関する会計処理

（借）現　　　　　金	400	（貸）甲　社　株　式	1,000
有　価　証　券	360	その他有価証券評価差額金	60
土　　　　　地	300		

② 株式移転完全子会社甲社（取得企業）の純資産の引継ぎ

（借）資　本　剰　余　金	300	（貸）利　益　剰　余　金	300

③ 株式移転完全子会社乙社（被取得企業）に関する会計処理

（借）現　　　　　金	200	（貸）乙　社　株　式	1,200
有　価　証　券	340		
土　　　　　地	440		
の　れ　ん	220		

丙社連結貸借対照表

現　　　　　金	600	資　本　金	600
有　価　証　券	700	資　本　剰　余　金	1,300
土　　　　　地	740	利　益　剰　余　金	300
の　れ　ん	220	その他有価証券評価差額金	60
計	2,260	計	2,260

5.5　共通支配下の取引（株式移転）

(1) 親会社と子会社が株式移転設立完全親会社を設立する会計処理

① **個別財務諸表上の会計処理**

(a) 親会社（株式移転設立完全親会社）の会計処理

株式移転設立完全親会社の個別財務諸表上の会計処理は，以下のように行います。

(i) 株式移転完全子会社株式の取得原価の算定

株式移転設立完全親会社が受け入れた株式移転完全子会社の株式（旧親会社の株式と旧子会社の株式）の取得原価は，それぞれ次のように算定します。

（その１）株式移転完全子会社株式（旧親会社の株式）

第3章 株式交換・移転の会計と税務

　　ア．原則的な取扱い

　　　　株式移転完全子会社株式（旧親会社の株式）の取得原価は，株式移転完全子会社（旧親会社）の株式移転日の前日における適正な帳簿価額による株主資本の額に基づいて算定します。

　　イ．簡便的な取扱い

　　　　株式移転完全子会社（旧親会社）の株式移転日の前日における適正な帳簿価額による株主資本の額と，直前の決算日において算定された当該金額との間に重要な差異がないと認められる場合には，株式移転設立完全親会社が受け入れる子会社株式（旧親会社の株式）の取得原価は，株式移転完全子会社（旧親会社）の直前の決算日に算定された適正な帳簿価額による株主資本の額により算定することができます。

　（その２）株式移転完全子会社株式（旧子会社の株式）

　　　株式移転完全子会社株式（旧子会社の株式）の取得原価は，株式移転完全子会社（旧子会社）の株式移転日の前日における持分比率に基づき，旧親会社持分相当額と少数株主持分相当額に区分し，以下の合計額として算定します。

　　ア．旧親会社持分相当額については，株式移転完全子会社（旧子会社）の株式移転日の前日における適正な帳簿価額による株主資本の額に基づいて算定します。

　　イ．少数株主持分相当額については，企業結合会計基準第45項により，取得の対価（旧子会社の少数株主に交付した株式移転設立完全親会社の株式の時価相当額）に取得に直接要した支出額（取得の対価性が認められるものに限る）を加算して算定します。株式移転設立完全親会社の株式の時価相当額は，株式移転設立完全親会社の株式の時価相当額は，株式移転完全子会社（旧子会社）の株主が株式移転設立完全親会社に対する実際の議決権比率と同じ比率を保有するのに必要な株式移転完全子会社（旧親会社）の株式の数を，株式移転完全子会社（旧親会社）が交付したものとみなして算定します。

　　　なお，株式移転設立完全親会社は，受け入れた株式移転完全子会社（旧子会社）以外の子会社（中間子会社）が有していた株式移転完全子会社株式（旧子会社の株式）の取得原価についても，旧親会社持分相当額に準じて算定します。

(b) 株式移転設立完全親会社の増加すべき株主資本の会計処理

　　株式移転設立完全親会社の増加すべき株主資本は，払込資本とします。

(c) 親会社（株式移転設立完全親会社）が新株予約権付社債を承継する場合等の取扱い

　(i) **親会社（株式移転設立完全親会社）の会計処理**

　　　株式移転に際して，株式移転設立完全親会社が株式移転完全子会社（旧親会社又は旧子会社）の新株予約権者に新株予約権を交付する場合，又は株式移転設立完全親会

社が新株予約権付社債を承継する場合には，株式移転設立完全親会社は，株式移転完全子会社の株式（旧親会社の株式と旧子会社の株式）の取得原価を，以下のように算定します。

（その１）株式移転完全子会社株式（旧親会社の株式）

ア．原則的な取扱い

株式移転完全子会社（旧親会社）の適正な帳簿価額による株主資本の額に，株式移転完全子会社（旧親会社）で認識された新株予約権の消滅に伴う利益の額（税効果調整後）を加算して子会社株式（旧親会社の株式）の取得原価を算定します。また，株式移転設立完全親会社は，株式移転日の前日の株式移転完全子会社で付されていた適正な帳簿価額による新株予約権又は新株予約権付社債の額を純資産の部又は負債の部に計上します。

イ．簡便的な取扱い

前述②イ．により子会社株式（旧親会社の株式）の取得原価を算定する場合であっても，株式移転完全子会社（旧親会社）で認識された新株予約権の消滅に伴う利益の額（税効果調整後）を，株式移転完全子会社（旧親会社）の直前の決算日に算定された適正な帳簿価額による株主資本の額に加算します。

(ii) **株式移転完全子会社株式（旧子会社の株式）**

株式移転設立完全親会社は，株式移転日の前日に株式移転完全子会社（旧子会社）が付していた適正な帳簿価額による新株予約権又は新株予約権付社債の額を子会社株式（旧子会社の株式）の取得原価に加算します。また，株式移転設立完全親会社は，株式移転完全子会社（旧子会社）の株式移転日の前日の適正な帳簿価額による新株予約権又は新株予約権付社債の額を純資産の部又は負債の部に計上します。

(iii) **子会社（株式移転完全子会社）の会計処理**

株式移転に際して，株式移転設立完全親会社が株式移転完全子会社（旧親会社又は旧子会社）の新株予約権者に新株予約権を交付する場合，又は株式移転設立完全親会社が新株予約権付社債を承継する場合には，株式移転完全子会社（旧親会社又は旧子会社）は株式移転日の前日に付していた適正な帳簿価額による新株予約権又は新株予約権付社債の額を利益に計上します。

(iv) **子会社（旧親会社である株式移転完全子会社）の会計処理**

株式移転に際して，株式移転完全子会社（旧親会社）が，株式移転完全子会社（旧子会社）の株式と引き換えに受け入れた株式移転設立完全親会社株式の取得原価は，株式移転完全子会社（旧子会社）株式の株式移転直前の適正な帳簿価額により計上します。

(2) 連結財務諸表上の会計処理

① 投資と資本の消去

(a) 株式移転完全子会社（旧親会社）への投資

株式移転完全子会社（旧親会社）の株式の取得原価と株式移転完全子会社（旧親会社）の株主資本を相殺します。

(b) 株式移転完全子会社（旧子会社）への投資

企業結合会計基準第46項により，株式移転完全子会社（旧子会社）の株式の取得原価と株式移転完全子会社（旧子会社）の株主資本を相殺し，消去差額はのれん（又は負ののれん）に計上します。のれん（又は負ののれん）は，前述（86頁）に準じて処理します。

なお，追加取得持分は，企業結合会計基準46項並びに連結会計基準28項・同注解8に従って算定します。

② 連結上の自己株式への振替

株式移転完全子会社（旧親会社）が株式移転完全子会社（旧子会社）の株式との交換により受け入れた株式移転設立完全親会社株式は，連結財務諸表上，自己株式に振り替えます。

③ 株主資本項目の調整

株式移転設立完全親会社の株主資本の額は，株式移転直前の連結財務諸表上の株主資本項目に少数株主との取引により増加した払込資本の額を加算します。

④ 株式移転日が子会社の決算日以外の日である場合の取扱い

前述の株式交換におけるみなし取得日と同様に取り扱います。

⑤ 株式移転直前に子会社（株式移転完全子会社）が自己株式を保有している場合の取扱い

(a) 親会社（株式移転設立完全親会社）の会計処理

株式移転直前に子会社が自己株式を保有している場合の親会社の会計処理は，株式交換直前に子会社が自己株式を保有している場合の親会社の会計処理に準じて処理します。

【設例】

(1) 前提

① 甲社（公開企業）は×1年3月31日に1,600を出資し，子会社乙社（持分比率80%）を設立した。

② ×2年3月期の乙社の当期純利益は2,000である。

③ 甲と乙は×2年4月1日に株式移転により株式移転設立完全親会社丙社を設立した。

④ 株式移転比率は1：1であり，丙は新株を400株発行し，甲の株主に200株，乙の株主に200株（甲に160株，乙の少数株主に40株）割り当てた。株式移転日の甲社株式時価により算定し，乙の少数株主に交付した丙社株式の時価は1,000（株価25）である。

⑤ 丙は株式移転の手続きの中で，債権者保護手続を実施し，丙は新株の発行に伴う増加資本のうち，資本金を1,000，残額をその他資本剰余金とした。

⑥ 株式移転日直前（×2年3月31日）の貸借対照表は以下の通りである。

甲社個別貸借対照表

諸 資 産	2,400	資 本 金	2,000
乙 社 株 式	1,600	利 益 剰 余 金	2,000
計	4,000	計	4,000

乙社個別貸借対照表

諸 資 産	4,000	資 本 金	2,000
		利 益 剰 余 金	2,000
計	4,000	計	4,000

甲社連結貸借対照表

諸 資 産	6,400	少 数 株 主 持 分	800
		資 本 金	2,000
		利 益 剰 余 金	3,600
計	6,400	計	6,400

(2) 丙社の個別財務諸表上の会計処理

(借)	甲 社 株 式 ※1	4,000	(貸)	資 本 金	2,000
	乙 社 株 式 ※2	3,200		その他資本剰余金	6,200
	乙 社 株 式 ※3	1,000			

※1　適正な帳簿価額
※2　適正な帳簿価額
※3　丙社の株式移転日の時価

(3) 甲社の個別財務諸表上の会計処理

(借)	丙 社 株 式	1,600	(貸)	乙 社 株 式	1,600

(4) 丙社の連結財務諸表上の会計処理

(借)	資 本 金	2,000	(貸)	甲 社 株 式	4,000
	利 益 剰 余 金	2,000			
(借)	資 本 金	2,000	(貸)	乙 社 株 式	4,200
	利 益 剰 余 金	2,000			
	の れ ん ※4	200			
(借)	自 己 株 式 ※5	1,600	(貸)	丙 社 株 式	1,600
(借)	資 本 剰 余 金 ※6	2,000	(貸)	利益剰余金(甲社)	2,000
(借)	資 本 剰 余 金 ※6	1,600	(貸)	利益剰余金(乙社)	1,600

※4　乙社株式の取得原価（支払対価の時価）1,000と減少する少数株主持分相当額の金額800との差額200をのれんとして計上する。
※5　甲が受け入れた丙社株式は，連結財務諸表上，自己株式に振り替える。
※6　丙の資本は，株式移転直前の連結財務諸表の資本項目に少数株主との取引により増加した払込資本の額を加算するように調整する。

(5) 株式移転後（×2年4月1日）の貸借対照表

丙社個別貸借対照表

甲 社 株 式	4,000	資 本 金	2,000
乙 社 株 式	4,200	利 益 剰 余 金	6,200
計	8,200	計	8,200

甲社個別貸借対照表

諸　資　産	2,400	資　本　金	2,000
丙　社　株　式	1,600	利　益　剰　余　金	2,000
計	4,000	計	4,000

乙社個別貸借対照表

諸　資　産	4,000	資　本　金	2,000
		利　益　剰　余　金	2,000
計	4,000	計	4,000

甲社連結貸借対照表

諸　資　産	6,400	資　本　金	2,000
の　れ　ん	200	資　本　剰　余　金	2,600
		利　益　剰　余　金	3,600
		自　己　株　式	△1,600
計	6,600	計	6,600

第6節　株式交換・株式移転に伴う完全親法人の税務

株式交換・株式移転（以下「株式交換等」という）に伴う完全親法人の行う行為は，最も簡単な事例を想定した場合，次の2つの取引の複合取引であるといえます。

① 完全子法人株式の取得に関する取引
② 新株発行に関する資本金等の増加に関する取引

税務上の仕訳で表すと，以下のようになります。

```
（借）子 会 社 株 式    ××××    （貸）資　　本　　金      ××××
                                        （会計に一致）
                                        資 本 準 備 金        ××××
                                        （会計に一致）
                                        その他資本剰余金      ××××
                                        （会計に一致）
                                        現　　預　　金        ××××
                                        （取得費相当）
                                        資 本 金 等          ××××
                                        利 益 積 立 金       △××××
```

①の問題については，上記仕訳借方金額の測定の問題であり子会社株式の取得価額の決定が論点となり，②の問題については，資本等取引に該当する上記仕訳貸方金額の測定が論点ということになります。

これら2点につき，会計上の測定方法と税務上の測定方法に相違がある場合に，税務調整が発生することになりますが，増減額が資本等取引の調整となるため株式交換等における完全親会社の課税所得の金額に影響を及ぼすものではありません。

ただし，税務上の資本金等の額と会計上の純資産の部の金額に乖離が生じる可能性がありますので留意してください。

なお，株式交換等に係る税務上の取扱いについては同一のものが多いため，以下原則として区分を行わずに解説していきます。

6.1　完全親法人の完全子法人株式の取得価額

株式交換等を行った時における完全親法人の完全子法人株式の税務上の取得価額は，次のフローチャートの区分に応じてそれぞれ定められるところとなります。

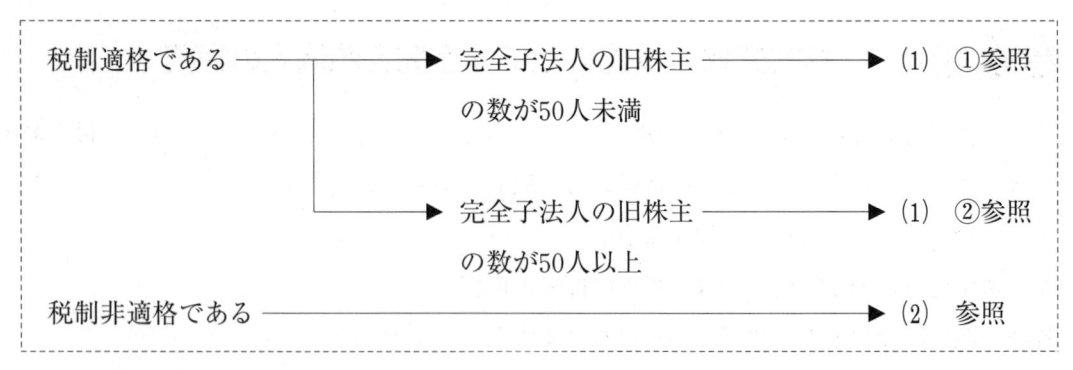

```
税制適格である ─┬─→ 完全子法人の旧株主 ─────→ (1) ①参照
                │    の数が50人未満
                │
                └─→ 完全子法人の旧株主 ─────→ (1) ②参照
                     の数が50人以上

税制非適格である ──────────────────────→ (2) 参照
```

(1) 税制適格株式交換等の場合（法令119①九）

株式交換等が税制適格により行われた場合には，基本的考え方は持分プーリング法により税務上の取得価額を測定します。

ただし，完全子法人の旧株主の数によりその作業量等を考慮しそれぞれ次の金額とされています。

① 完全子法人の旧株主の数が50人未満の場合（法令119①十一イ）

株式交換完全子法人の旧株主の株式交換直前の帳簿価額＋取得費

② 完全子法人の旧株主の数が50人以上の場合（法令119①十一ロ）

株式交換直前の完全子法人の税務上の簿価純資産額

(2) 税制非適格株式交換・株式移転の場合（法令119①二十五）

株式交換等が税制非適格である場合には，基本的な考え方はパーチェス法により取得価額を測定します。すなわち，完全子法人株式の株式交換・移転時の適正な時価（取得費がある場合には加算）により測定を行います。

(3) 株式交換前に完全親法人が完全子法人株式を保有している場合（法令119①九ロ）

株式交換前に完全親法人が完全子法人株式を保有している場合には，上記(1)②及び(2)の金額の測定にあたっては，完全子法人のそれぞれの評価額に完全子法人の発行済み株式総数のうちに株式交換の対象となった完全子法人株式の割合を乗じて計算することとなります。

なお，株式移転については完全親法人が新規設立されるため当然にこのような問題は発生しません。

6.2 完全親法人の株式交換等の実行に伴い増加する資本，資本剰余金及び資本金等の額並びに利益積立金額

6.1記載のとおり会計上の子会社株式取得価額と税務上の取得価額とが相違する場合，資本等取引である貸方諸勘定にも影響を及ぼします。

以下，費目別に詳述しますが，これらの論点については税制適格・非適格の違いによる税務上の取扱いの違いはありません。

(1) 資本金

資本金については，会計上の考え方と税務上の考え方は一致しますので，税務調整を必要としません。

(2) 資本金等の額（法法8①十一，十二）

税務上の完全子法人株式の取得価額から取得費の額を控除した金額を税務上「資本金等の額」として認識します。したがって，この「資本金等の額」には会計上，資本金・資本準備金・その他資本剰余金とした金額も含まれることとなりますが，これらについては会計上と税務上で取扱いは異なりません。

ただし，完全子法人株式の会計上の取得価額と税務上の取得価額に相違がある場合には，その差額については税務上「資本金等の額」として認識し，別表五㈠Ⅱにおいて調整を行います。
（会計上の取得価額が税務上の取得価額を上回る場合には，マイナス調整を行うこととなります。）

(3) 利益積立金額

(2)により調整を行った金額は，**6.1**の税務調整により別表五㈠Ⅰにおいて完全子法人株式の取得価額を増加又は減少する処理が行われた部分に相当します。税務上はこの増加又は減少部分を利益積立金の増減として認識せず，(2)記載のとおり資本金等の額の増減として認識することとなりますので，資本金等の額の増減額と同額を別表五㈠Ⅰにおいて直接減額（一定の場合には増額）する処理を行います。

(4) 金銭その他の資産の交付があった場合

株式交換等に伴い，完全親法人が完全子法人の株主に金銭その他の資産の交付を行った場合には，その金銭の額又は金銭以外の資産の額は上記(3)記載の資本金等の額から控除されることとなります。

設例1

〈株式交換の日の完全子法人となる会社の状況〉
- 簿価純資産額：100,000千円
- パーチェス法による株式評価額（時価）の合計額：300,000千円
- 発行済株式総数：50,000株（完全親法人となる法人の保有株式はなし）

〈株式交換に係る条件〉
- 株式交換にあたり金銭の交付を20,000千円行う。
- 会計処理は持分プーリング法により行い，その際30,000千円を資本金とし，50,000千円をその他資本剰余金として処理を行っている。
- 本件株式交換は税務上適格株式交換にはあたらない。

(1) 完全親法人の会計上の仕訳

（借）子　会　社　株　式　　100,000千円　　（貸）資　　本　　金　　30,000千円
　　　　　　　　　　　　　　　　　　　　　　　　その他資本剰余金　　50,000千円
　　　　　　　　　　　　　　　　　　　　　　　　現　　預　　金　　20,000千円

(2) 完全親法人の税務上の完全子法人株式の取得価額

300,000千円（パーチェス法による評価額を時価として考える。）

(3) 完全親法人の税務上の増加資本金及び増加その他資本剰余金の額

資本金　　　　　　　30,000千円
その他資本剰余金　　50,000千円

(4) 増加資本等の額

300,000千円　－　30,000千円　－　50,000千円　－　20,000千円　＝　200,000千円
（子会社株式取得価額）　（増加資本金）　（増加その他資本剰余金）　（交付金銭の額）

(5) 利益積立金減少額

△200,000千円

(6) 別表五㈠Ⅰの調整

区　　分	期首現在利益積立金額	当期の増減		差引翌期首利益積立金額
		減	増	
子　会　社　株　式			200,000	200,000
資　本　金　等			△ 200,000	△ 200,000

(7) 別表五㈠Ⅱの調整

区　　分	期首現在資本積立金額	当期の増減		差引翌期首資本積立金額
		減	増	
資本金又は出資金	100,000		30,000	130,000
その他資本剰余金			50,000	50,000
利　益　積　立　金			200,000	200,000
差　引　合　計　額	100,000	0	280,000	380,000

⑸　完全子法人の消滅した新株予約権に代えて完全親法人が新株予約権を交付した場合

　株式交換等に伴い，完全子法人の発行する新株予約権が消滅し，その新株予約権に代わり完全親法人がその完全子法人の新株予約権を所有していた者に対し，自社の新株予約権を交付した場合には，上記⑵における「資本金等の額」の計算にあたり，次の区分に応じそれぞれの金額を控除することとされています。

適格株式交換等の場合………完全子法人のその消滅した新株予約権の帳簿価額
非適格株式交換等の場合……完全子法人のその消滅した新株予約権の時価

6.3 連結納税制度と株式交換等

株式交換等は企業の組織再編成の一手段として活用されるため，連結納税との関係を無視することはできません。

一度連結納税制度の適用下に入った後は通常の取扱いとなるため，本節においては触れず，以下の論点に絞り解説いたします。

(1) 株式交換等を行った後に，その企業グループが連結納税の適用を受ける場合
(2) 連結納税の適用を受けている企業グループに株式交換等により，新たに加わる場合

(1) 株式交換等を行った後に，その企業グループが連結納税の適用を受ける場合

① 時価評価損益の計上

連結納税制度の適用を受ける場合においては，原則として連結子法人は連結納税適用開始直前の単体申告において，一定の資産につき時価評価を行い，その評価損益を法人税法上の損金又は益金として取扱い，含み損益を精算する必要があります。

ただし，一定の要件を満たす場合においては，この精算処理を行わないことができることとされています。一定の要件とは以下のとおりです。

Ⅰ．株式交換等を伴わない一般的なケース

ⅰ．連結親法人が連結納税適用開始事業年度開始の日の5年前の日から開始の日まで，継続して発行済み株式の全部を直接又は間接に保有している法人（法法61の11①二）

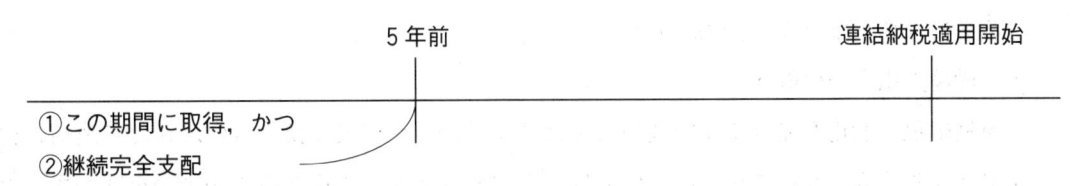

```
         5年前                          連結納税適用開始
──────────┼──────────────────────────┼──────
①この期間に取得，かつ
②継続完全支配
```

ⅱ．連結親法人又は連結子法人が連結納税適用開始事業年度開始の日の5年前の日から，その開始の日までの間に新たに設立した法人で完全支配関係ある法人（法法61の11①三）

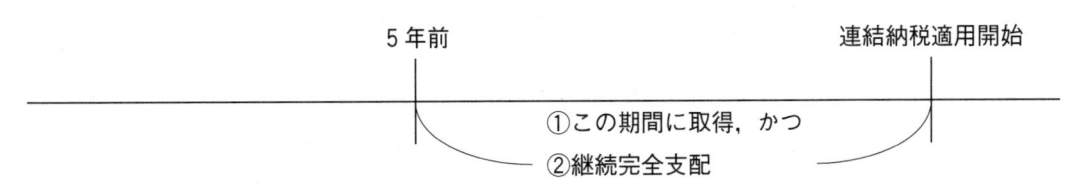

```
         5年前                          連結納税適用開始
──────────┼──────────────────────────┼──────
                        ①この期間に取得，かつ
                        ②継続完全支配
```

Ⅱ．株式交換等が行われた場合

ⅰ．連結親法人又は連結子法人が連結納税適用開始事業年度開始の日の5年前の日から，その開始の日までの間に適格株式交換・移転によりその発行済み株式等の全部を直接又は間接に保有することとなった法人（法法61の11①五）

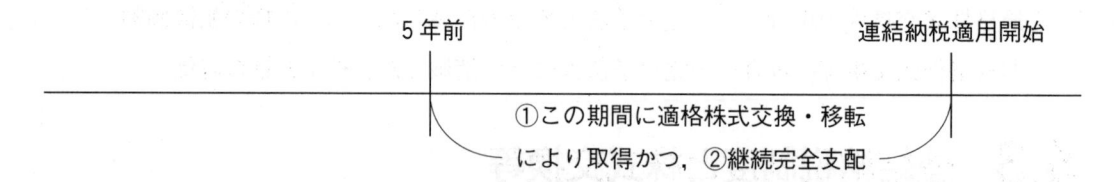

```
    5年前                          連結納税適用開始
─────┼──────────────────────────────┼─────
     └──────────┬───────────────────┘
         ①この期間に適格株式交換・移転
         により取得かつ，②継続完全支配
```

ⅱ．連結子法人で連結納税適用開始事業年度開始の日の5年前の日から，その開始の日までの間に行われた株式移転により株式移転完全親法人の完全子法人となった法人（法法61の11①一）

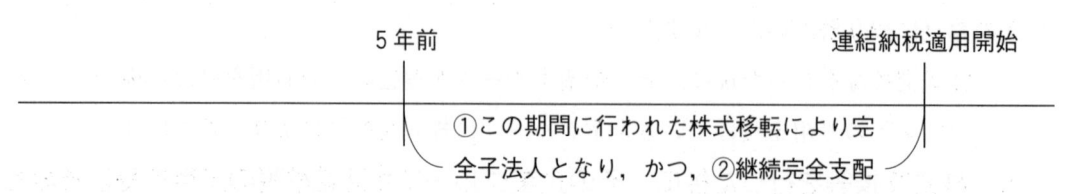

```
    5年前                          連結納税適用開始
─────┼──────────────────────────────┼─────
     └──────────┬───────────────────┘
         ①この期間に行われた株式移転により完
         全子法人となり，かつ，②継続完全支配
```

② 繰越欠損金の引継ぎ

連結納税開始時における完全子法人の繰越欠損金は原則として，連結欠損金又は連結欠損金個別帰属額への引継ぎは認められていません。ただし，上記Ⅱ．ⅱ．のケースにおける株式移転完全子法人の欠損金については，その引継ぎが認められています（法法81の9②二）。

(2) 連結納税の適用を受ける法人が株式交換等を行った場合

① 時価評価損益の計上

連結納税の適用を受ける連結親法人又は連結子法人が株式交換を行った場合で，その株式交換が適格株式交換である場合には，その株式交換により新たに連結納税の適用を受けることとなる法人の時価評価損益は，その法人の連結納税適用開始直前の単体申告において計上する必要はありません（法法61の12①二）。

② 繰越欠損金の引継ぎ

連結納税の適用を受ける連結親法人又は連結子法人が株式交換を行い，新たに連結納税の対象となる法人となった法人については，その株式交換が適格であるか否かを問わず，その繰越欠損金の引継ぎは認められないこととなります（法法81の9①）。

第7節　適格組織再編成の要件

　平成18年度の税制改正により株式交換・株式移転の税制について，抜本的な改革が行われ租税特別措置法から法人税法に規定が移管されました。これに伴い株式交換・株式移転について他の組織再編成と同様に適格・非適格の考え方が導入されました。

　株式交換と株式移転の税制適格要件は，企業グループ内で行われる場合と共同事業を行うために行われる場合とでは要件が異なってきます。ここではいずれの場合であっても必要となる要件，次に株式保有の関係がある場合，共同事業を行う場合に必要となってくる要件について解説していきます。

7.1　共通する要件

(i)　完全子法人の株主に，完全親法人の株式以外の資産の交付がないこと。
　※　以下のものはここでいう株式以外の資産の交付に該当しません。
　　（法法2十二の十六，十二の十七，法基通1-4-2）
　① 剰余金の配当等として交付される金銭
　② 株式交換・株式移転に反対する株主の請求による株式の買い取りのために交付する金銭
　③ 株式交換・株式移転比率の端数があるために生じた1株未満の株式を他に譲渡し，その譲渡代金として株主に交付する金銭
　※　三角株式交換については**7.3**で解説しています。

(ii)　株式交換・株式移転後に，当事者間の支配関係が継続する見込みであること
　※　株式交換・株式移転後は完全親法人と完全子法人の支配関係又は同一の者による完全親法人と完全子法人の支配関係が継続する見込みでなければなりません。
　　ただし，株式交換・株式移転後に完全子法人，完全親法人又は完全子法人と完全親法人を支配している同一の者を被合併法人とする適格合併によりこれらの法人の解散が見込まれている場合においても，その株式交換・株式移転後適格合併までの間支配関係が継続し，かつその後においてその適格合併に係る合併法人を含めたところで支配関係が継続する見込みである場合には，適格要件を満たすこととされる緩和措置があります。

7.2 株式保有要件と共同事業要件

(1) 株式保有要件

① 概　要

　支配関係（発行済株式の50％超を有する関係をいう）を有する法人，すなわち企業グループ内における株式交換・移転については，企業グループ外の株式交換・移転に比べ適格要件が緩和されています。

　なお，適格要件は完全支配か否かにより次のとおり区分されています。

② 100％支配関係が有る場合

　当事者間に発行済株式の全部を保有する関係がある場合における株式交換については，上記①の要件を満たすことで税制適格に該当します（法法２十二の十六イ，十二の十七イ）。

③ 50％超100％未満の保有関係が有る場合

　当事者間に発行済株式の50％超100％未満を保有する関係が有る場合には，上記①のほか，次の要件を満たす必要があります（法法２十二の十六ロ，十二の十七ロ）。

　イ　従業員引継要件

　ロ　事業継続要件

(2) 共同事業要件

当事者間に支配関係がない場合には，共同で事業を営むための組織再編に該当するものとして，次の要件の全てを満たす必要があります（法法２十二の十六ハ，十二の十七ハ，法令４の２⑰，21）。

　イ　事業相互関連性要件

　ロ　事業規模比率要件又は経営参画要件

　ハ　従業員引継要件

　ニ　事業継続要件

　ホ　株式継続保有要件

第3章 株式交換・移転の会計と税務

【図表7－1：適格組織再編成の要件一覧】

要件 \ 形態	企業グループ内の組織再編成		共同事業を行うための組織再編成
	100％の持分関係	50％超100％未満の持分関係	
再編後継続すべき持分割合	100％	50％超	100％
① 事業関連性要件			要
② 事業規模比率要件 or ③ 経営参画要件			要
③ 従業員引継要件		要	要
④ 事業継続要件		要	要
⑤ 株式継続保有要件			要

※ 企業グループ内の組織再編成の場合の持株要件は，原則として再編成前と再編成後のいずれにおいても満たす必要がありますが，詳細については【図7－2：企業グループ内の組織再編成の場合の持分要件】を参照して下さい。

【図7－2：企業グループ内の組織再編成の場合の持分要件】
【図7－2：企業グループ内の株式交換・株式移転の場合の持分要件】

1．株式交換の場合

① 100％の支配関係がある場合（法法2十二の十六イ）

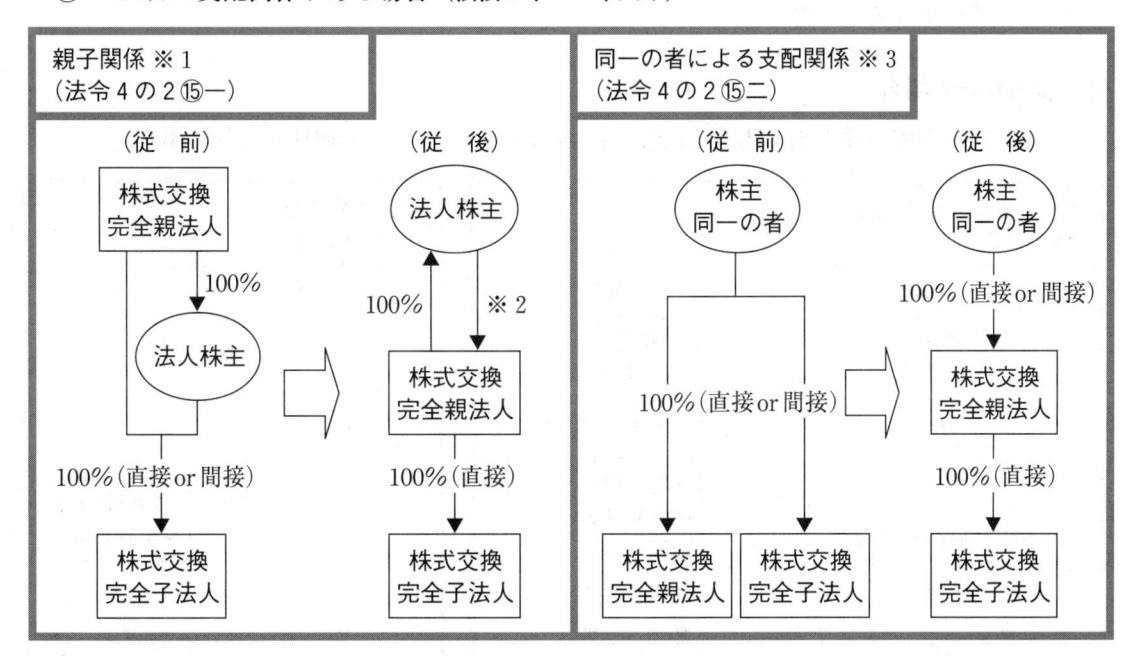

親子関係 ※1
（法令4の2⑮一）

（従前）
株式交換完全親法人
↓100％
法人株主
↓100％（直接or間接）
株式交換完全子法人

⇒

（従後）
法人株主
↑100％　※2
株式交換完全親法人
↓100％（直接）
株式交換完全子法人

同一の者による支配関係 ※3
（法令4の2⑮二）

（従前）
株主同一の者
↓100％（直接or間接）　↓100％（直接or間接）
株式交換完全親法人　株式交換完全子法人

⇒

（従後）
株主同一の者
↓100％（直接or間接）
株式交換完全親法人
↓100％（直接）
株式交換完全子法人

※1 株式交換後，完全親法人が完全子法人の発行済株式等の全部を直接保有する関係の継続見込みが必要です。
※2 この株式交換により法人株主が完全子法人の株式を対価として完全親法人から交付を受けた親法人株式であり，法人株主はその後交付を受けた新株を完全親法人に対して，返還するのが一般的です。
※3 株式交換後，完全親法人と完全子法人との間に同一の者により発行済株式等の全部を直接又は間接に保有される関係の継続見込みが必要です。

② 50%超100%未満の支配関係がある場合（法法2十二の十六ロ）

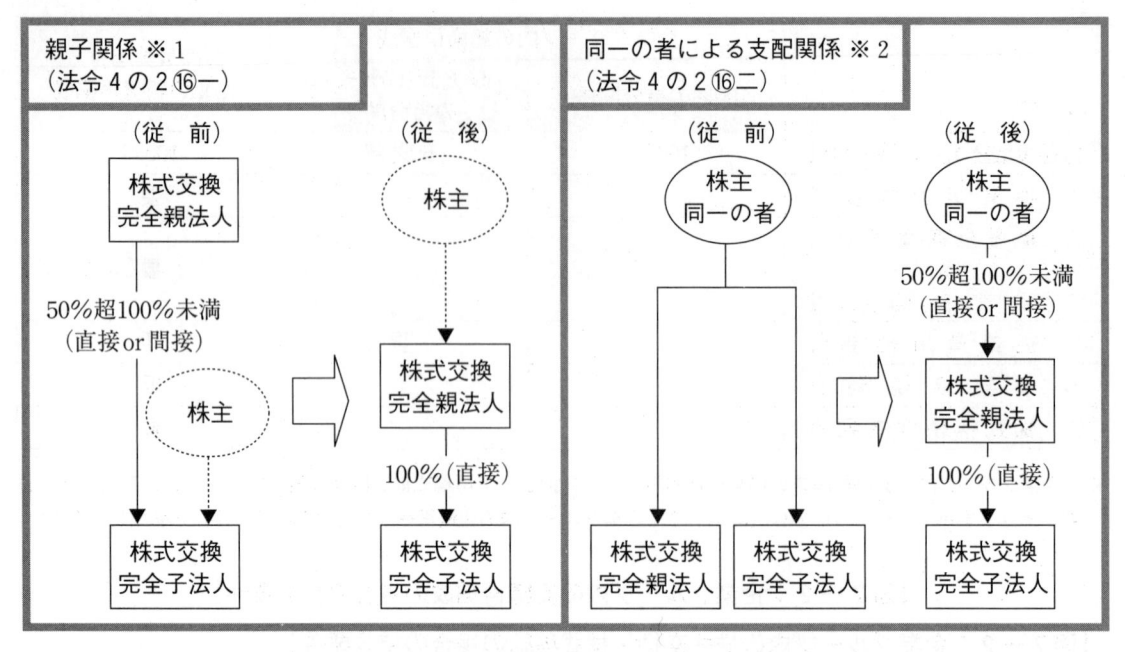

親子関係 ※1（法令4の2⑯一）

（従前）→（従後）

株式交換完全親法人 →50%超100%未満（直接or間接）→ 株主（点線）→ 株式交換完全子法人

（従後）：株主 → 株式交換完全親法人 →100%（直接）→ 株式交換完全子法人

同一の者による支配関係 ※2（法令4の2⑯二）

（従前）：株主 同一の者 → 株式交換完全親法人、株式交換完全子法人

（従後）：株主 同一の者 →50%超100%未満（直接or間接）→ 株式交換完全親法人 →100%（直接）→ 株式交換完全子法人

※1　株式交換後，完全親法人が完全子法人の発行済株式等の50%超を直接又は間接に保有する関係の継続見込みが必要です。

※2　株式交換後，完全親法人と完全子法人との間に同一の者による発行済株式等の50%超を直接又は間接に保有される関係の継続見込みが必要です。

2．株式移転の場合

① 100%の支配関係がある場合（法法2十二の十七イ）

同一の者による支配関係 ※1（法令4の2⑱）

（従前）：株主 同一の者 →100%（直接or間接）→ 株式移転完全子法人、株式移転完全子法人

（従後）：株主 同一の者 →100%（直接or間接）→ 株式移転完全親法人 →100%（直接）→ 株式移転完全子法人、株式移転完全子法人

② 単独株式移転の場合

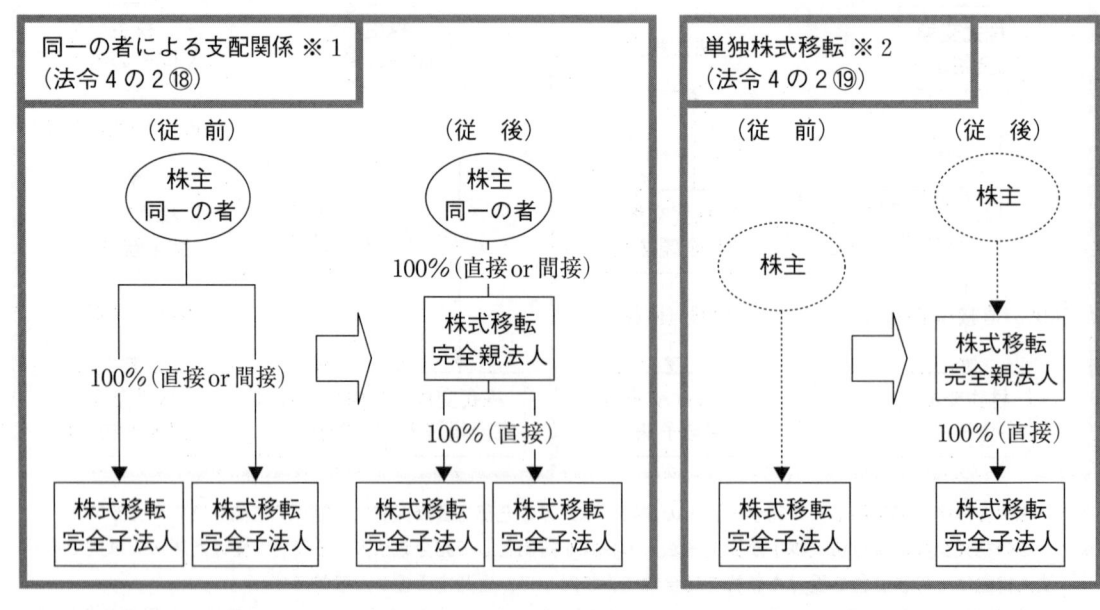

単独株式移転 ※2（法令4の2⑲）

（従前）：株主（点線）→ 株式移転完全子法人

（従後）：株主（点線）→ 株式移転完全親法人 →100%（直接）→ 株式移転完全子法人

※1　株式移転後，各完全子法人と完全親法人との間に発行済株式等の全部を直接又は間接に保有される関係の継続見込みが必要です。

※2　1の法人のみが株式移転完全子法人となる，株式移転（単独株式移転）の場合にも株式移転後，完全親法人が完全子法人の発行済株式等の全部を直接又は間接に保有する関係が継続する見込みである必要があります。

③ 50％超100％未満の支配関係がある場合（法法２十二の十七ロ）

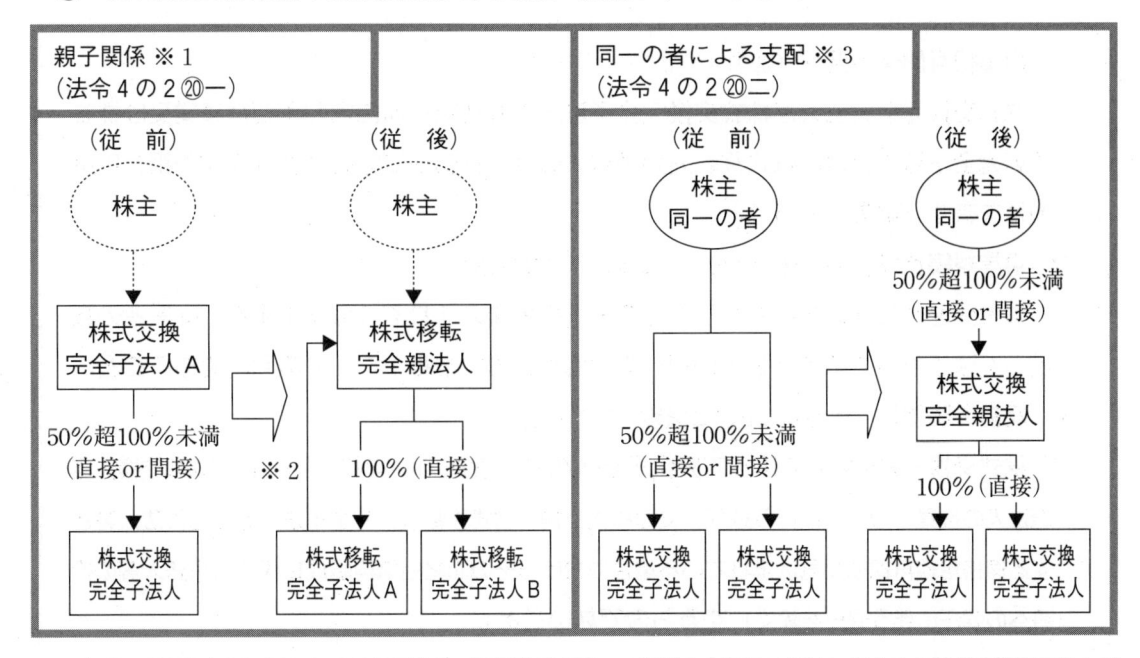

親子関係 ※1
（法令４の２⑳一）

（従前）
株主 → 株式交換完全子法人Ａ
50％超100％未満（直接or間接）
↓
株式交換完全子法人

※2

（従後）
株主 → 株式移転完全親法人
100％（直接）
↓
株式移転完全子法人Ａ　株式移転完全子法人Ｂ

同一の者による支配 ※3
（法令４の２⑳二）

（従前）
株主 同一の者
50％超100％未満（直接or間接）
↓
株式交換完全子法人　株式交換完全子法人

（従後）
株主 同一の者
50％超100％未満（直接or間接）
↓
株式交換完全親法人
100％（直接）
↓
株式交換完全子法人　株式交換完全子法人

※1 株式移転後，完全親法人が完全子法人の発行済株式等の50％超を直接又は間接に保有する関係の継続見込みが必要です。

※2 この株式交換により完全子法人Ａが完全子法人Ｂの株式を対価として完全親法人から交付を受けた親法人株式であり，完全子法人Ａはその後交付を受けた新株を完全親法人に対して，返還するのが一般的です。

※3 株式移転後，完全親法人と完全子法人との間に同一の者による発行済株式等の50％超を直接又は間接に保有される関係の継続見込みが必要です。

■同一の者の意義

図７－２の企業グループ内の組織再編の場合に定める「同一の者」とは法人又は個人で，個人の場合には次に掲げる特殊関係者もその範囲に含まれます。
① 株主等の親族（６親等内の血族及び３親等内の姻族をいう）
② 株主等と婚姻の届出をしていないが事実上婚姻関係と同様の事情にある者
③ 株主等の使用人
④ ③以外の者で株主等から受ける金銭その他の資産によって生計を維持しているもの
⑤ ③の者と生計を一にするこれらの者の親族

■各種要件の意義

① **事業相互関連性要件**（法令4の2⑰一，㉑一）

　株式交換完全親法人と株式交換完全子法人の株式交換前に営む主要な事業又は株式移転完全子法人と他の株式移転完全子法人の株式移転前に営む主要な事業が相互に関連性を有する事業であること。

② **事業規模比率要件**（法令4の2⑰二前段，㉑二前段）

　事業関連性要件の対象となる相互の法人の事業のそれぞれの売上金額，従業者の数若しくはこれらに準ずるものの規模の割合が，おおむね1：5の範囲内であること。

③ **経営参画要件**（法令4の2⑰二後段，㉑二後段）

　株式交換・株式移転に伴って完全子法人の特定役員のいずれかが退任（株式交換完全親法人の役員への就任に伴う退任，又は株式交換・株式移転後，完全子法人を被合併法人等とする適格組織再編成が見込まれている場合におけるその適格組織再編成に係る合併法人等の役員への就任に伴う退任を除く）するものでないこと。

　「特定役員」とは，社長，副社長，代表取締役，専務取締役，常務取締役又はこれらに準ずる者で経営に従事している者と規定され，「役員等」とは，役員又は役員に準ずる者で経営に従事している者と規定されています。

④ **従業員引継要件**（法法2十二の十六ロ(1)，十二の十七ロ(1)，法令4の2⑰三，㉑三）

　株式交換・移転の直前の完全子法人の従業者の80％以上が株式交換・移転後も引き続きその完全子法人の事業に従事することが見込まれていること（株式交換・移転後に完全子法人を被合併法人とする適格合併等が行われ，その適格合併等に伴い完全子法人の従業者が引き継がれることが見込まれているときは，「従業者の80％以上」が適格株式交換・移転後に完全子法人の業務に従事し，その後，その適格合併等に係る合併法人等の業務に従事し，かつ，合併法人等に引き継がれていない従業者が完全子法人の業務に引き続き従事していること）。

〈留意事項〉（法基通1－4－4）

・日々雇い入れられる者で従事した日ごとに給与等の支払いを受ける者について，法人が判定対象となる従業者の数に含めないこととしている場合には，含めないことができます。

・出向により受け入れている者等であっても組織再編前に営む事業に従事する者であれば，判定対象となる従業者に含めます。

・下請け先の従業者は，たとえば自己の工場内でその業務の特定部分を継続的に請け負っている企業の従業員であっても，判定対象となる従業者には該当しません。

・組織再編により移転する事業に係る従業者が出向により再編後の法人の業務に従事

する場合でも,「見込まれる従業者の数」に含みます。

⑤ **事業継続要件**（法法2十二の十六ロ(2),十二の十七ロ(2),法令4の2⑰四,㉑四）

完全子法人の主要な事業が株式交換・移転後も完全子法人により引き続き営まれることが見込まれていること（株式交換・移転後に完全子法人を被合併法人等とする適格組織再編成によりその完全子法人の主要な事業が移転することが見込まれている場合には,その適格組織再編成の直前までその主要な事業が完全子法人において営まれ,かつ,その適格組織再編成後に合併法人等において引き続き営まれることが見込まれていること）。

⑥ **株式継続保有要件**（法令4の2⑰五,㉑五,法基通1－4－3）

・完全子法人の株主が50人以上の場合　→　株式継続保有要件の適用なし
・完全子法人の株主が50人未満の場合　→　割当てられた新株（議決権のないものを除く）のすべてを継続保有する見込みである株主（株式交換・株式移転後にその株主を被合併法人とする適格合併が見込まれている場合には,適格合併後にその適格合併に係る被合併法人が,その新株のすべてを継続保有する見込みである場合のその株主,また,株式交換・移転後に完全親法人を被合併法人とする適格合併が見込まれている場合には,株式交換・移転の時から適格合併の直前まで新株のすべてを継続保有する見込みである場合のその株主）が有する完全子法人の株式の保有割合の合計が80%以上であること（「割り当てられた新株の80%が継続保有される見込みであること」の意味ではないことに注意を要します）。

いわゆる「名義株」がある場合には実際の権利者が保有するものとして判定します。

【図7－3：適格組織再編成の判定】

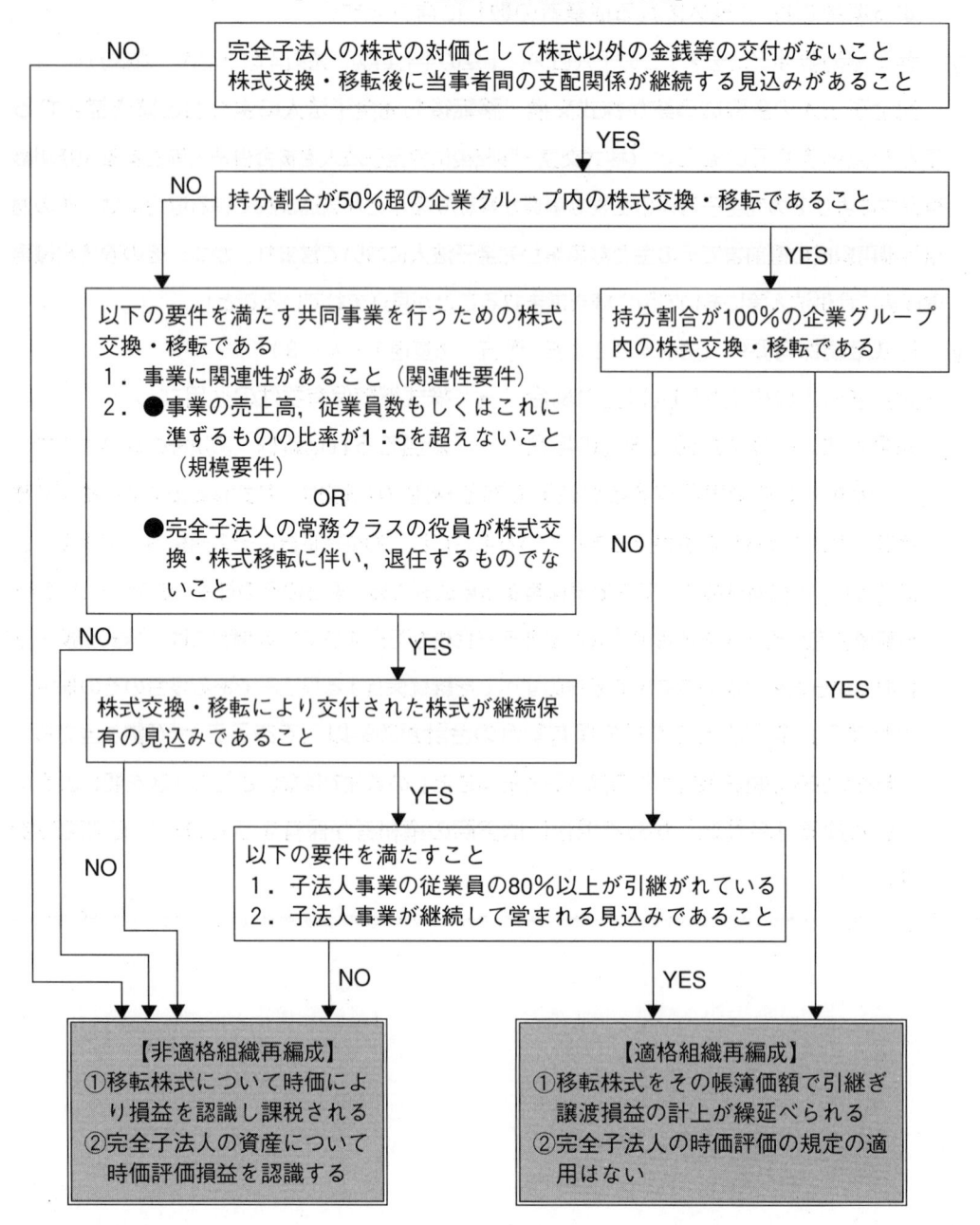

```
                    ┌─────────────────────────────────────────┐
         NO ────────│ 完全子法人の株式の対価として株式以外の金銭等の交付がないこと│
         │         │ 株式交換・移転後に当事者間の支配関係が継続する見込みがあること│
         │         └─────────────────────────────────────────┘
         │                          │ YES
         │                          ▼
         │              ┌───────────────────────────────────────┐
         │    NO ───────│ 持分割合が50％超の企業グループ内の株式交換・移転であること │
         │    │         └───────────────────────────────────────┘
         │    │                     │ YES
         │    ▼                     ▼
         │ ┌──────────────────────┐  ┌──────────────────────┐
         │ │ 以下の要件を満たす共同事業│  │ 持分割合が100％の企業グループ│
         │ │ を行うための株式交換・移転│  │ 内の株式交換・移転である    │
         │ │ である                │  └──────────────────────┘
         │ │ 1．事業に関連性があること│
         │ │  （関連性要件）       │
         │ │ 2．●事業の売上高, 従業員│
         │ │   数もしくはこれに準ずる│
         │ │   ものの比率が1:5を超え│
         │ │   ないこと（規模要件） │
         │ │      OR              │
         │ │  ●完全子法人の常務クラス│
         │ │   の役員が株式交換・株式│
         │ │   移転に伴い, 退任する │
         │ │   ものでないこと     │
         │ └──────────────────────┘
         │              │ YES
         │              ▼
         │ ┌──────────────────────┐
         │ │ 株式交換・移転により交付さ│
         │ │ れた株式が継続保有の見込み│
         │ │ であること            │
         │ └──────────────────────┘
         │              │ YES
         │              ▼
         │ ┌──────────────────────┐
         │ │ 以下の要件を満たすこと    │
         │ │ 1．子法人事業の従業員の80│
         │ │   ％以上が引継がれている │
         │ │ 2．子法人事業が継続して営│
         │ │   まれる見込みであること │
         │ └──────────────────────┘
         ▼         NO ▼         YES ▼
┌──────────────────────┐    ┌──────────────────────┐
│【非適格組織再編成】        │    │【適格組織再編成】          │
│①移転株式について時価により │    │①移転株式をその帳簿価額で引継│
│ 損益を認識し課税される   │    │ ぎ譲渡損益の計上が繰延べられる│
│②完全子法人の資産について  │    │②完全子法人の時価評価の規定の│
│ 時価評価損益を認識する   │    │ 適用はない              │
└──────────────────────┘    └──────────────────────┘
```

7.3 三角株式交換の場合の取扱い

　平成18年5月の会社法施行から1年間の猶予期間を経て，平成19年5月から吸収合併・吸収分割・株式交換の対価として消滅会社等の株主に対し，存続会社等の株式のみならず，金銭やその他の財産を交付することができることとなりました（会社法749）。

　従来，法人税法上，株式交換について株式交換完全親法人の株式以外の資産が交付された場合には，適格要件を満たさないこととなっていましたが，本改正をうけて株式交換完全親法人を完全支配している親法人の株式を交付した場合においても，他の適格要件を満たせば適格株式交換に該当することとなりました（法法2十二の十六）。

■対象となる株式交換完全支配親法人の意義

> 　三角株式交換の対象となる株式交換完全親法人の親法人とは，株式交換完全親法人となる法人の発行済株式等の全部を直接保有している関係（以下「直接完全支配関係」という）があり，かつ，その株式交換後にその株式交換完全親法人とその法人との直接完全支配関係が継続する見込みである場合のその法人をいいます（法令4の2⑭）。
>
> 　ただし，直接完全支配関係の継続見込みについては，株式交換後にその親法人が適格合併により合併解散することが見込まれている場合には，適格合併後その合併法人による直接完全支配関係の継続が見込まれていれば良く，また，その株式交換完全親法人が適格合併により合併解散することが見込まれている場合には，その適格合併まで親会社による完全支配関係が継続していることが要件となります。

　しかしながら，これを無条件に許すと，軽課税国に実体のない会社を設立し当該会社の株式を対価として三角株式交換を行うことにより租税回避行為を容易に行うことが可能となってしまうことから，以下(1)(2)の両方の要件を満たす場合には非適格株式交換とする（措法68の2の3③）ことによって，株式交換時点で課税を行う制度が合わせて創設されています。

> (1)　株式交換完全親法人と株式交換完全子法人との間に特定支配関係があること。
> 　※　特定支配関係とは下記①②のいずれかに該当する関係をいいます（措令39の34の3⑩）。
> 　　①　二の内国法人のいずれか一方の内国法人が他方の内国法人の発行済株式等の総数又は総額の100分の50を超える数又は金額の株式を直接又は間接に保有する関係がある場合における当該関係。
> 　　②　二の内国法人が同一の者によってそれぞれその発行済株式等の総数又は総額の100分の50を超える数又は金額の株式を直接又は間接に保有される関係がある場

合における当該二の内国法人の関係。
(2) 株式交換完全子法人の株主に特定軽課税外国法人に該当する株式交換完全支配親法人の株式が交付されること。

※ 特定軽課税国外国法人とは下記①②のいずれかに該当する外国法人をいいます（措令39の34の3⑤）。

① 法人の所得に対して課される税が存在しない国又は地域に本店又は主たる事務所を有する外国法人。

② 当該合併等が行われる日を含むその外国法人の事業年度開始の日前2年以内に開始した各事業年度のうちいずれかの事業年度において，その事業年度の所得に対して課される租税の額が当該所得の金額の100分の25以下であった外国法人。

ただし，この規定は軽課税国に設立した実態のない会社を通じて行われる租税回避行為の防止を目的としているため，上記(2)に該当する外国法人であっても，以下の全ての要件を満たし，実態があると認められる場合には当該外国法人は特定軽課税国外国法人に該当しないこととされています（措令39の34の3⑦）。

(1) 株式若しくは債券の保有，工業所有権その他の技術に関する権利若しくは特別の技術による生産方式若しくはこれらに準ずるもの（これらの権利に関する使用権を含む）若しくは著作権（出版権及び著作隣接権その他これに準ずるものを含む）の提供又は船舶若しくは航空機の貸付けを主たる事業とするものでないこと。

(2) その本店又は主たる事務所の所在する国又は地域においてその主たる事業を行うに必要と認められる事務所，店舗，工場その他の固定施設を有し，かつ，その事業の管理，支配及び運営を自ら行っていること。

(3) 合併等が行われる日を含むその外国法人の事業年度開始の日前2年以内に開始した各事業年度（以下「前2年内事業年度」という）のうちいずれかの事業年度において，その行う主たる事業が次に掲げる事業のいずれに該当するかに応じ，それぞれ次に定める場合に該当すること。

① 卸売業，銀行業，信託業，金融商品取引業，保険業，水運業又は航空運送業を行っている場合には，その行う主たる事業が次に掲げる事業のいずれに該当するかに応じそれぞれ次に定める場合。

a．卸売業……前2年内事業年度のうちいずれかの事業年度の棚卸資産の販売に係る収入金額（棚卸資産の売買の代理又は媒介に関し受け取る手数料がある場合には，その手数料を受け取る基因となった売買の取引金額を含む。以下「販売取扱金額」という）の合計額のうちに関連者以外の者との間の取引に係る販売取扱金額の合計額の占める割合が100分の50を超える場合又は前2年内事業年度のうちいずれかの事業

年度において取得した棚卸資産の取得価額（棚卸資産の売買の代理又は媒介に関し受け取る手数料がある場合には，その手数料を受け取る基因となった売買の取引金額を含む。以下「仕入取扱金額」という）の合計額のうちに関連者以外の者との間の取引に係る仕入取扱金額の合計額の占める割合が100分の50を超える場合。

  b．銀行業……前2年内事業年度のうちいずれかの事業年度の受入利息の合計額のうちに当該受入利息で関連者以外の者から受けるものの合計額の占める割合が100分の50を超える場合又は前2年内事業年度のうちいずれかの事業年度の支払利息の合計額のうちに当該支払利息で関連者以外の者に対して支払うものの合計額が100分の50を超える場合。

  c．信託業……前2年内事業年度のうちいずれかの事業年度の信託報酬の合計額のうちに当該信託報酬で関連者以外の者から受けるものの合計額の占める割合が100分の50を超える場合。

  d．金融商品取引業……前2年内事業年度のうちいずれかの事業年度の受入手数料（有価証券の売買による利益を含む）の合計額のうちに当該受入手数料で関連者以外の者から受けるものの合計額の占める割合が100分の50を超える場合。

  e．保険業……前2年内事業年度のうちいずれかの事業年度の収入保険料の合計額のうちに当該収入保険料で関連者以外の者から収入するもの（当該収入保険料が再保険に係るものである場合には，関連者以外の者が有する資産又は関連者以外の者が負う損害賠償責任を保険の目的とする保険に係る収入保険料に限る）の合計額の占める割合が100分の50を超える場合。

  f．水運業又は航空運送業……前2年内事業年度のうちいずれかの事業年度の船舶の運航及び貸付け又は航空機の運航及び貸付けによる収入金額の合計額のうちに当該収入金額で関連者以外の者から収入するものの合計額の占める割合が100分の50を超える場合。

② ①に掲げる事業以外の事業の場合には，その行う主たる事業が次に掲げる事業のいずれに該当するかに応じ，それぞれ次に定める場合。

  a．不動産業……主として本店所在地国にある不動産（不動産の上に存する権利を含む）の売買又は貸付け（当該不動産を使用させる行為を含む），当該不動産の売買又は貸付けの代理又は媒介及び当該不動産の管理を行っている場合。

  b．物品賃貸業……主として本店所在地国において使用に供される物品の貸付けを行っている場合。

  c．①並びに②a．及び②b．に掲げる事業以外の事業……主として本店所在地国において行っている場合。

7.4 株式移転後に株式移転完全子法人を合併法人とする適格合併が見込まれている場合の当該株式移転に対する適格判定（平成21年3月31日国税庁文書回答事例）

1．一の法人が単独株式移転を行う場合の適格要件のうち，株式移転完全親法人と株式移転完全子法人との間の関係についての支配関係要件は，その株式移転後にその株式移転に係る株式移転完全親法人がその株式移転完全子法人の発行済株式の全部を直接又は間接に保有する関係が継続することが見込まれていることです（法令4の2）。

2．ただし，株式移転後にその株式移転完全子法人を合併法人とする適格合併を行うことが見込まれている場合において，その株式移転後にその株式移転完全親法人がその株式移転完全子法人の発行済株式の全部を（直接）保有する関係が継続し，その適格合併後にその株式移転完全親法人がその株式移転完全子法人のその適格合併の直前の発行済株式の全部に相当する数の株式を継続して（直接）保有する関係が見込まれているときには，その株式移転は支配関係要件を満たすこととされています（法令4の2かっこ書）。

　照会された事例は，株式移転後，株式移転完全親会社が100％支配の子会社を新たに設立し，その子会社に対して株式移転完全子法人の株式を全て譲渡した後，株式移転完全子法人を合併法人として適格合併を行うものです。

　この場合には，株式移転後から適格合併までの間に株式移転完全親法人が株式移転完全子法人の株式の全部を直接保有する関係がなくなるため，法人税法の規定をそのまま適用すれば適格要件を満たさないこととなります。

　この株式移転について，文書回答によりその取扱いを示しています。

　株式移転後に適格合併を行うことが見込まれている場合の支配関係要件の判定方法は，株式移転後において適格合併が行われ，株式移転完全親法人が株式移転完全子法人の発行済株式の全部を直接又は間接に保有する関係を有しないこととなった場合であっても，一定の株式保有関係を継続しているときには，支配関係要件を満たすものとする，いわば要件の緩和措置と考えられます。

　そこで次の理由により，株式移転後に適格合併が見込まれていることをもって上記2．のその後適格合併等が見込まれている場合の支配関係要件の規定により支配関係要件を一律に判定することなく，原則的な定めである上記1．により支配関係要件を満たしているとすることが相当です。

① 当該株式移転後のみならずその後の適格合併後においてもその株式移転に係る株式移転完全親法人が株式移転完全子法人の発行済株式の全部を間接に保有する関係が継続することが見込まれていること

② 要件緩和措置であるにもかかわらず，これを形式的に当てはめることにより，本則を適

用した場合に比べて厳しい要件となることは合理的とは認められないことから，株式移転後に適格合併が見込まれていることをもって上記2．により支配関係要件を一律に判定することなく，原則的な定めである上記1．により支配関係要件を満たしていると解することが相当です。

第1編　基礎解説編

第8節　その他の税金の取扱い

8.1　消費税の取扱い

(1) 譲渡株式の取扱い

交換による資産の譲渡は消費税法上資産の譲渡等に該当しますので，株式交換・株式移転により譲渡した株式は課税売上割合の計算に影響を及ぼすこととなります。ただし，有価証券の譲渡は非課税取引に該当し（消法6①，同法別表第一㈡），かつ，非課税売上げとして計上すべき金額は譲渡対価の5％相当額となります（消令48⑤）ので，課税売上割合の分母にのみこの金額を計上することとなります。

$$課税売上割合 = \frac{課税売上高}{課税売上高 + 非課税売上高} \leftarrow 有価証券の譲渡対価の5％を計上$$

(2) 取得株式の取扱い

株式交換等により取得した株式は非課税仕入れとなりますので，仕入控除税額の対象とはなりません（消法6①，同法別表第一㈡）。

(3) 交換の場合の譲渡対価

(1)における譲渡対価相当額は「資産の交換における対価の額は，その交換により取得する資産の取得の時における価額（譲渡資産と取得資産の価額の差額を補うための金銭を取得する場合にはその金額を加算し，金銭を支払う場合はその金額を控除した金額とする）に相当する金額とする。」（消令45②四）によることになります。

8.2　登録免許税の取扱い

株式移転により完全親法人が設立された場合，株式交換により完全親法人の資本金が増加した場合には，完全親法人について次のような登録免許税が課されます。

(1) 株式移転による設立登記（登免法　別表第一　二十四　イ）

資本金の額の千分の七（15万円に満たない場合には，申請件数1件につき15万円）

(2) 株式交換による資本金の増加（登免法　別表第一　二十四㈠　ニ）

増加した資本金の額の千分の七（3万円に満たない場合には，申請件数1件につき3万円）

8.3　印紙税の取扱い

(1) 新株式発行にかかる印紙税

新株式発行にかかる印紙税については，上場会社においては，平成21年1月5日より実施された株券の電子化に伴い，株券が廃止されているため，印紙税が生じる余地がなくなっており，

株券の発行により印紙税が課されるケースは，非上場会社のうち定款で株券を発行する旨を規定している会社に限られています。ここでは，定款で株券を発行する旨を規定している会社が完全親法人である場合に新株式を発行した場合の印紙税の取扱いを説明します。

株式交換等により完全親法人が新株を発行した場合には，その株式の発行価額（発行価額がない場合には，その完全親法人の資本金の額及び資本準備金の額の合計額を発行済株式（その発行する株式を含む）の総数で除して得た額）を課税標準として印紙税が課されます（印令24①）。

印紙税の税額表（印紙税法別表第一課税物件表四）

株券1枚につき

券　面　額	印紙税額
500万円以下	200円
500万円超1,000万円以下	1,000円
1,000万円超5,000万円	2,000円
5,000万円超1億円以下	10,000円
1億円超	20,000円

(2) 株式交換・移転契約書

株式交換・移転が行われる際，完全親法人と完全子法人との間で取り交わされる株式交換・移転契約書は印紙税の課税文書に該当しないため，不課税扱いとされます。

第4章

事業譲渡・譲受けの法務

第1節　事業譲渡・譲受けの意義及び法規制

1.1　事業譲渡・譲受けの意義

(1)　事業譲渡・譲受けの意義

　事業譲渡とは，一定の事業目的のため組織化され，有機的一体として機能する財産の全部，又は一部を譲渡することをいいます。これを譲受会社から見たのが，事業の譲受けです。

　ここにいう「事業」とは，財産・債務のほか，ノウハウや取引先との関係などを含む包括的な概念とされています。したがって，事業用財産・債務を一括して譲渡する場合であっても，単純に財産・債務を譲渡するだけである場合には，事業譲渡といえません。

　なお，判例（最判昭40・9・22民集19巻6号1600頁）は，上記のような財産の譲渡によって，譲渡会社がその財産によって営んでいた事業的活動の全部又は重要な一部を譲受人に受け継がせ，譲渡会社がその譲渡の限度に応じて競業避止義務を負う結果を伴うことも「事業譲渡」の要件になるとしています。

　なお，会社法制定前は，事業譲渡は「営業譲渡」と呼ばれていました。しかし，商人が商号ごとに行う「営業」と，会社が行う「事業」は区別するべきこととされました。

(2)　事業譲渡の長所・短所

　事業譲渡・合併・会社分割は，企業再編の重要な手段であるという共通点があります。そこで，この三者について対比してみましょう。

　事業譲渡は，あくまで取引行為の一種ですので，当事者間で譲渡する事業の内容を自由に決定できるというメリットがあります。すなわち，事業の一部だけを買収することもできますし，当事者間で移転の合意をしていない限り，譲渡会社の債務を負うこともありません。

　これに対して，合併や会社分割は，あくまで組織法上の行為ですので，買収者がその対象とする事業のうち，ある特定の一部だけを買収することはできませんし，また，その対象とする会社に譲受会社が予想しなかった債務（これを「偶発債務」といいます）があれば，譲受会社は，その債務を負担しなくてはなりません。

もっとも，事業譲渡には，後述するようにさまざまな法規制があります。つまり，合併や会社分割に比べて，煩雑な手続きが必要になるというデメリットがあるといえます。

たとえば，譲渡会社においては，取締役会の承認と株主総会の特別決議が必要とされています。また，譲受会社については，原則として取締役会の承認によって事業を譲り受けることができますが，その事業の全部を譲り受けるときは，株主総会の特別決議が必要とされています。

また，事業譲渡は税金の点でもデメリットがあるといえます。事業譲渡の場合は，譲渡に伴う譲渡益課税や各種登録免許税等がかかり，合併や株式譲渡の場合に比べて税金が高額になることが多いからです。

● メリット
① 対象会社の事業のうち特定の一部のみを対象にできる
② 譲受会社が偶発債務を負わない

● デメリット
① 手続きが煩雑
② 譲渡益課税，不動産取得税等，税負担が重い

(3) 分社の方法としての事業譲渡

平成12年の商法改正（施行は平成13年4月1日）で会社分割法制が定められる以前は，会社分割を行うためには，いくつかの方法を組み合わせる必要がありました。

主な手段としては，

① 会社を新設して，その際に会社が事業の一部を現物出資する
② 新会社設立後に新株を発行して，それに対して現物出資をする，もしくは
③ 新会社等へ事業譲渡する

ということが考えられていました。

そのなかでも，実務上は，ほぼ③の事業譲渡による手段がとられていました。

その理由としては，まず企業が検査役による調査を極力避けようとしていたことが挙げられます。つまり，現物出資をすれば，検査役の調査が必要になることが多いのですが，事業譲渡をすれば，検査役の調査は必要とされないからです。

また，現物出資で事業を譲渡する場合，出資してから新会社設立までの間，当該事業にブランクが生じる可能性があるということも理由の1つとして挙げられます。

もっとも，分社の方法として事業譲渡を選択したとしても，契約の承継に相手方の承諾が必要になる等個々の財産の移転手続が必要となること，株主への割当てができないこと，税法上

の不利益をこうむること等，さまざまな問題がありました。そこで，平成12年にそれらの問題を解消する形で，事業を包括承継できる制度として会社分割の制度が正面から規定されたのです。

ただ，会社分割の規定はできましたが，事業譲渡による分社は，その特色から，いまだにその重要性は減じていません。なぜなら，事業譲渡には，買収者が引き継ぐ資産や負債の内容を当事者間の契約で自由に決定できるという会社分割にはないメリットがあるからです。

会社分割が定められた現在においても，事業譲渡は有用な方法として利用されています。

1.2 事業譲渡・譲受けに対する法規制

(1) 会社法上の規制

① 株主総会の特別決議

(a) 特別決議が必要とされる理由

本来事業譲渡は，会社の業務執行に関する事柄として，取締役会および代表取締役により判断される問題のはずです。しかし，事業の全部又は重要な一部の譲渡，事業全部の譲受けは，会社の根本にかかわる重要な問題ですから，会社の所有者である株主の保護が何らかの形で必要となります。

そこで，法は，事業の全部又は重要な一部の譲渡，事業全部の譲受けをするには，株主総会の特別決議（原則として議決権を行使することができる株主の議決権の過半数を有する株主が出席し，その議決権の3分の2以上の多数決）を要するとしました（会社法467①一，二，309②十一）。

つまり，事業譲渡のうちでも会社に対する影響の大きなものについては，会社の所有者である株主の意思，つまり株主総会による特別決議を必要としたのです。

● 株主総会の特別決議が必要な事業譲渡等の例

① 事業の全部又は重要な一部の譲渡
② 事業全部の賃貸，その経営の委任，他人と事業上の損益全部を共通にする契約，その他これに準ずる契約の締結，変更又は解約
③ 他の会社の事業全部の譲受け

ただし，簡易な事業の譲受けに該当する場合や譲受会社が「特別支配会社」である場合は，株主総会の特別決議は必要とされていません。

簡易な事業の譲受けとは，他の会社の事業全部を譲り受ける場合で，その対価が原則として譲受会社の法務省令で定める純資産の5分の1を超えないときのことをいいます（会社法468

②)。

「特別支配会社」とは，「ある株式会社の総株主の議決権の10分の9（これを上回る割合を当該株式会社の定款で定めた場合にあっては，その割合）以上を他の会社及び当該他の会社が発行済株式の全部を有する株式会社その他これに準ずるもの」をいいます（会社法468①）。

(b) 事業の重要な一部

会社が事業の全部を譲渡する場合は，譲渡会社においては必ず株主総会の特別決議が必要となります。しかし，事業の一部を譲渡する場合は，譲渡の対象が事業の「重要な一部」である場合にだけ，株主総会の特別決議が必要とされています（会社法467①二）。

では，「重要な一部」とは，いかなる場合をいうのでしょうか。

この点につき，会社法が制定される前は，量的な基準と質的な基準の2つのアプローチを用いて判断することとされていました。

ですが，会社法においては，総資産額の5分の1以下の資産を譲渡する事業の譲渡については，簡易な事業譲渡にあたるものとして株主総会の決議を要しない旨の定めがおかれました。これにより，株主総会の決議が必要とされる事業の譲渡の範囲の一部が明らかにされ，2つのアプローチの1つである量的な基準が明確なものとなりました。したがって，会社法のもとでは「重要性」を判断するにあたって，質的な基準を用いることになります。つまり，その譲渡によって会社企業全体の運命にどの程度の影響があるか，すなわちその譲渡によって会社がその事業を維持できなくなるか，または少なくともその事業規模を大幅に縮小せざるを得なくなるかについて判断をするということになります。

② 競業避止義務

事業譲渡を行う場合，譲渡会社は特段の定めがない限り同一市町村及び隣接市町村で事業譲渡の日から20年間同一の事業を営むことができません（会社法21①）。

ただし，当事者間で上記義務（この義務のことを競業避止義務といいます）を負わないという特約を結べば，この義務を負うことはありません。

また，当事者間の特約により，同府県及び隣接府県内かつ30年を上限として競業避止義務の範囲を拡大することもできます（会社法21②）。ただし，これよりも広範な特約を定めた場合は無効（ただし，そのような特約も2項の範囲では有効であることに注意）になります。

③ 商号の続用・債務引受公告

事業譲渡契約において，譲受会社が譲渡会社の有していた当該事業にかかる債務を引き受けないと定めたときは，譲受会社はその債務について弁済の責任を負いません。

しかし，譲受会社が譲渡会社の商号を引き続き使用する場合（商号の続用）には，上記の特約をしても，譲受会社もその債務について弁済の責めを負うことになります（会社法22①）。ただし，事業譲渡後遅滞なく譲受会社が譲渡会社の債務を負わない旨を登記するか，個別にその旨の通知をすれば弁済の責めを免れます（会社法22②）。

また，商号を続用しない場合であっても，譲受会社が事業によって生じた債務を引き受ける旨の広告をした場合には，その債務について弁済の責任を負うことになります（会社法23）。

債務を引き受ける旨の広告とは，一般的には，広告の文言に債務引受けの文字が含まれていない場合であっても，社会通念上債務引受けをしたと理解されるような記載があればこれにあたるとされています（最判昭29・10・7民集8巻10号1795頁）。同最高裁判例では，「地方鉄道軌道業並びに路線バス事業を……譲受け」たとの広告が，上記広告にあたると判断されています。

この判例を基準に考えると，ほとんどの広告が債務引受広告にあたってしまうと考えられます。もっとも，その後の裁判例をみれば，挨拶状に「事業を承継した」と記載した程度では，債務引受広告にあたらないとする傾向にあり，何らかの歯止めをかけてきているともいえます。

商号の続用，または債務引受広告によって，譲受会社が弁済責任を負う場合，譲渡会社の弁済責任は，事業譲渡または債務引受広告の後2年以内に請求，又は請求の予告をしなかった債権者に対しては，2年を経過したときに消滅します（会社法23②）。

④ 事後設立

会社がある事業について新会社を設立する場合，まず新会社の成立を先行させ，その後，新会社に当該事業を事業譲渡する方法が考えられます。この方法による場合，譲受会社である新会社においては，当該譲受が事業全部の譲受けでなければ，原則として取締役会の決議で足ります。

しかし，新会社である譲受会社が成立後2年以内の場合で，その成立前より存在する財産で事業のため継続して使用すべきものを純資産額の5分の1以上の対価により取得する場合は，事後設立の規制に服することになります。

具体的には，譲受会社において株主総会の特別決議が必要となります（会社法467①五）。

⑤ 反対株主の株式買取請求権

反対株主の株式買取請求権とは，事業譲渡に反対する株主が，会社に対して，自己の保有する株式を公正な価格で買い取るべき旨請求しうる権利のことをいいます。これは，多数決によって敗れた株主に，投下資本の回収という経済的救済を与えるためのものです。

(a) 事業譲渡承認のための株主総会に先立って会社に対し書面をもって事業譲渡に反対する意思を通知し，かつ，

(b) 株主総会においてこれに反対した株主

は，会社に対し自己の有する株式を公正な価格で買い取るべきことを請求することになります（会社法469，470）。

(2) 独占禁止法上の規制

① 事業譲受けの禁止

独占禁止法は，以下の場合について，一定の取引分野における競争を実質的に制限することとなる場合には，当該行為をしてはならず，及び不公正な取引方法により当該行為をしてはならないとしています（独禁法16①）。

> ① 他の会社の事業の全部又は重要部分の譲受け
> ② 他の会社の事業上の固定資産の全部又は重要部分の譲受け
> ③ 他の会社の事業の全部又は重要部分の賃借
> ④ 他の会社の事業の全部又は重要部分についての経営の受任
> ⑤ 他の会社と事業上の損益全部を共通にする契約の締結

ここでいう「重要な部分」がいかなる場合かについては，公正取引委員会から出されている「企業結合審査に関する独占禁止法の運用指針」（いわゆる企業結合ガイドライン）第1に規定されています。

そこでは，「「重要部分」とは，事業を承継しようとする会社ではなく，事業を承継させようとする会社にとっての重要部分を意味し，当該承継部分が1つの経営単位として機能し得るような形態を備え，事業を承継させようとする会社の事業の実態からみて客観的に価値を有していると認められる場合に限られる。」とされています。

実務上は，届出の前に公正取引委員会に事前相談に行き，その段階で「重要な部分」にあたるか，実質的な審査を受け，指導が行われることになります。

② 事前届出・待機期間

一定規模以上の事業又は事業上の固定資産の譲受けの計画は事前に公正取引委員会に届け出なければなりません（独禁法16②）。ただし，譲受会社と譲渡会社のうち，いずれかの会社が他のすべての会社のそれぞれの総株主の議決権の過半数を有している場合，及び譲受会社と譲渡会社のそれぞれの総株主の議決権の過半数を有する会社が同一の会社である場合については適用しないとされています（独禁法16②）。

さらに一定規模以上の事業等を譲り受けようとする場合には，公正取引委員会が届出を受理した日から30日を経過する日までは，原則として事業等の譲受行為の実行が禁止されます（独禁法16③，10⑧）。ただし，公正取引委員会が必要と認めた場合は，期間の短縮が可能です。

(3) 金融商品取引法上の規制

① 開示規制

金融商品取引法は，企業の開示内容を充実させる趣旨から，有価証券報告書，半期報告書のほかに，適時開示を図る目的で臨時報告書により投資者の判断に重要な影響を与える事象

の発生を開示させています（金商法24の5④）。

事業譲渡・譲受けも臨時報告書提出事由の1つにあげられており，有価証券報告書提出会社の資産の総額が，最近事業年度の末日における純資産額に比して100分の30以上減少もしくは増加が見込まれる事業譲渡もしくは譲受け，または，有価証券報告書提出会社の売上高が，最近事業年度実績に比して100分の10以上減少もしくは増加が見込まれる事業譲渡もしくは譲受けに係る契約が締結された場合もしくは締結が確実に見込まれ，公表された場合には，当該事業譲渡もしくは譲受けの相手会社の名称・住所，代表者の氏名，資本金の額および事業の内容，事業譲渡・譲受けの目的，事業譲渡・譲受契約の内容を記載した臨時報告書を提出しなければならないとされています（企業内容等の開示に関する内閣府令19②八）。

有価証券報告書提出会社の連結子会社の事業譲渡・譲受けの場合であっても，当該連結会社の資産の額が直近連結会計年度の末日における連結純資産額に比して100分の30以上減少もしくは増加が見込まれる事業譲渡もしくは譲受け，または，連結売上高が，100分の10以上減少もしくは増加が見込まれる事業譲渡もしくは譲受けにかかる契約が締結された場合もしくは締結が確実に見込まれ，公表された場合には，その時点で臨時報告書を提出しなければなりません（同府令19②一六）。

② 内部者取引規制

事業譲渡・譲受けの当事会社に上場会社（店頭登録会社も含まれます）が含まれる場合には，内部者取引防止の趣旨から，当該事実が決定された後公表されるまでの間は，当該会社の役員等，帳簿閲覧権を有する株主，当該上場会社等に対する法令に基づく権限を有する者，当該上場会社と契約を締結している者又は締結の交渉をしている者（いずれも職務上ないしは権限行使によって知った場合に限る）あるいは上記の者から一次的に情報を取得した者等は，当該会社の株式の売買が禁止されています（金商法166①，②一ヲ）。

(4) 証券取引所等による規制

証券取引所等は，上場株式について公正な価格形成を確保し，かつ，投資者の合理的な投資判断を可能にするため，投資判断に影響を与える重要な会社情報を遅滞なく公表することを要求しています。

一定の要件を満たす事業譲渡・譲受けも投資判断に影響を与える重要な会社情報の1つにあげられており，当該事実が生じた場合には，事業譲渡・譲受けの趣旨，日程，事業譲渡の内容等について，証券取引所または証券業協会に通告する必要があります。

(5) 各種事業法上の規制

事業法の適用を受ける会社による事業譲渡・譲受けについては，多くの場合，当該事業法上特別な規制がなされています。

規制の仕方は事業法ごとにさまざまであり，該当する会社は，事前に特別法の規制を調査し，場合によっては主務官庁に事前に相談する必要があります。

規制の仕方の例について，主なものをあげると次のようになります。

> ● **各種事業法上の規制の例**
>
> ① 内閣総理大臣の認可が効力発生要件になっているもの
>   銀行法30③，保険業法142，信託業法39
> ② 内閣総理大臣への届出を要するもの
>   金融商品取引法50・50の2
> ③ 債権者異議催告手続を要するもの
>   銀行法34
> ④ 主務大臣の認可が効力発生要件になっているもの
>   電気事業法10①，ガス事業法10①，石油パイプライン事業法10①，鉄道事業法26①
> ⑤ 主務大臣への届出を要するもの
>   石油備蓄法27，電気通信事業法17

(6) 民法・破産法上の規制

民法上の規制の1つに，詐害行為取消権（民424①本文）があります。詐害行為取消権とは，債務者が債権の責任財産の不足することを知りつつ，財産減少行為をした場合に，その行為の効力を否認する権利をいいます。たとえば，譲渡会社の債権者は，不当に低額な事業譲渡により譲渡会社の財産状態が悪化し，譲渡会社から債権の弁済が受けられなくなった場合，詐害行為取消権を行使して，当該事業譲渡行為を取り消すことができます。

また，破産法上の規制の1つに，否認権（破160）があります。否認権とは，破産者（ここでは譲渡会社）が破産手続開始決定前にした，破産債権者（ここでは譲渡会社の債権者）を害することになる行為の効力を否定する権利をいいます。譲渡会社が破産した場合は，当該事業譲渡が破産手続きにおいて否認権の対象となります。

ここで注意しなければならないのは，当該事業譲渡が適正な価格で行われていたとしても，詐害行為取消権もしくは否認権の行使の対象になるおそれがあるということです。例えば，譲渡会社が，当該事業を売って得た対価で，特定の債権者に弁済しようと思っていた場合，当該事業譲渡が詐害行為もしくは否認権によって取り消されることがあります。

このようなリスクを可及的に回避するには，以下のことが必要となります。

① 譲渡価格が適正であることを立証できるように，事業を譲り受けるにあたって鑑定書等を準備する。

② 当該事業譲渡が抜け駆け的なものでないことを立証するため，譲渡対価が譲渡会社の一

般債権者の平等な弁済に充てられるかどうか，譲渡会社の弁済計画まで考慮して，事業譲渡契約をする。

(7) 民事再生法の例外

　経営不振の会社が，収益の悪化した事業部門を他の会社に譲渡する場合，後に否認権（もしくは詐害行為取消権）が行使され，事業譲渡の効力が法的に否定されるというおそれがあります（このことを「否認リスク」（もしくは「詐害行為取消リスク」）といいます）。

　かといって，否認リスクを避けるために，破産等従来の倒産手続を利用すれば，当該事業譲渡の対象となっている事業の資産価値が著しく劣化することになってしまいます。なぜなら，事業の価値は，単にそれを構成する個別資産の単なる総和というわけではなく，当該会社の信用によるところも大きいので，倒産手続きの申立てをすれば，その会社の信用が著しく低下し，それにともない事業の価値も著しいスピードで劣化してしまうからです。

　そこで，新たに民事再生法において，資産の劣化を可及的に回避させるため，安全かつ迅速に事業譲渡ができる手続きが定められました。

　まず，再生手続開始後は，裁判所の許可を得て，事業の全部又は重要な一部を譲渡できるとしました（民再42①）。この裁判所の許可を得ておけば，後に誰からも事業譲渡の効力を否認されることはなく，安全に事業を譲渡することができます。また，債務超過の場合で，事業譲渡が事業の継続のために必要な場合には，株主総会の特別決議に代わる裁判所の許可（「代替許可」といいます）により，事業を譲渡することができるとしました（民再43①）。この裁判所の代替許可により，株主総会の特別決議を得ることなく，迅速に事業を譲渡することができます。

(8) 特別清算・会社更生法の例外

　特別清算中の会社には会社法第7章の適用が排除されており，会社が会社法第7章に規定する各行為を行う場合であっても，株主総会の特別決議は必要とされていません（会社法536③）。なぜなら，会社の所有者である株主の保護よりも譲渡会社の債権者の保護を重視する趣旨から，監査委員又は債権者集会の監督があれば足りると考えられているからです。

　また，会社更生法のもとでは，原則として更正手続開始後その終了までの間は，更正計画の定めるところによらなければ事業譲渡をすることができないと定められていますが，会社更生法46条2項乃至8項の要件を充たす場合は，裁判所の許可を得た上で事業譲渡を行うことができます。その際は，株主総会の特別決議は不要とされています（会更46⑩）。

第2節　事業譲渡・譲受けの手続き

2.1　事業譲渡・譲受けの決定

(1) 秘密保持に関する覚書の締結

　事業譲渡・譲受けが，関連会社間で行われる場合には，対象となる権利関係，経営・財務状況等の把握が問題となることはありませんが，外部の第三者との間で行われる場合には，事業の譲受を検討する会社は，これらについて把握する必要があります。よって，譲受会社は，譲渡会社の対象事業についての事業内容，財務，契約関係の調査（買収監査，いわゆるデュー・デリジェンス）を行うことが最も望ましいのですが，譲渡会社としては，買収監査によって情報が外部に漏れないことが保障されなければ，買収監査には応じることはできません。そこで，譲渡会社と譲受会社との間で，「秘密保持に関する覚書」を締結するのが通常です。

　この覚書を締結した後に，買収監査が実施されることになりますが，具体的な監査内容としては，対象事業に係る財務のほか取引先との契約の権利関係，リース契約の権利関係，譲渡対象不動産の担保権の状況等があげられます。

(2) 事業譲渡に関する覚書の締結

　この買収監査の結果，譲受会社が事業を譲り受けることを決定し，譲渡の目的となる事業の範囲，譲渡価格，譲渡の時期といった重要な事項に関して，両当事者間で一定の合意がなされた段階で，「事業譲渡に関する覚書」を締結するのが一般です。特に上場会社（店頭登録会社も含む）の場合には，情報の漏洩が金融商品取引法の内部者取引禁止規制にふれることも懸念されますから，合意内容の早期公表が要請されるため，この覚書が締結されると同時に，取引所への届出，記者発表を行うことになります。

　なお，当事会社の代表者間で，事業譲渡契約のうち重要事項につき合意をみた段階で「事業譲渡に関する覚書」を締結して，それから，実務担当者レベルで検討する場合もあります。

　この覚書の締結によって事業譲渡の具体的効力が生じるわけではなく，結果的に事業譲渡契約の締結に至らなかったとしても，法律的責任は通常生じません。

2.2　事業譲渡契約の締結

(1) 取締役会の決議

　事業譲渡契約の締結は，各当事会社の代表取締役によって行われます。

　この契約締結に先立ち，取締役会の決議を求めておくべきかどうかという問題がありますが，通常，譲渡会社および譲受会社双方の取締役会決議を必要とします。事業譲渡は，多くの場合，譲渡会社にとっては「重要な財産の処分」に該当し，譲受会社にとっては「重要な財産の譲受け」に該当するので，かかる「重要な財産の処分及び譲受け」は，取締役会決議を必要とする

資料1－5　事業譲渡に関する覚書（例）

覚　　書

＊＊＊＊株式会社（以下「甲」という）と＊＊＊＊株式会社（以下「乙」という）とは，企業経営基盤の強化および経営効率の向上を図るため，甲の○○に関する事業を乙に譲渡し，乙はこれを譲り受けることとし，次のとおり合意した。

1　甲は，その○○に関する事業を乙に譲渡し，乙はこれを譲り受ける。これに伴い，乙は甲乙の協議によって定められた適正な対価を甲に支払う。
2　甲が乙に譲渡する事業の範囲は，原則として○○に関するすべての積極財産および消極財産とする。
3　譲渡の時期は，平成××年×月××日とし，具体的には，今後の甲乙の協議により定める。
4　事業譲渡に伴い，譲渡期日現在において，○○の事業に従事する甲の従業員を，乙は引き継ぐ。
5　事業の譲渡を円滑に推進できるようにし，また，細目を協議するために，甲乙双方の任命する委員により，事業譲渡実施委員会を設置する。

前記各項の合意の証として，本覚書2通を作成し，甲乙各1通保有する。
　平成××年×月××日

　　　　　　　　　　　　　　　　　　　　甲　＊＊＊＊株式会社
　　　　　　　　　　　　　　　　　　　　　　代表取締役社長　＊　＊　＊　＊
　　　　　　　　　　　　　　　　　　　　乙　＊＊＊＊株式会社
　　　　　　　　　　　　　　　　　　　　　　代表取締役社長　＊　＊　＊　＊

からです（会社法362④一）。

(2) 金融商品取引法上の開示規制

この事業譲渡契約が，金融商品取引法上，臨時報告書の提出義務が課されている事項に該当する場合（金商法24の5④，企業内容等の開示に関する内閣府令19②八）には，契約締結後直ちに，財務局に対し，臨時報告書を提出しなければなりません。

また，この契約が，証券取引所の適時開示規則の要件を満たす場合には，証券取引所又は証券業協会に通告することが必要となります。

(3) 契約書の作成

事業譲渡契約書の記載内容を決定するに際しては，

① 当該事業譲渡が親会社と完全子会社間のものか
② 独立した2つの当事会社間のものか

によって，その内容が異なります。

すなわち，①完全親子会社間での事業譲渡（その多くが分社）では，事業譲渡契約の内容は，簡略的に定められることが多いのです。しかし，このような取扱いは，完全子会社への譲渡であり，株主への実質的な不利益がないために，例外的に許容されているに過ぎません。

資料１－６　事業譲渡契約書（簡易なものの例）

事業譲渡契約書

　＊＊＊＊株式会社（以下「甲」という）と＊＊＊＊株式会社（以下「乙」という）は，事業の譲渡に関し，次のとおり契約を締結する。

（目　的）
第１条　甲は，平成××年×月××日（以下「譲渡日」という）をもって，甲の○○に関する事業（以下「本事業」という）を乙に譲渡し，乙はこれを譲り受ける。ただし，手続きの進行に応じ必要あるときは甲乙協議のうえ譲渡日を変更することができる。

（事業譲渡の内容）
第２条　前条により，譲渡すべき事業の範囲は，原則として譲渡日現在における甲の○○部門が保有する取引先との取引関係および販売機能とする。

（譲渡財産）
第３条　本契約にもとづく事業譲渡に伴い譲渡すべき財産（以下「譲渡財産」という）は，譲渡日現在における本事業に関する資産および負債とし，その細目は甲乙別途協議のうえ決定する。

（譲渡価額および支払方法）
第４条　譲渡財産の対価は，譲渡日現在における簿価によるものとし，その算定方法ならびに対価の支払方法，支払時期等については，甲乙別途協議のうえ決定する。

（引渡し）
第５条　譲渡財産の引渡し時期は，譲渡日とする。ただし，法令の制限，手続上の事由により必要があるときは，甲乙協議のうえ変更することができる。

（従業員の取扱い）
第６条　本事業に従事している甲の従業員の取扱いについては，甲乙別途協議のうえ決定する。

（善管義務）
第７条　甲は本契約締結後譲渡財産の引渡し手続完了に至るまで，善良な管理者の注意をもって譲渡財産の管理運営を行い，譲渡財産に重大な変更を加える行為については，あらかじめ乙の承認を得て行う。

（株主総会の承認）
第８条　甲および乙は，平成××年×月××日までにそれぞれ株主総会を開催し，本契約につきその承認を求めるものとする。

（事情変更の場合）
第９条　本契約締結後譲渡財産引渡し手続完了に至るまでの間において，天災地変その他の不可抗力により，譲渡財産に重大な変動を生じた場合には，甲乙協議のうえ譲渡条件を変更することができる。

（協議事項）
第10条　本契約に定めるもののほか，事業譲渡に関し必要な事項については，本契約の趣旨に従い，甲乙協議のうえ決定する。

（契約の効力および実行）
第11条　本契約の効力は，第８条に定める甲および乙の株主総会の承認を得たときに生じ，本契約に基づく事業譲渡は，法律に定める監督官庁の承認が得られた後に行う。

本契約締結の証として，本書2通を作成し，甲乙記名捺印のうえ各1通を保有する。
　平成××年×月××日

　　　　　　　　　　　　　　　　　　　　　　甲　＊＊＊＊株式会社
　　　　　　　　　　　　　　　　　　　　　　　　代表取締役社長　＊　＊　＊　＊
　　　　　　　　　　　　　　　　　　　　　　乙　＊＊＊＊株式会社
　　　　　　　　　　　　　　　　　　　　　　　　代表取締役社長　＊　＊　＊　＊

②独立した2つの当事会社間の事業譲渡契約は，できる限り詳細に定め，疑義のない合意にすることが原則です。独立当事会社間の事業譲渡契約の特徴としては，譲渡財産である資産・負債・権利義務について具体的特定を行うこと，譲渡価額についても譲渡日時点のそれを算出するためにできるだけ具体的に定めることといった点があげられます。

ただし，事業譲渡は，譲渡対象の事業の特徴，買収監査をどの段階で行うかなど，個別事案ごとに千差万別なので，それにより事業譲渡契約書の内容も変わってきます。

以下は，詳細な事業譲渡契約書の一例です。

資料1－7　事業譲渡契約書（詳細なものの例）

事業譲渡契約書

　株式会社＊＊＊＊（以下「甲」という）と株式会社＊＊＊＊（以下「乙」という）は，甲の事業の一部を乙に譲渡するにつき，以下のとおり契約を締結する。

第1章　譲渡の対象

（目　的）

第1条　甲は，本契約書に定める条項に従い，平成××年×月××日（以下「譲渡日」という）をもって，甲の事業の一部（以下「本件事業」という）を乙に譲渡し，乙はこれを譲り受けるものとする。ただし，譲渡日については，譲渡事務の進捗状況を勘案して，甲乙協議のうえ変更することができる。

　②　本件事業を構成する資産，負債等の細目は，次条以下に定めるとおりとする。

（譲渡財産）

第2条　甲は乙に対し，譲渡日をもって，別紙資産目録記載の資産（以下「譲渡資産」という）を譲渡し，乙はこれを譲り受ける。

　②　乙は，譲渡日をもって，甲が負担する別紙債務目録記載の債務（以下「承継債務」という）を引き受ける。ただし，甲および乙は，乙が，承継債務以外のいかなる債務も承継しないことを確認する。

　③　甲は乙に対し，譲渡日をもって，別紙契約目録記載の契約（修正，変更，付随契約，特約等を含む。以下「譲渡契約」という）について，その契約上の甲の地位の一切を移転し，乙はこれを承継する。

　④　甲は乙に対し，譲渡日において，第3項に定めるほか，本件事業に関わる営業上の秘密，ノ

ウハウ，顧客情報，営業手法，その他本件事業の承継にあたり，乙が必要又は有益と認める全ての情報および知的財産権を譲渡する。

（公租公課の負担）

第3条　譲渡日の属する年度における，譲渡資産および事業譲渡にかかる固定資産税，都市計画税，償却資産税などの公租公課は，譲渡日の前日までの分については甲が，譲渡日以降の分については乙が，それぞれ日割で按分した上負担する。

第2章　従業員の取扱い

（従業員）

第4条　乙は，譲渡日の前日において，本件事業のために甲に雇用されている従業員との間で，譲渡日以降，従前と同一の条件で雇用契約を締結する。ただし，乙との雇用契約の締結に同意しない従業員についてはこの限りではない。

第3章　譲渡価額・支払方法等

（譲渡価額）

第5条　甲および乙は，本件事業の対価（以下「譲渡価額」という）を金〇〇円とすることに同意する。ただし，甲乙の協議のうえ変更される場合がある。

（譲渡価額の支払）

第6条　乙は，甲に対し，前条の譲渡価額を，下記の口座に振込む方法により支払うものとする。

記

銀　行　名：〇〇銀行〇〇支店
口座名義人：株式会社＊＊＊＊
口　座　種　類：当座預金
口　座　番　号：〇〇〇〇〇〇

第4章　譲　渡　手　続

（書類の交付）

第7条　甲は乙に対し，譲渡日をもって，次の各号の書類を交付する。

　　㋐　本件事業の譲渡を承認する甲の取締役会および株主総会の議事録謄本
　　㋑　次条の手続に必要な書類一式

（譲渡財産の移転手続）

第8条　甲は，譲渡日をもって，動産に関する引渡し，不動産に関する所有権移転登記手続，商標権に関する登録手続，指名債権に関する通知など，譲渡資産を乙に移転し，第三者に対抗するために必要な一切の措置又は手続を行い，乙はこれに協力する。

　②　甲は，前項の措置又は手続を，譲渡日後30日以内に完了しなければならない。

　③　前2項の措置又は手続に関する一切の費用は，甲の負担とする。

（契約上の地位の移転手続）

第9条　甲は，譲渡日までに，契約当事者の承諾の取得など，譲渡契約における甲の契約上の地位を乙が承継するのに必要な一切の措置または手続を行う。ただし，乙が免除した措置または手続についてはこの限りでない。

　②　前項の措置又は手続に要する一切の費用は，甲の負担とする。

第5章　本契約締結後譲渡日までの義務

（本契約締結後譲渡日までの事業の運営）

第10条　甲は，本契約締結後，譲渡日までの間，善良なる管理者の注意をもって，継続して本件事業を行わせるものとする。また，甲は，本件事業に関して適用のある一切の法律，規則，規制，契約および他の拘束をすべて遵守し，甲の現在の経営組織（従業員を含む）をそのまま維持し，かつ甲の取引の相手方との現在の関係を維持するものとする。

②　本契約締結後譲渡日までの間，甲は，以下の行為を行わないものとする。
(1)　本件事業の価値を減少させる可能性のある一切の行為
(2)　本件事業に関する通常の事業活動を超えて，負債を増加させる可能性のある一切の行為
(3)　定款の変更
(4)　上記のいずれかをなす旨の合意の締結

第6章　譲渡日以後の義務

（取引先）

第11条　甲は，譲渡日以後においても，別紙に記載される顧客が，乙との取引を停止又は終了したり，取引量を減じたりすることのないよう，適切な措置をとるものとする。

（競業避止義務）

第12条　甲は，譲渡日以後〇年間，(1)直接又は間接的に，いかなる形式においても，譲渡日における本件事業と同一又は類似する業務を行ってはならないものとし，(2)本件事業に関して甲が取得した営業秘密又はノウハウを，自己のために使用してはならず，かつ第三者のためにこれを利用したり，第三者にこれらを開示してはならないものとする。

第7章　譲受の条件

（乙による譲受の条件）

第13条　乙による本契約に基づく本件事業の譲受は，譲渡日において，以下の各号の事項がすべて満たされることを条件とする。ただし，乙が別途書面において同意した場合にはこの限りではない。
(1)　甲が本契約上の義務に，その重要な点において違反していないこと
(2)　契約締結後譲渡日までの間において，本件事業の価値に重大な影響をもたらす事由が発生していないこと

第8章　補償

（補償）

第14条　本契約に定める甲の義務の違反により乙が損害又は損失を被った場合，甲は乙に対し，直ちに，かかる損害又は損失を補償する。

②　本契約に定める乙の義務の違反により甲が損害又は損失を被った場合，乙は甲に対し，直ちに，かかる損害又は損失を補償する。

第9章　その他の条項

（管轄）

第15条　甲および乙は，本契約に関する一切の紛争について，東京地方裁判所を第一審の専属管轄裁判所とすることに合意する。

> （協議事項）
> **第16条** 本契約に定めのない事項については，本契約の趣旨に従い，甲および乙の協議のうえ決するものとする。
>
> 本契約締結の証として，本書2通を作成し，甲乙記名捺印のうえ各1通を保有する。
>
> 平成××年×月××日
>
> 甲　株式会社＊＊＊＊
> 　　代表取締役社長　＊　＊　＊　＊
> 乙　株式会社＊＊＊＊
> 　　代表取締役社長　＊　＊　＊　＊

2.3　株主総会の特別決議

(1)　株主総会の特別決議の必要性

①　どのような場合に株主総会の特別決議が必要となるか

譲渡会社側は，他の会社に事業の全部を譲渡する場合，または重要なる一部を譲渡する場合，譲受会社側は，他の会社の事業全部を譲り受ける場合に，株主総会の特別決議が必要となります（会社法467①，309②十一）。これは，事業の譲渡や譲受けにより，当該事業が継続できなくなったり，会社の事業内容に大幅な変更をもたらすといった会社へ与える影響の大きさに考慮した措置です。したがって，上記の場合に，株主総会の特別決議を欠くと，その事業譲渡契約は無効となります。

株主総会の特別決議が必要な場合に該当するか否かは，株主総会招集権限を有する取締役会により判断されることになります。

また，事業譲渡の対象となる事業が，譲受会社の定款所定の事業目的の範囲外である場合には，事業譲渡に伴って譲受会社の定款を変更し，譲り受けようとする事業を事業目的に加えなくてはなりません。この場合にも，譲受会社では，定款変更のために株主総会の特別決議が必要となります（会社法466，309②十一）。

なお，事業譲渡・譲受けに関する議案が株主総会に付議されるのは，事業譲渡契約書の内容が合意された後であるのが一般です。したがって，株主総会の特別決議を必要とする事業譲渡の場合には，総会開催のための事務手続きや株主総会の開催のタイミングをなど考慮に入れて，事業譲渡のスケジュールを考えることになります。

②　事業の一部譲渡の場合

譲渡会社がその事業の全部を譲渡する場合は，必ず株主総会の特別決議が必要となりますが，事業の一部を譲渡する場合には，その一部が「重要な」場合に限り，株主総会の特別決議が必要となります（会社法467①二，309②十一）。

事業の「重要な一部」に該当するかどうかについては，会社法が制定される前は，量的な

基準と質的な基準の2つのアプローチを用いて判断をすることとされていました。

　ですが，会社法においては，総資産額の5分の1以下の資産を譲渡する事業の譲渡については，簡易な事業譲渡にあたるものとして株主総会の決議を要しない旨の定めがおかれました。これにより，株主総会の決議が必要とされる事業の譲渡の範囲の一部が明らかにされ，2つのアプローチの1つである量的な基準が明確なものとなりました。したがって，会社法のもとでは，「重要性」を判断するにあたって，質的な基準を用いることになります。

③　事業全部の譲受けの場合

　譲受会社においては，事業全部の譲受けの場合のみ，株主総会の特別決議が必要となります（会社法467①三，309②十一）。したがって，譲渡の対象である事業がいかに小規模であったとしても，譲渡会社の事業全部に相当する限り，譲受会社では株主総会の特別決議が必要となりますし，逆に，譲渡の対象である事業がいかに大規模であったとしても，譲渡会社の事業の一部に過ぎない限り，譲受会社では株主総会の特別決議は必要ではありません。

　しかし，譲渡会社にとって事業の全部であるかどうかの判断は，実質的に判断されなければなりません。

④　事後設立の場合

　事業全部の譲受けに該当しない場合であっても，その譲り受ける財産が譲受会社の成立前から存在する財産で，しかも会社の事業のために継続して使用するものである場合には，事後設立に該当するかどうかが問題となります。すでに述べましたように，事後設立の要件を満たす場合には，株主総会の特別決議が必要です。

(2)　株主総会の手続き

①　株主総会の招集の決定

　株主総会の招集の決定は，取締役会設置会社においては原則として取締役会が行います（会社法298）。事業譲渡について株主総会の特別決議が必要な場合，その決議は臨時に招集する株主総会で行ってもよく，定時総会に付議することもできます。実務的・経費的コストとの関係からは，定時総会に付議するのが望ましいと考えられますが，日程上切迫している場合には，定時総会を待たず臨時総会の開催が必要となる場合もあります（神崎克郎「営業譲渡・譲受ハンドブック新訂第2版」（商事法務）76頁）。

　定時総会については，多くの会社が定款で基準日の規定を設けて招集通知を発送する株主を確定していますが，臨時総会を開催する場合には，改めて取締役会の決議により，基準日を設定することにより，議決権を行使すべき株主の確定を行う必要が生じます。この場合には，取締役会の決議により基準日を定め，原則として2週間前に公告しなければなりません（会社法124③）。

② 株主総会招集通知の記載内容
　(a) 招集通知

　　株主総会の招集通知は，会日から2週間前までに書面で行わなければならず，招集通知には，招集者の氏名，総会の日時，場所，会議の目的たる事項（議題）が記載されなければなりません（会社法298, 299）。

　　また，事業の譲渡または譲受けに関する重要な議案が総会に付される場合には，株主に議案の主な内容を知らせて検討する機会を与えるため，招集通知には「議案の概要」，すなわち議案の主な内容を記載しなければなりません（会社法施行規則63七ホ）。

　　「議案の概要」について，具体的に何を記載すればよいかについては，法文上は明らかではありませんが，株主が賛否の判断を成しうるに必要な程度の記載が必要であると考えられます（神崎・前掲81頁）。すなわち，具体的には，当該行為の理由（趣旨），および主な内容，すなわち譲渡（譲受け）の相手方，時期，範囲，対価並びに重要な条件を記載することが必要です。

　　なお，実務的には，事業譲渡または事業譲受けの理由（趣旨）を簡単に記載し，事業譲渡契約書の全文の記載をもって議案の概要に代えることが多くなっています。

　(b) 議決権行使のための参考書類

　　会社は，書面による議決権の行使を認めた場合は，株主総会の招集の通知に際しては，参考書類記載事項を記載した書類を交付しなければなりません（会社法301, 298①三）。これは，各株主が総会に先立って書面で議決権を行使するための判断材料を与えるためです。

　　事業譲渡・譲受けに関する議案については，参考書類の記載事項として，「当該事業譲渡を行う理由」，「当該事業譲渡等に係る契約の内容の概要」，「当該契約に基づき当該株式会社が受け取る対価又は契約の相手方に交付する対価の算定の相当性に関する事項の概要」が掲げられています（会社法施行規則92）。したがって，事業譲渡・譲受けを必要とする具体的な理由，事業譲渡契約書の内容を記載し，対象会社の最近事業年度の損益計算書を添付することが必要となると考えられます（神崎・前掲86頁）。

　　なお，招集通知やその添付書類に記載した事項（議案の概要など）は，参考書類と重複して記載する必要はなく，どこに記載してあるかを示すだけでよいので，参考書類の方に記載し，招集通知でそれを参照させることも可能です（会社法施行規則73④）。

　(c) 議決権代理行使の勧誘のための参考書類

　　すでに述べました書面投票制度の適用がない会社では，議決権の代理行使を勧誘することによって定足数を確保しなければならないのが通常です。その場合，上場会社等であれば，その事項に関する要旨を記載した参考書類を添付しなければなりません（金商法194，金商法施行令36の2）。

資料 1 − 8　臨時株主総会招集通知（事業譲渡契約書添付の例）

平成××年×月××日

株主各位

東京都＊＊区＊＊町＊＊丁目＊＊番＊＊号
株式会社＊＊＊＊
代表取締役社長　＊　＊　＊　＊

臨時株主総会招集ご通知

拝啓　ますますご清栄のこととお喜び申し上げます。

さて，当社臨時株主総会を下記のとおり開催いたしますので，ご出席くださいますようご通知申し上げます。

なお，本会議の決議事項は，その決議に定足数を必要といたします。当日ご出席願えない場合は，書面によって議決権を行使することができますので，後記の参考書類をご検討くださいまして，お手数ながら同封の議決権行使書用紙に賛否を表示され，ご押印のうえ，ご返送くださいますようお願い申し上げます。

敬具

記

1　日　　時　　平成××年×月××日（×曜日）午前××時
2　場　　所　　東京都＊＊区＊＊町＊＊丁目＊＊番＊＊号
　　　　　　　　株式会社＊＊＊＊5階大会議室
3　会議の目的事項
　　決議事項
　　　議　案　　事業の一部譲渡の件
　　　　　（議案の要領は，後記議決権行使についての参考書類○頁～○頁に記載のとおりであります。）

以上

資料 1 − 9　議決権行使についての参考書類

議決権行使についての参考書類

議　案　　事業の一部譲渡の件

（議案の要領）

(1)　事業譲渡を行う理由

　　当社の○○の製造に関連する事業分野は，近年需要がますます拡大し，将来とも一層高度な技術開発が必要となるため，この度これを分離独立させ，より機動的な運営により，品質・コストその他あらゆる面において業務の一層の発展を期するものであり，最善の方法と判断しております。

　　株主の皆様におかれましては，何とぞ趣旨にご賛同いただき，本議案をご承認賜りますようお願い申し上げます。

(2)　事業譲渡契約書の内容の概要

　　　（略）

(3)　譲渡予定財産

　　　○○製造の用に供していた固定資産及び必要な流動資産を譲渡しようとするものであります。

　　なお，固定資産の平成×年×月×日現在の簿価価額は次のとおりでございます。

　　　　（略）

　(4)　譲渡する○○部門の最近事業年度の業績（平成××年×月×日から平成××年×月××日まで）

　　　　売上高　　　　　　　　＊＊＊百万円
　　　　事業利益　　　　　　　　＊＊百万円
　　　　当期利益　　　　　　　　　＊百万円

　(5)　譲受会社の概要

　　　①　商　　号　　　○○○株式会社
　　　②　設立年月日　　○○年○月○日
　　　③　本件所在地　　東京都○○区○○町○○丁目○番○号
　　　④　代表取締役　　○○　○○
　　　⑤　資　本　金　　○○百万円
　　　⑥　事業内容　　　○○○○
　　　⑦　決　算　期　　○○月

　(6)　対価の相当性に関する事項

　　　　（略）

③　株主総会の運営

　事業譲渡・譲受けにおいて，株主総会の特別決議が必要である場合は，会社の発行済株式総数の過半数を有する株主の出席が必要です（会社法309②）。株主総会においては，議長の開会宣言に引き続いて出席株主の数およびその所有株式数の報告が行われますが，その際には，定足数を充足している旨もあわせて報告するのが一般的です。

　また，株主総会の特別決議を必要とする議案については，議案の上程に際しても他の議案に比して詳細な説明を要するものと思われます。決議の重要性にかんがみ，後日の紛争を避ける趣旨からも慎重を期する必要があります（神崎・前掲130頁）。

④　決　　　議

　事業譲渡・譲受けの株主総会における承認は，出席株主の議決権の3分の2以上の多数による決議が必要とされています（会社法309②）。ただし，具体的に何株の賛成があったかまで細かく確認する必要はなく，議長は，3分の2以上の賛成があったことを確認できれば，直ちに「本議案については，3分の2以上の賛成をもって原案どおり，承認・可決されました。」と報告して，次の議題に移ればよいものとされています。

(3)　反対株主の株式買取請求権

　株主総会の特別決議を必要とする事業譲渡の場合には，決議に反対する株主には，会社に対する株式買取請求権が認められています（会社法469）。

① **株式買取請求権の行使要件**
　(a)　反対の意思表示
　　　事業譲渡を承認する株主総会で議決権を有する株主は，株主が株式買取請求権を行使するには，まず，株主総会に先立って，会社に対し，書面をもって反対の意思表示をしなければなりません。書面の様式は特に問われていませんので，内容がわかる程度に記載すれば足りるとされています。また，この書面は，総会開会までに会社に到達することが必要です。
　(b)　総会における反対の意思表示
　　　さらに，この株主は，株主総会において，その決議に反対の議決権行使をしなければなりません。
　　　株主総会での反対の意思表示は，株主自らまたはその代理人が現実に株主総会に出席して，決議に際して反対の意思を表明することが必要ですが，書面投票制度が採られた場合には，期限内（総会の前日）に到達したものについては，書面の記載に従って議決権を行使したものとして取り扱われるので，現実の出席は不要です（神崎・前掲124頁）。

② **株式買取請求権の行使方法**
　株式買取請求権を行使しようとする株主は，効力発生日の20日前の日から効力発生日の前日までの間に，株式買取請求に係る株式の数（種類株式発行会社では株式の種類及び種類ごとの数）を記載した，株式の買取りを求める書面を，会社に対して提出しなければなりません（会社法469⑤）。

③ **株式の移転**
　株式買取請求は，株主の意思表示が会社に到達したときに，会社との間で売買契約が成立し（民97①），会社の承諾は必要としません。
　株式の買取価格は，まず会社と株主との間の協議によって決定され，協議が整えば，会社は決議の日から60日以内にその支払いをしなければなりません（会社法470①）。決議の日から60日以内に協議が整わないときは，株主又は事業譲渡する会社は，その期間経過後30日以内に，裁判所に対し価格の決定を申し立てることができます（同条②）。
　会社が買取代金を支払ったときは，当該株式は会社に移転します（同条⑤）。

④ **株式買取請求の失効・撤回**
　株主の株式買取請求権は，決議に反対する株主の利益保護の観点から認められた制度ですから，総会決議が取り消されたり，事業譲渡が中止されたりした場合には，買取請求は失効します（神崎・前掲129頁）。
　また，会社との間で決議の日より30日以内に協議が整わなかったにもかかわらず，株主又は会社がその期間経過後30日以内に裁判所に対し価格の決定を請求しなかった場合は，株主はいつでも株式買取請求を撤回することができます（会社法470③）。

2.4 公正取引委員会への届出

　一定規模を超える事業譲渡（親子会社間または子会社間の場合は除きます）が行われる場合には，その譲受計画は，事前に公正取引委員会に届け出なければなりません（独禁法16②）。そして，会社は公正取引委員会が届出を受理した日から30日を経過するまでは，事業等の譲受行為の実行が禁止されます（独禁法16）。

　したがって，事業譲渡のスケジュールを立てるときには，この届出を要するかどうかを確認し，要する場合にはこの期間を考慮しておく必要があります。

2.5 公告・通知

　事業譲渡の場合には，原則として公告ならびに通知は求められていませんが，業種によっては公告に関する規定が業法で設けられている場合があります（たとえば，銀行法34，35，36，保険業法142等）。

2.6 事業譲渡のスケジュール

　以上に述べてきたことをまとめますと，具体的な事業譲渡のスケジュールの一例としては，次のようになります。

図1-7　事業譲渡のスケジュール（一例）

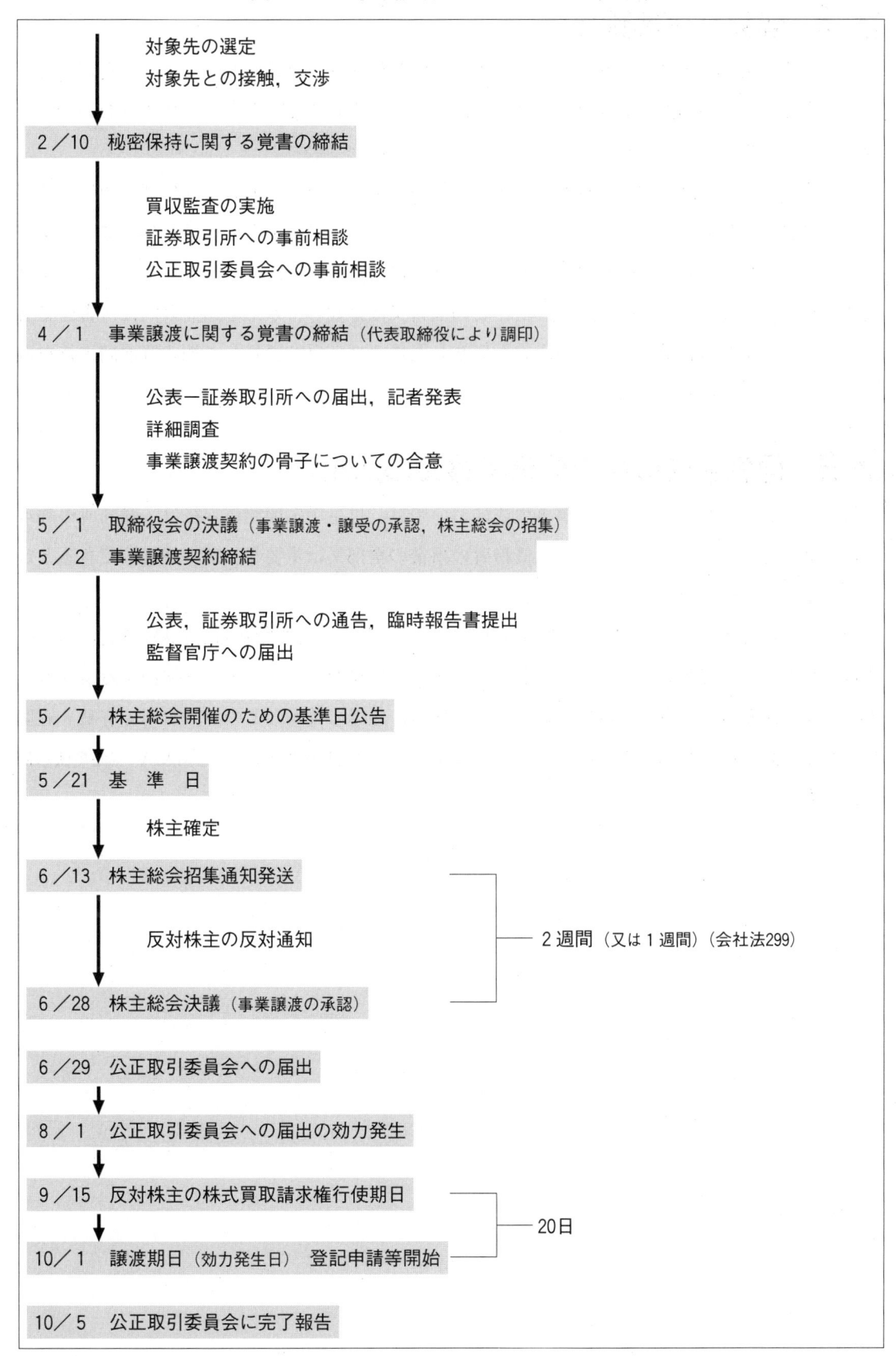

```
         ↓     対象先の選定
               対象先との接触，交渉

2/10    秘密保持に関する覚書の締結

         ↓     買収監査の実施
               証券取引所への事前相談
               公正取引委員会への事前相談

4/1     事業譲渡に関する覚書の締結（代表取締役により調印）

         ↓     公表－証券取引所への届出，記者発表
               詳細調査
               事業譲渡契約の骨子についての合意

5/1     取締役会の決議（事業譲渡・譲受の承認，株主総会の招集）
5/2     事業譲渡契約締結

         ↓     公表，証券取引所への通告，臨時報告書提出
               監督官庁への届出

5/7     株主総会開催のための基準日公告
         ↓
5/21    基　準　日
         ↓     株主確定

6/13    株主総会招集通知発送　┐
         ↓     反対株主の反対通知　├─ 2週間（又は1週間）（会社法299）
6/28    株主総会決議（事業譲渡の承認）　┘

6/29    公正取引委員会への届出

8/1     公正取引委員会への届出の効力発生

9/15    反対株主の株式買取請求権行使期日　┐
         ↓                              ├─ 20日
10/1    譲渡期日（効力発生日）　登記申請等開始　┘

10/5    公正取引委員会に完了報告
```

2.7 簡易な事業譲受け

　会社法は，手続の簡素化をはかるため，対価の帳簿価額の合計額が譲受会社の純資産額として法務省令で定める方法により算定される額の5分の1を超えないときは，株主総会の特別決議を必要としないこととしました（会社法468，会社法施行規則137）。

　この簡易な事業譲渡・譲受の制度は，簡易合併や簡易株式交換，簡易会社分割と類似の制度となっており，簡易な手続を許容する代わりに，株主に一定の手続上の保護を与えています。すなわち，会社は，効力発生日の20日前までに株主に対し，事業譲渡等をする旨を，公告又は通知しなければならず（会社法469③，④），この公告又は通知の日から2週間以内に，書面で会社に対し事業譲渡・譲受けに反対の意思を通知した株主は，会社に対して株式買取請求権を取得します（会社法468③）。

2.8 再生手続の中での事業譲渡の活用

　第1節で述べましたように，民事再生法においては，再生手続開始決定後は，裁判所の許可を得れば，再生計画によらずに，再生債務者の事業の全部又は重要な一部の譲渡ができると定められました（民再42）。

　ただし，裁判所は，「当該再生債務者の事業の再生のために必要であると認める場合に限り，許可をすることができる」（民再42①）としています。債務者のもとで事業を継続するよりも，外部へ譲渡する方が，事業の再生や債権者への弁済，雇用の確保などの点において有利・適切であれば，許可は出されることになります（藤原総一郎「実践民事再生手続とM＆A」（商事法務研究会）97頁）。

第3節　事業譲渡・譲受けの実行手続

3.1　財産等移転手続

(1)　はじめに

　事業譲渡は，包括承継である合併と異なり，特定承継にすぎません。よって，事業譲渡の場合には，事業を構成する個々の財産・債務について個別に移転手続が必要となります。

　以下，譲渡する財産・債務ごとに移転手続を検討してみましょう。

(2)　不　動　産

　物権の移転は，当事者の意思表示のみによって効力を生じます（民176）。つまり，事業譲渡契約をすれば，それだけで不動産についての所有権が移転します。

　そして，譲受会社が譲渡会社に対して，所有権を主張するには，事業譲渡契約さえ主張すれば足り，他には何も必要とされていません。

　しかし，譲受会社がその所有権を第三者に主張するためには，一定の要件を具備する必要があります。この要件を，第三者対抗要件といいます。不動産に関する物権の第三者対抗要件は，登記です（民177）。よって，財産移転手続としては，対抗要件としての所有権移転登記が必要となります。

(3)　動　　　産

　前述の不動産の場合と同様，譲受会社が譲渡会社に対して所有権を主張するには，事業譲渡契約さえ主張すれば足りますが，第三者に対して所有権を主張するためには，第三者対抗要件が必要となります。

　そして，動産に関する物権の第三者対抗要件は「引渡し」です（民178）。よって，財産移転手続としては，対抗要件としての「引渡し」が必要となります。

　ここでいう「引渡し」には，現実の引渡しだけではなく，簡易の引渡し，占有改定，指図による占有移転も含まれます。

　もっとも，特定の動産については，登記登録制度が設けられています（自動車（道路運送車両法5），船舶（商687），航空機（航空法3の2，航空抵当法5））。これらの物については，対抗要件としての登記登録が必要となります。

✳ Column ✳

🌸 「動産の引渡し」について 🌸

① 〈現実の引渡し（民182①）〉

譲渡人（A）が現実に物を譲受人（B）に譲渡する場合をいいます。

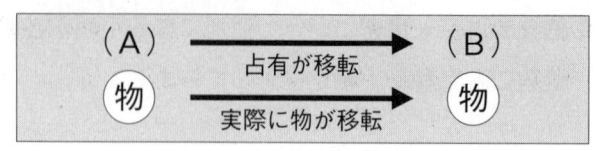

```
(A) ──占有が移転──→ (B)
 物 ──実際に物が移転─→ 物
```

② 〈簡易の引渡し（民182②）〉

譲受人（B）がすでに現実に占有する物を譲渡する場合をいいます。この方法を次の図に従って説明すれば，(A) が一度 (B) から物を取り戻し，改めて (B) に現実の引渡しをするという無用の手間を省いたものといえます。

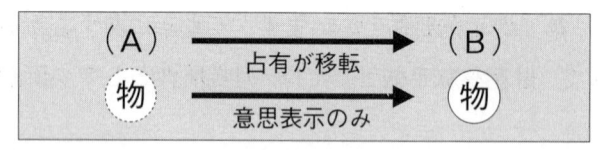

```
(A) ──占有が移転──→ (B)
 物 ──意思表示のみ──→ 物
```

③ 〈占有改定（民183）〉

譲渡人（A）が占有する物を譲受人（B）に譲渡するとともに，引き続き譲渡人が占有を継続する場合をいいます。この方法を次の図に従って説明すれば，一度 (A) から (B) に現実の引渡しをしてまたこれを (A) が引き取るという無用な手間を省いたものといえます。

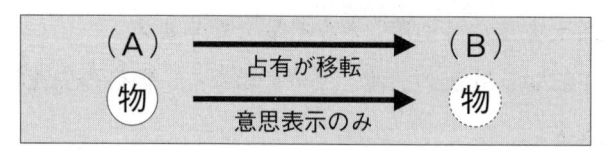

```
(A) ──占有が移転──→ (B)
 物 ──意思表示のみ──→ 物
```

④ 〈指図による占有移転（民184）〉

第三者（C）が現実に占有する物を譲渡人（A）が譲受人（B）に譲渡し，譲渡後も第三者が引き続き占有する場合をいいます。

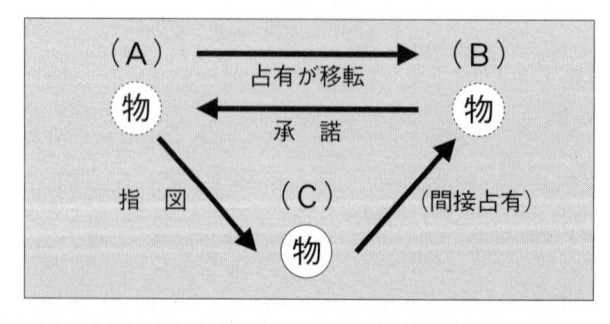

```
  (A) ──占有が移転──→ (B)
   物 ←── 承 諾 ───   物
    ↘ 指図      ↗ (間接占有)
        (C)
         物
```

(4) 売掛金

　売掛金は，指名債権ですから譲渡会社の売掛金を譲受会社に移転するには，債権譲渡手続が必要となります。債権譲渡における第三者対抗要件は，確定日付ある証書による債務者への通知又は承諾です（民467②）。確定日付ある証書による通知の具体例としては，内容証明郵便による通知が挙げられます。また，確定日付ある証書による承諾の具体例としては，公証役場で確定日付を押してもらった承諾書が挙げられます。

　なお，平成10年10月１日から債権譲渡の対抗要件に関する民法の特例等に関する法律（債権譲渡特例法）が施行されました。この特例が適用されれば，債権譲渡の第三者対抗要件は，登記ということになります。ここでいう登記を申請するためには譲渡会社と譲受会社が共同で申請しなければなりません。

　もっとも，登記だけでは債務者に債権譲渡の事実がわからないので，債務者対抗要件の具備，具体的には譲渡会社又は譲受会社から債務者に対して登記事項証明書を交付して通知するか，債務者が承諾する必要があります（債権譲渡特例法２②）。

(5) 買掛金

　譲渡会社の買掛金を譲受会社に移転するというのは，買掛金の債務者を譲渡会社から譲受会社に変動することを意味します。このように債務者が変動することを債務引受けといいます。

　債務引受けの方法としては，債務が同一性を保ちつつ新債務者（譲受会社）に移転し，もとの債務者が債権関係から離脱する免責的債務引受けと新債務者（譲受会社）がもとの債務者（譲渡会社）と並んで債務者になる並存的（重畳的）債務引受けがあります。

　免責的債務引受けは，新債務者が無資力の場合，買掛金の回収が困難になる等，債権者に不利益が生じるおそれがあります。よって，債権者の同意がない限りは認められません。

　これに対して並存的債務引受けは，従来からの債務者である譲渡会社に新しく債権者として譲受会社が加わるものですから，債権者に有利なものといえます。よって，債権者が同意する必要はなく，譲渡会社と譲受会社の合意だけで行うことができます。債権者である売主の同意さえ得られれば，その後の法律関係が複雑とならない免責的債務引受けの方法で移転するのが妥当といえます。

(6) 受取手形

　手形は，法律上，裏書によって譲渡することができます（手77①一，11①）。つまり，受取手形については，譲渡会社から譲受会社へ裏書をして譲渡します。

(7) 継続的取引契約

　継続的取引契約とは，当事者間に取引関係が継続的に生じている状態のことをいいます。たとえば，銀行取引契約や賃貸借契約，リース契約などがあげられます。これらの契約については，それぞれの契約に定められた約款もしくは原契約が定めるところにより契約更改に関する手続をとらなくてはいけません。

通常，相手方当事者の同意を得て，譲受会社と相手方当事者の間で新たな取引契約が結ばれることが多いといえます。

3.2 従業員の引継ぎ

事業譲渡は一種の取引行為であり，その法的性格は特定承継です。したがって，労働契約の承継についても，譲渡会社と譲受会社間の個別の合意が必要となりますし，その承継には，労働者つまり従業員の個別の同意が必要となります。

第5章

事業譲渡の会計と税務

第1節　概　　要

　事業譲渡とは，個別的な財産の譲渡ではなく，一定の事業目的のため，組織化され，有機的一体として機能する財産の一括した譲渡であると定義されます。

　会計上は，事業譲渡（譲受）に伴い事業の譲受けをした法人（以下「譲受法人」という）は取得する資産等を時価により算定し，支払対価と取得する資産等の時価純資産価額との差額はのれん又は負ののれんとして計上します。一方，事業を譲渡する法人（以下「移転法人」という）は対価として受け取った財産の時価と，譲渡した資産等の事業譲渡の直前の適正な帳簿価額との差額を譲渡損益として計上します。

　税法上は移転法人が譲受法人にその有する資産等を譲渡した場合には，通常の譲渡と同様に事業譲渡時の時価で譲渡されたものとして譲渡損益を計算することになります。一方，譲受法人は移転法人から事業譲受時の時価で資産等を取得することになります。

　この場合の譲渡価額は適正な時価である必要があります。第三者間においては，その価額に恣意性がない限り，原則として交渉で決定した価額が税務上の適正な時価とされます。しかし，同族会社間など特殊関係者間の取引の場合，専門家など第三者が算定した価額などその価額に客観性が認められなければ税務上適正な時価とは言えません。仮に低額譲渡の場合は移転法人には寄附金が，譲受法人には受贈益が生じ，高額譲受けの場合は譲受法人に寄附金の課税関係が生じます。

　また，上記会計上の事業譲渡におけるのれんの取扱いに対応し，平成18年度税制改正により移転法人の事業譲渡の直前において営む事業及びその事業に係る資産等のおおむね全部が譲受法人に移転する場合には，非適格合併等の場合と同様に，譲受法人が移転を受けた資産等の時価純資産価額と譲受法人が事業譲渡（譲受）に伴い交付した金銭等の価額とに差額があるときは，譲受法人において資産調整勘定や差額負債調整勘定を認識することになりました（法法62の8①③）。

第1編　基礎解説編

第2節　移転資産及び負債の評価

2.1　個々の財産の評価方法

(1)　金銭債権

　会計上，理論的には債権金額から金利，貸倒危険率及び回収コスト等を考慮して評価すべきでしょう。税務上は，回収が確実な金銭債権は帳簿価額で評価します。また，回収期間が長期にわたる債権については，利息相当額を控除した額をもって評価額とすることも認められています。この場合，譲受会社において実際に回収した金額と譲受価額との差額を，回収時点で益金に算入することになります（法基通2－1－34）。また，不良債権については相当の減額を要します。たとえば，税務上貸倒損失の要件を満たし，切捨て処理をされている債権については，その切捨て後の債権額が評価額とされます。

(2)　棚卸資産

　譲渡会社において，棚卸資産の評価が適正に行われていれば，帳簿価額を時価とみなしても問題はありません。また，季節商品や不良品，陳腐化品は，適正な処分価額により評価します。

(3)　有価証券

　上場有価証券については，譲渡日の取引価格により評価します。

　非上場有価証券については，会計上，理論的には企業評価の手法等を用いて評価すべきでしょう。税務上は課税上弊害がない限り，財産評価基本通達に定められている評価方法に準じて評価することが認められています（法基通9－1－14）。

　実務上は，非上場有価証券の評価は純資産価額方式で行われているケースが多いようです。

　また，事業譲渡においては，全部事業譲渡の場合，または譲渡対象となる事業において重要な子会社等の有価証券である場合を除き，非上場有価証券は譲渡対象の財産に含めないことが多いようです。

(4)　前払費用等

　前払費用や前払金は，事業譲渡の後において，該当する役務が譲受会社に提供されることが確実な場合には，簿価で評価します。

(5)　建　　　物

　再調達価額を基礎に算定します。再調達価額とは，実際の取得価額に経年減価や保守管理状況等の修正を加えて算出します。なお，税務上は適正な減価償却を行っていれば，帳簿価額を時価と評価しても問題はありません。この場合の帳簿価額は，特別償却・割増償却あるいは圧縮記帳の適用を受けている場合には，その適用がなかった場合における帳簿価額となります。また，現状の簿価と時価が明らかに違うと認められる場合には，譲渡時の再調達価額を基礎に，取得日から譲渡日までの定率法により計算した減価償却費を控除した後の未償却残高とするこ

とも認められています（法基通9－1－19）。

(6) 土　　地

土地の評価は，譲渡資産の評価の中で営業権と共に難しく，多額の含み損益を内包している可能性があるため，より適正な評価を要請されます。

不動産鑑定士による鑑定評価額，近隣の売買事例価額又は公示地価格・基準地価格を基礎に算定した価額等が採用されます。近隣の売買事例価額又は公示地価格・基準地価格を用いる場合は，その売買実例額又は公示地価格等を比準要素として土地価格を算定します。また，可能な限り評価時点の修正を行うのが望ましいでしょう。

> ＜売買実例価額又は公示価格等を用いた評価方法＞
> 評価対象地の時価 ＝ A × 評価対象地の路線価 ／ B

　　注１）売買実例価額を用いる場合………………A：近隣の売買実例価額　B：売買実例地の路線価
　　注２）公示地価格・基準地価格を用いる場合…A：公示地価格・基準地価格　B：公示地・基準地の路線価

(7) その他の減価償却資産

機械や備品，車両等の減価償却資産については，一般的に再調達価額や帳簿価額をもって評価します。なお，この場合の帳簿価額は，特別償却・割増償却あるいは圧縮記帳の適用を受けている場合には，その適用がなかった場合における帳簿価額となります。

10万円未満の少額減価償却資産，10万円以上20万円未満の一括償却資産，中小企業者等の少額減価償却資産（取得価額30万円未満）がある場合には，適正に減価償却をした後の未償却残高を評価額とします。

(8) 営　業　権

税法上は営業権のうち独立した資産として取引される習慣のあるもののみが営業権として移転する資産に含めてよいことになっています（法令123の10③）。この場合の営業権はあくまでも移転資産の純資産価額を算定するための規定であり，第3節に解説するのれんの算定では適用できません。

独立した資産としては，具体的に明記されていませんが，法基通7－1－5（織機の登録権利等）で例示されている「繊維工業における織機の登録権利，許可漁業の出漁権，タクシー業のいわゆるナンバー権のように法令の規定，行政官庁の指導等による規制に基づく登録，認可，許可，割当て等の権利を取得するために支出する費用」が準用されるものと思われます。

(9) 繰 延 資 産

開発費，試験研究費等で実質的に経済的価値があると認められ，譲渡後も譲受会社において便益を受けることが明らかな場合には適正な簿価で評価することが可能と考えられます。

(10) 金 銭 債 務

支払手形・買掛金・未払金・借入金等の金銭債務は，帳簿価額をもって評価します。

なお，引当金・準備金の引継ぎは税務上認められません。

第3節　のれんの評価

3.1　のれんの意義

(1)　会計上ののれん

　会計上ののれんは，ある企業の収益力が，同業他社全体の平均的収益力に比べて超過している場合，その超過収益力をもたらす一般的原因を貨幣的に評価したものとされています。この超過収益力の発生する原因として，既設企業の名声・立地条件・経営手腕・製造秘訣・特殊の取引関係・独占性などが考えられます。

　なお，平成18年4月1日以後実施される企業結合から「企業結合に関する会計基準（企業結合に係る会計基準）」を適用することとされ（企業結合に関する会計基準56），個々の資産や負債の取得価額については個別時価を付すとともに，これらの合計額と支払対価との間に生ずる差額を「のれん」として計上することになります。

　支払対価が時価純資産額を上回る場合にはその上回る金額をのれんとし，下回る場合にはその下回る金額を負ののれんとします。

　のれん又は負ののれんは以下のように処理されます。

① 　のれんの会計処理

　のれんは，資産に計上し，20年以内のその効果の及ぶ期間にわたって，定額法その他合理的な方法により規則的に償却することとされています。ただし，のれんの金額に重要性が乏しい場合には，当該のれんが生じた事業年度の費用として処理することができます（企業結合に関する会計基準32）。なお，のれんは無形固定資産の区分に表示し，のれんの償却額は販売費及び一般管理費の区分に表示することとされています（企業結合に関する会計基準47）。

② 　負ののれんの会計処理

　負ののれんは，負ののれんが生じた事業年度の利益として処理し，原則として特別利益に表示することとされています（企業結合に関する会計基準33，48）。この処理は，平成22年4月1日以後の組織再編について適用することを原則としていますが，平成21年4月1日以後開始事業年度において最初に実施される組織再編から適用できることとされています（企業結合に関する会計基準57）。

　なお，平成22年3月31日以前の組織再編により生じた負ののれんについては，負債の部に計上し，20年以内で償却することが，原則的な処理となっています（適用指針331-3）。

(2)　税法上ののれん

　移転法人の事業譲渡の直前において営む事業及びその事業に係る資産等のおおむね全部が譲受法人に移転する場合，移転を受けた資産等の時価純資産価額と譲受法人が事業譲渡（譲受）に伴い交付した金銭等の価額とに差額があるときは，非適格合併等の場合と同様に譲受法人に

おいて資産調整勘定や差額負債調整勘定が生じることになります（法法62の8①③）。

　また，事業譲渡（譲受）に伴い譲受法人が退職給与債務引受けや短期重要債務の引受けをした場合についても，非適格合併等の場合と同様に譲受法人において退職給与負債調整勘定や短期重要負債調整勘定が生じることになります（法法62の8②）。

　すなわち，移転における支払対価が，移転を受けた資産等の時価純資産価額を超える場合，その超える金額は資産調整勘定とし，逆に時価純資産価額に満たない場合，その満たない部分の金額は差額負債調整勘定とします。

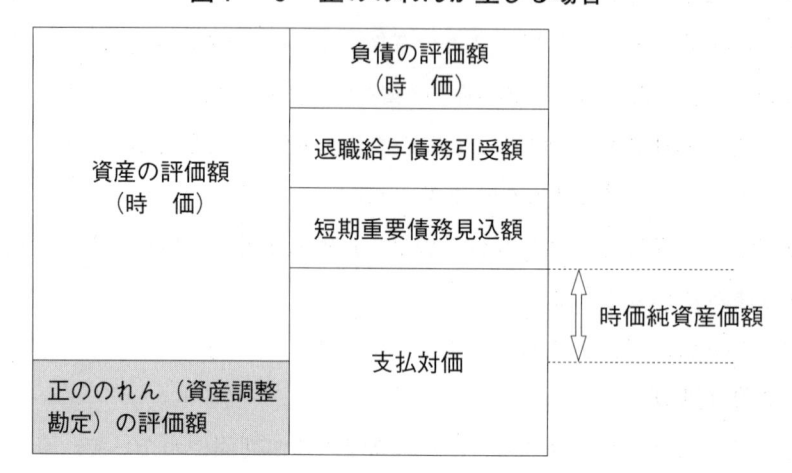

図1－8　正ののれんが生じる場合

資産の評価額 （時　価）	負債の評価額 （時　価）
	退職給与債務引受額
	短期重要債務見込額
	支払対価
正ののれん（資産調整勘定）の評価額	

（右側に「時価純資産価額」の範囲表示）

図1－9　負ののれんが生じる場合

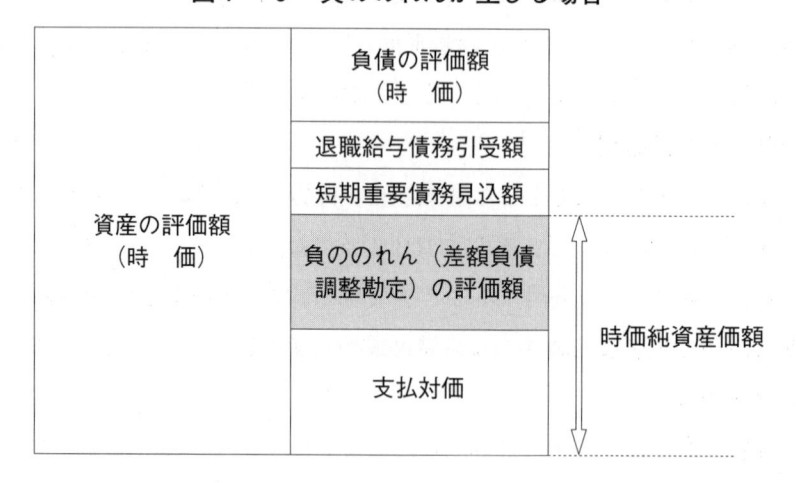

資産の評価額 （時　価）	負債の評価額 （時　価）
	退職給与債務引受額
	短期重要債務見込額
	負ののれん（差額負債調整勘定）の評価額
	支払対価

（右側に「時価純資産価額」の範囲表示）

第4節　譲渡会社の会計と税務

4.1　譲渡損益

　事業譲渡により，資産・負債を譲渡した場合には，通常の売買と同様に取り扱い，譲渡資産・負債の帳簿価額と譲渡対価との差額は，譲渡益又は譲渡損となります。したがって，譲渡した資産に含み益がある場合に生じた譲渡益は他の所得と合算されて，法人税の課税関係が生じます。

　また，事業譲渡は適正な時価により行われますが，売買価額が適正な時価でない場合でその金額に合理的な理由が認められないときは税務上の問題が生じます。

(1) 低額譲渡

　譲渡会社において実質的に贈与したと認められる金額について，寄附金課税の問題が生じることがあります。

例①　簿価　1,000　　時価　5,000　　譲渡対価の額　2,000

(a) 会計上	(借) 現 預 金	2,000	(貸) 資　　　産	1,000
			譲　渡　益	1,000
(b) 税務上	(借) 現 預 金	2,000	(貸) 資　　　産	1,000
	寄　附　金	3,000	譲　渡　益	4,000

　寄附金と追加計上された譲渡益3,000は，会計上は相殺されますが，寄附金の額のうち，損金算入限度額を超える部分の金額は法人税の課税対象となります（法法37⑧）。

(2) 高額譲渡

　法人税法上，譲渡対価と適正な時価との差額は受贈益となりますが，譲渡会社にとっては新たな課税関係は生じません。

例②　簿価　1,000　　時価　3,000　　譲渡対価の額　5,000

(a) 会計上	(借) 現 預 金	5,000	(貸) 資　　　産	1,000
			譲　渡　益	4,000
(b) 税務上の考え方（法法22②）				
	(借) 現 預 金	3,000	(貸) 資　　　産	1,000
			譲　渡　益	2,000
	(借) 現 預 金	2,000	(貸) 受　贈　益	2,000

4.2 土地重課の取扱い

　譲渡資産に土地・借地権がある場合には，その譲渡益に対して通常の法人税の他に，その土地等の譲渡利益に対し土地重課課税が行われます。ただし，平成10年1月1日から平成25年12月31日までの間に行った土地の譲渡等については，その適用が停止されています（措法62の3⑬，63⑦）。

4.3 欠損金の繰戻還付

　法人税法では，青色申告書である確定申告書を提出する法人の各事業年度において欠損金額が生じた場合には，その欠損金額については繰越控除のほか，繰戻還付の適用を受けることができるとされています。この繰戻還付の制度は，平成4年4月1日から平成22年3月31日までの間に終了する事業年度において生じた欠損金額については，原則としてその適用が停止されています。ただし，平成21年2月1日以後終了する事業年度からは，中小法人，公益法人等，協同組合等は繰戻還付を受けることができます（法法80①，措法66の13）。

　また，青色申告書である確定申告書を提出する法人が，事業の全部の譲渡をした場合に，全部譲渡をした日前1年以内に終了したいずれかの事業年度又は事業譲渡の日の属する事業年度において生じた欠損金額があるときは，上記停止期間中であっても，解散等の場合と同様その欠損金額をそれらの事業年度（以下「欠損事業年度」といいます）開始の日前1年以内に開始したいずれかの事業年度（以下「還付所得事業年度」といいます）に繰り戻して，次の算式による法人税の還付の請求をすることができるものとしています。

$$還付所得事業年度の法人税額 \times \frac{欠損事業年度の欠損金額}{還付所得事業年度の所得金額}$$

　注）欠損事業年度の欠損金額は，税務上の金額を使用し，還付所得事業年度の所得金額を限度とします。

　この規定は，還付所得事業年度から欠損事業年度まで連続して青色申告書である確定申告書を提出し，欠損事業年度の確定申告書を青色申告書により提出している場合に，事業譲渡した日以後1年以内に限り適用されます（法法80④，法令154の3）。

　なお，還付請求には欠損金の繰戻しによる還付請求書の提出が必要です（法法80⑤）。

4.4 貸倒引当金

　譲渡会社が債権を譲渡した場合には，譲渡した分の債権が減少し，事業年度末に設定できる貸倒引当金の額は従前よりも減少しますので，取崩益が生じることになります。

　一方，事業の一部を譲渡した譲渡会社の一括評価金銭債権の貸倒引当金繰入限度額の計算上，貸倒実績率及び法定繰入率による場合の期末一括評価債権から控除する「実質的に債権とみら

れない金額」の簡便計算による算出方法については、以下のように取り扱うことができます。

> 一括評価金銭債権の貸倒引当金繰入限度額の計算は大法人については下記Ⓐにより、また、中小法人、公益法人等、協同組合等については、Ⓐ又はⒷの選択適用により行います。
>
> Ⓐ 期末の一括評価金銭債権の帳簿価額 × 貸倒実績率（小数点以下4位未満切上げ）
>
> （法法52②，令96②）
>
> Ⓑ （期末の一括評価金銭債権の帳簿価額 − 実質的に債権とみられないものの金額）× 法定繰入率
>
> （措法57の10①，措令33の9④）

(1) 貸倒実績率

これは過去3年間の実際の貸倒率を適用して計算するものですが、事業譲渡により事業規模の縮小、事業種目・内容の変更等があっても、何らの調整を加えることなく、そのまま過去3年間の貸倒率を用いて計算します。

(2) 実質的に債権とみられないものの金額の簡便計算

> 実質的に債権とみられないものの金額 ＝ 期末一括評価債権の額 × Ⓑ／Ⓐ
>
> （小数点以下3位未満切り捨て）
>
> Ⓐ 中小法人：平成10年4月1日から平成12年3月31日までの間に開始した各事業年度における一括評価金銭債権の額の合計額（措令33の9③）
>
> 大法人：昭和55年4月1日から昭和57年3月31日までの間に開始した各事業年度における売掛金、貸付金その他これらに準ずる金銭債権の額の合計額
>
> （平10改正令附則5）
>
> Ⓑ 上記の各事業年度における実質的に債権とみられないものの合計額

この簡便法による計算は、上記中小法人については平成10年4月1日、大法人については昭和55年4月1日に存する内国法人について適用が認められています。したがって、譲渡会社がこの要件を満たすものである限り、事業規模の縮小や事業種目・内容に変更があっても適用できます。なお、この簡便法による計算が妥当でないときは原則的な方法により計算することも可能です。

4.5　退職給与引当金

平成14年度税制改正により法人税法における退職給与引当金が廃止されました。

これにより廃止前の退職給与引当金勘定の金額については、平成15年3月31日以後に終了する事業年度から4年間（中小法人及び協同組合等は、10年間）で取り崩すこととされています。

なお、この取崩しを行った後の退職給与引当金勘定の金額が、譲渡会社において使用人の多

数が退職又は譲受会社に転籍等したため期末退職給与の要支給額の合計額を超えるときは、その超える部分の金額を取崩して益金の額に算入することとされています（平14改正法附則8）。

4.6 その他の税金

(1) 消費税

事業譲渡は，個別に資産を譲渡したものとして取り扱われますので，国内における事業譲渡の場合，譲渡資産の中に消費税法上課税対象となる資産があれば消費税が課税されます。

資産・負債を一括譲渡する場合，譲渡対価の額は相殺後の金額となりますが，消費税は相殺を行わず個々の資産の譲渡対価の額が，課税標準額となります。

課税資産と非課税資産とを一括譲渡したため，個々の資産の価額が明らかでないときは，その資産の譲渡対価の総額を譲渡時の時価の比で按分して，合理的に区分した金額を個々の譲渡対価の額とします（消令45③）。

(2) 印紙税

事業譲渡に関する契約書は印紙税法上，第1号文書に該当します。その課税標準は契約書に記載された営業譲渡の対価として支払われるべき金額とし，税率はその金額に応じて印紙税法別表一に掲げる金額となります。

第5節　譲受会社の会計と税務

5.1　譲受資産の取得価額

(1) 適正な時価で譲り受けした場合

　一般の事業譲受けにより取得した資産の取得価額は，譲受対価の額に附随費用を加算した金額で計算されます（法令32①一，54①一，119①一）。

(2) 適正な時価によらないで譲り受けした場合

　譲受会社が譲り受けた資産について，企業会計上は(1)に準じて取得価額を計算しますが，譲受対価の額が事業譲渡の時におけるその資産の適正な時価よりも高い場合又は低い場合において，適正な時価と対価との差額に合理的な理由がないときは，税務上は以下のような問題が生じます。

① 高額譲受けの場合

　適正な時価との差額は原則として贈与となり，寄附金課税の対象となります。

　税務上の取得価額は会計上の帳簿価額から寄附金の額を控除した金額となります。

例④	受入資産　時価　100　　受入価額　120					
	(a) 会計上	(借)資　　産	120	(貸)現　預　金	120	
	(b) 税務上	(借)資　　産	100	(貸)現　預　金	120	
		寄　附　金	20			

② 低額譲受けの場合

　適正な時価との差額は，贈与されたものと見なされ，受贈益が発生します。

　税務上の取得価額は，会計上の帳簿価額に受贈益の額を加算した金額となります。

例⑤	受入資産　時価　140　　受入価額　120					
	(a) 会計上	(借)資　　産	120	(貸)現　預　金	120	
	(b) 税務上	(借)資　　産	140	(貸)現　預　金	120	
				受　贈　益	20	

　なお資産の評価方法，償却方法等については譲受会社の選択していた方法によります。

　ただし，新たな種類等の資産を取得した場合には，必要に応じそれらの方法の選択届出書をそれぞれの届出書の提出期限までに所轄の税務署長に提出します。

5.2 減価償却資産の取扱い

(1) 耐用年数

譲受会社が取得した中古資産の耐用年数については，新品を取得した時のように法定耐用年数を適用するか，使用可能期間を見積もる見積耐用年数（その見積もりが困難な場合で一定の時には，簡便法で計算できます）を適用するかはその会社の選択によります。ただし，いったん適用した耐用年数は，その後任意で変更することはできません（耐通1－5－1）。

● **簡便法の耐用年数**（耐令3①二，耐通1－5－3,6）

(a) 資産に施した資本的支出（以下改良費という）がその取得価額の1／2以下の時

　（法定耐用年数－経過年数）＋経過年数×20％

　　（1年未満切捨て。経過年数が法定耐用年数を超える場合は経過年数＝耐用年数とし，算定した年数が2年未満の時は，2年とする）

(b) 改良費が取得価額の1／2超で，再取得価額の50％以下の時

$$(取得価額＋改良費) \div \left(\frac{取得価額}{上記(a)の耐用年数} + \frac{改良費}{法定耐用年数} \right)$$

(c) 改良費が取得価額の1／2超で再取得価額の50％超の時

　法定耐用年数

---

(2) 営業権の償却

譲受会社が営業権を取得した場合，会計上はいったん資産計上し，5年以内に毎期均等額以上を償却します。また税務上は，定額法による5年間の均等償却額（月数按分はありません）が償却限度額となります（法令48①四，59①，耐令別表第三）。

(3) 建物の償却方法

譲渡会社側で定率法を採用していたとしても，譲受会社においては新規取得になりますから，税務上は定額法が適用されます（法令48の2①一）。

(4) 特別償却・割増償却

譲渡会社で特別償却又は割増償却の対象としていた減価償却資産を受け入れた場合でも，新品の取得とはならないので，譲受会社は特別償却や割増償却は適用できません。

(5) 特別償却準備金

譲渡会社で減価償却資産について特別準備金を積み立てていたとしても，譲受会社が準備金を引き継ぐことはできません。

5.3 消費税

事業譲渡は，資産・負債の譲渡ですから，譲受資産の中に消費税法上課税対象となる資産があれば課税仕入れとなります。課税仕入れの金額は，譲受会社が実際に支払った金額となりますので，低額譲受けまたは高額譲受けの場合でも譲受対価で計算されます。また，資産の価額と負債の価額を相殺して支払っても，相殺前の価額が課税仕入れの金額になります。

例⑥	課税仕入れの金額の算定
	支払金額　　10億円　　内訳：　建物・備品等　　2億円（時価1億円）
	土　地　　　　　　7億円
	営業権　　　　　　5億円
	借入金　　　　　　4億円
	課税仕入れの金額　　2億円（建物・備品）＋5億円（営業権）＝7億円

5.4 登録免許税・不動産取得税

譲受会社が事業譲渡によって不動産を取得した場合には，売買による取得として登録免許税及び不動産取得税がかかります。

(1) 登録免許税（登免法9，10①，附則7，別表一）

　　固定資産税評価額×20／1,000

　　＊　土地については
　　　　平成23年3月31日まで10／1000
　　　　平成23年4月1日から24年3月31日まで13／1000
　　　　平成24年4月1日から25年3月31日まで15／1000（措法72①）

(2) 不動産取得税（地法73の13①，73の15，73の21①）

　　固定資産税評価額＊1×4／100＊2

　　＊1　宅地評価土地の場合，平成24年3月31日までは固定資産税評価額×1／2（地法附則11の5①）

　　＊2　住宅・土地については平成18年4月1日から平成24年3月31日までは3／100（地法附則11の2①）

第2編

M＆A

第1章●経営戦略とM＆A
第2章●M＆Aの類型とM＆Aの成功
　　　のポイント

第1章

経営戦略とM&A

第1節　経営戦略と「選択と集中」

　昨今，新聞紙上を大規模なM&Aがにぎわせており，毎日といっていいほど，M&Aの記事が目に付きます。では，なぜ，経営者はM&Aをするのでしょうか。

　かつて，バブル時代を中心に，企業は多角化を進めてきました。しかし，バブル崩壊後逆に，その多角化がアダとなり企業の収益力の低下に結びついているケースも少なくないと思います。

　大企業に限らず，会社の経営者は，会社が1年後，3年後，5年後，どのような姿になっているか，または，あるべき姿はどのような姿かということを常に考えています。では，その姿は，どのようなものでしょうか。今と同じことを続けているのでしょうか，はたまた，畑違いのことをやっているのでしょうか。経営者はこの会社の中・長期的な成長を考え，どの事業にどれだけ経営資源を投入すべきかということを念頭におき，経営戦略を持たなければならないのです。

　そして，この経営戦略を策定するにあたり，経営者は，限られた経営資源を「選択と集中」という考え方に従って配分するということが必要となってきます。この「選択と集中」は，不採算部門や今後成長が見込めない事業に限られた経営資源を投下するのは得策ではないので，もっと得意事業や成長性の高い事業へ経営資源を投下すべきである，という考え方です。

図2－1　選択と集中

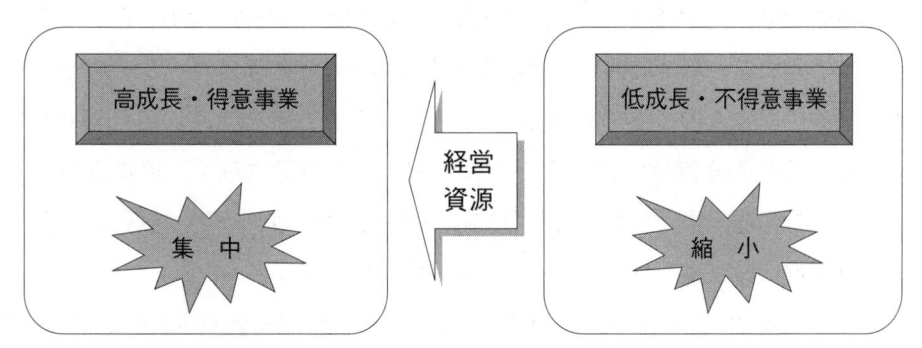

高成長・得意事業	← 経営資源	低成長・不得意事業
集中		縮小

この「選択と集中」という考え方に従い，経営戦略を設定する必要があります。一方で，現状の会社の経営状況・経営資源の配分状況をとらえなければなりません。そして，

① 現状を問題点を含め十分把握し，
② 経営目標を設定し，
③ その経営目標の達成プロセスを設定する，

という手順が一般的です（図2－2参照）。このように経営戦略を立てなければなりません。

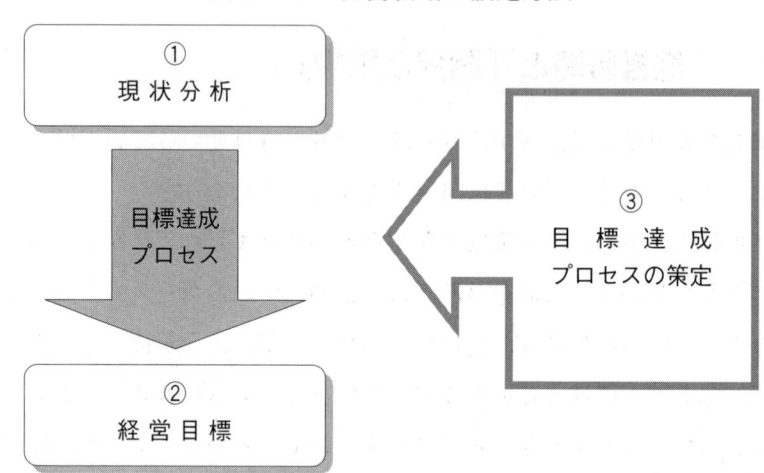

図2－2　経営戦略の設定方法

```
    ①
  現状分析
      │
      ▼              ③
  目標達成  ←──  目標達成
  プロセス        プロセスの策定
      │
      ▼
    ②
  経営目標
```

この経営目標を達成するための1つのツールとして，M＆Aというものは位置づけられるのです。したがって，M＆Aを行うことが目標ではなく，あくまでも，会社の経営戦略があってはじめて，M＆Aというツールが生きてくるのです。

＊Column＊

M＆Aとは

M＆Aとは，文字通り「Merger & Acquisition」（合併と買収）ということです。これを，純粋に合併・買収のみ指す場合もありますが，広義のM＆Aと狭義のM＆Aの2種類に一般的に分類することができます。広義のM＆Aとは，会社の経営権の移動のみを伴うM＆Aだけではなく，資本提携といった会社の経営権の移転を伴わない提携等も含みます。一方，狭義のM＆Aとは純粋に経営権の移転のみを伴うものを指します。

第 2 節 現状分析とそのポイント

経営戦略を策定するにあたっても，重要なのは，今の自分の会社をよく知ることです。つまり，自社の内部的・外部的な現状分析を行い，以下のようなことを把握しなければなりません。この分析には，ライバル会社の財務数値をはじめとして，業界動向等についても十分把握しなければなりません。

そして，この現状分析により，自社の得意事業・不得意事業，今後の成長性の判断などについて把握することとなります。

● 現状分析のポイント

- 自社にはどのような経営資源があるのか
- どのビジネス・どの場所にどれだけ経営資源を投下しているのか
- 経営資源の投下の成果（利益・キャッシュフロー等）はどのように現れるのか
- いまの自社の業界の位置づけはどうなっているのか
- これからこの事業はどのようになっていくのか
- そ の 他

第 3 節 経営目標の設定とそのポイント

いま会社の現状分析が終わり，どの事業に，どの地域にどれだけの資本を投下しているかがわかりました。また，そこから，どれだけの"あがり"（利益・キャッシュフロー）があるのかもわかりました。

次は，中長期的な経営目標を計画することです。そして，それは，会社の行っているビジネスのロケーション，所有している経営資源などすべてを加味し，会社の中長期的に進むべき方向を決定しなければなりません。では，どのように進むべき方向を決めるべきでしょうか。

この1つの方策として1960年代にボストン・コンサルティング・グループが開発した「ＰＰＭ＝Product Portfolio Management」という経営計画策定方式があります。これは，タテ軸には事業成長率，ヨコ軸は相対的競争ポジションで示されます。この4つの組合せで，自社の事業のポジションを確認し，今後のとるべき方向性を決定します（図2－3参照）。

図2-3　ボストン・コンサルティング・グループのPPM

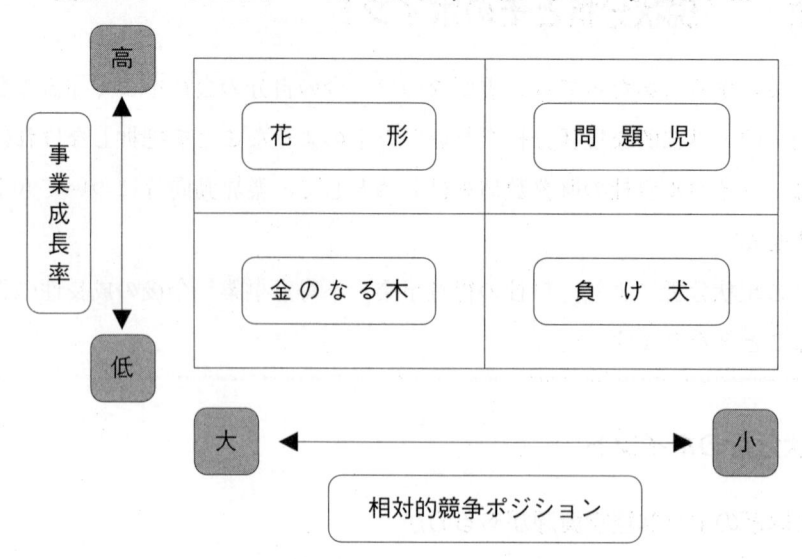

（縦軸：事業成長率　高～低、横軸：相対的競争ポジション　大～小）

	大	小
高	花形	問題児
低	金のなる木	負け犬

花　　形：市場の成長によりキャッシュの流入は大きいものの，それ以上に競争が激しいため投資資金需要も大きい。

金のなる木：投資資金需要は減り，企業グループの資金源となる。

問 題 児：事業の成長率は高いが，相対的な競争ポジションは高くなく，相対的な競争ポジションをあげるには，相当の資金需要がいる。

負 け 犬：キャッシュの流入量も少なく，景気変動の影響を受けやすく，長期的なビジネスの期待がほとんどかけられない。

このようなことをふまえ，今後，会社として次の事項を決定し，会社の経営目標を設定することになるのです。

● 経営目標の設定とM＆Aのポイント

・既存の業界に水平展開するのか
・垂直統合するのか
・異業種に参入するのか
・どの地域に経営資源を投入すべきか
・その他

第4節　目標達成のプロセスの策定ポイント

　現状分析と，今後，進むべき経営目標（あるべき姿）がはっきりしました。最後に，現状からその経営目標を達成するための方法を考えなければなりません。

　そして，現状の経営資源の事業ポートフォリオを大きく再構築していくために，M＆Aはあるのです。「M＆A」はこの現状の経営資源を再構築するための「ツール」であり，M＆Aをすること自体が経営目標ではないことに注意しなければなりません。よくM＆Aを行えば，すべての事業がうまくいくと考えている経営者の方もなかにはいるようです。しかし，M＆Aは「両刃の剣」であることを肝に銘じなければなりません。つまり，成功したときは非常に有効ですが，うまくいかなかったときは，会社自体の存亡にかかわる場合もありますので，特に注意しなければなりません。

　なお，目標達成のプロセスの策定においては，目標の達成のみならず，会計・税務上の影響や人事への影響，地元経済への影響等を考慮する必要があります。

第2章

M＆Aの類型とM＆Aの成功のポイント

第1節　M＆Aの類型

経営目標を達成するためにどのようにM＆Aを展開していったらよいか，その展開方法について，まとめると表2－1のとおりです。

表2－1　M＆Aの展開方法と内容

タイプ	展開方法	具体的内容
拡大タイプ	水平型	同業種の企業間でのM＆A
	垂直型	各事業活動で，異なる段階で事業を行う企業間でのM＆A
	多角化型	新規事業へ進出する目的をもったM＆A
リストラタイプ	再建型	事業継続が困難となった企業が，事業の継続・企業の再建を目的として，第三者に経営権を売却するためのM＆A
	債務圧縮型	過大債務の圧縮を目的として，第三者からの資本提供を受ける目的をもって実施するM＆A
	ノン・コアビジネス売却型	本業への回帰を目的として，コア事業以外の事業を第三者へ売却する目的をもって実施するM＆A
その他	経営資源追求型	自社内に経営資源（人的資源を含む）が不足していると判明した場合のM＆A
	純投資型	プライベート・エクイティー投資
	事業承継型	次期後継者不在のため，従業員の雇用の継続を含めたM＆A

1.1　拡大タイプ

(1)　水平型：同業種の企業間でのM＆A

市場シェアを拡大したいときに有効な展開方法です。みずほフィナンシャル・グループ，ＵＦＪホールディングス等に見られるような同業者間の統合により，スケールメリットの享受やノウハウの蓄積などを目的として展開する事例があります。

(2)　垂直型：各事業活動で，異なる段階で事業を行う企業間でのM＆A

川上から川下までの統合，たとえば，川上企業との統合により製造コストを削減したり，川

下企業との統合によりエンドユーザーの距離を縮めることで，消費者の需要を的確につかむなどに有効な展開方法です。これは，主に製造コストの削減を含めた経営の効率化を目的として行う統合です。

(3) 多角化型：新規事業へ進出する目的をもったM＆A

これは，事業ポートフォリオを変更するために，これまでの事業とは関係のない事業に進出することをいいます。その結果，既存事業の需要が落ち込んでも，新規事業の需要は落ち込まないという場合もあり，リスクを分散するという観点からは優れています。また，新規事業に進出する際によく用いられる手法です。すなわち，新規事業を行う際にまったくノウハウがないケースがあるため，すでに進出対象事業を行っている企業を買収することで，ノウハウを得やすいことが挙げられます。

1.2 リストラタイプ

(1) 再建型：事業の再建を目的として行うM＆A

事業継続が困難となった企業が，事業の継続・企業の再建を目的として，第三者に経営権を売却するためのM＆Aをいいます。これは，事業継続が困難な企業が自らの事業の存亡をかけて事業だけを企業から切り出し，第三者へ経営権を売却するM＆Aをいいます。この場合，抜け殻企業は清算してしまう場合もあります。

たとえば，旧長銀，日本長期信用銀行から新生銀行へ脱皮した事例は，このようなタイプであったといえます。

(2) 債務圧縮型：過大債務の圧縮を目的とし，第三者の資本提供を受けるためのM＆A

バブル期に借入金で調達をし，その資金で過大投資をした結果，過大となった借入金を圧縮する目的をもって行うM＆Aをいいます。これは，過大債務の金利支払が重く，企業が第三者の資本をいれることで，この過大借入金を弁済することを主目的として行うものです。たとえば，日産自動車のルノーの資本参加を受けたのはこの事例であるといえます。

(3) ノン・コアビジネス売却型：コア事業以外の事業を売却するM＆A

たとえば，バブル期に多角化し，過大投資を行ったような場合，本業は好調だが，多角化した事業が赤字であるということはよく聞きます。このケースでは，企業のコアとなる"本業"にすべての経営資源を注力していくために，その他の事業を他社へ売却していくといったタイプのM＆Aです。

たとえば，バブル時代に本業で得た資金をホテルやリゾート開発事業に投資していたような事例があります。この場合，このホテル事業やリゾート開発事業を他社へ売却し，その得た資金を本業に再投資するようなケースがあてはまります。

1.3 その他

(1) 経営資源追求型：自社内に経営資源（人的資源を含む）が不足している場合のM＆A

これは，自社内に経営資源が不足しているとわかった場合で，この経営資源を獲得するために行うM＆Aです。具体的には，資金余剰の会社はM＆Aのターゲットとなりやすい，と言われています。これは，資金という経営資源を豊富に持っているためです。またこのような企業の特徴は，いわゆる成熟企業が多く，公開企業である場合，今後のその事業の成長が見込めないためＰＢＲ（Price Book‐Value Ratio，株価純資産倍率）が１を割ってしまっています。

また，特許権や無形のノウハウといったものをもっている場合もM＆Aが行われる場合があります。

(2) 純投資型：プライベート・エクイティー投資

いわゆる純投資型とM＆Aは，ファンド型のM＆Aとも言われています。これは，未公開企業をファンドで買収し，それをＩＰＯであったり，また，第三者へ転売することでキャピタル・ゲインを得ることを主目的として行われるものです。事例としては，リップルウッドやローンスターなどが，これに該当します。また，日本でも今後，このような純投資型のファンドが組成されるものと思われます。

(3) 事業承継型：次期後継者不在のため，従業員の雇用の継続を含めたM＆A

これは，中小企業では特に大きな問題です。これまで，事業承継対策といわれ，主としてオーナーが所有している未公開株式の評価の引下げのためのM＆Aが行われてきたと思います。

しかし，実は現在，この評価の引下げ以前にオーナーの後継者不足に悩んでいる企業も多いのです。このような場合，オーナーとともに会社がなくなってしまうとそこで働いている従業員の失業を含め，社会的な損失は大きいでしょう。そこで，後継者がどうしても見つからない場合，M＆Aにより他社へ事業を引き継ぐことも考えられます。

筆者が担当した事例として次のようなものがあります。地方都市でオーナーが特殊技術のいる印刷業を約40年間営んでいましたが，子供は娘ばかりであり，誰一人として父親の家業を継ぐものはいません。会社の規模は，従業員はすでに20人を超えており，オーナーの年齢も70歳の声を聞いてしまいました。オーナーはどのような意思決定をしたのでしょうか。

その従業員の誰かに引き継がせるとうまくいかない可能性もある。また，特殊な技術がいるため，誰でもいいというわけにはいきません。その結果，親密な取引先である東証一部上場会社の子会社にオーナー一族の持つ株式を全株売却して，経営権を譲ったというケースがあります。

このようにオーナーの後継者が不在のために経営権を譲るといったM＆Aも，今後，多くなるものと思われます。

第2編 M＆A

第2節　拡大タイプのM＆Aの成功のポイント

2.1　企業の現状分析と進むべき方向の決定方法

　M＆Aの効果については，多種多様存在します。では，具体的にどのようなM＆Aを行っていったらよいのでしょうか。

　前述のとおり，現状分析により会社の問題点を含めた現状を把握できますが，今後，経営者がどのような方向に進むべきかをまず，経営者自らが意思決定しなければなりません。その結果，会社の方向性が決まることになるからです。

　しかし，企業が戦略を決定するにあたって考慮すべき事項は多々存在します。そこで，拡大思考の経営者がどの方向に「M＆A」を利用して進むべきかを決定するための企業外部の要素を整理すると図2－4のような形となります。

図2－4　企業を取り巻く外部ファクター

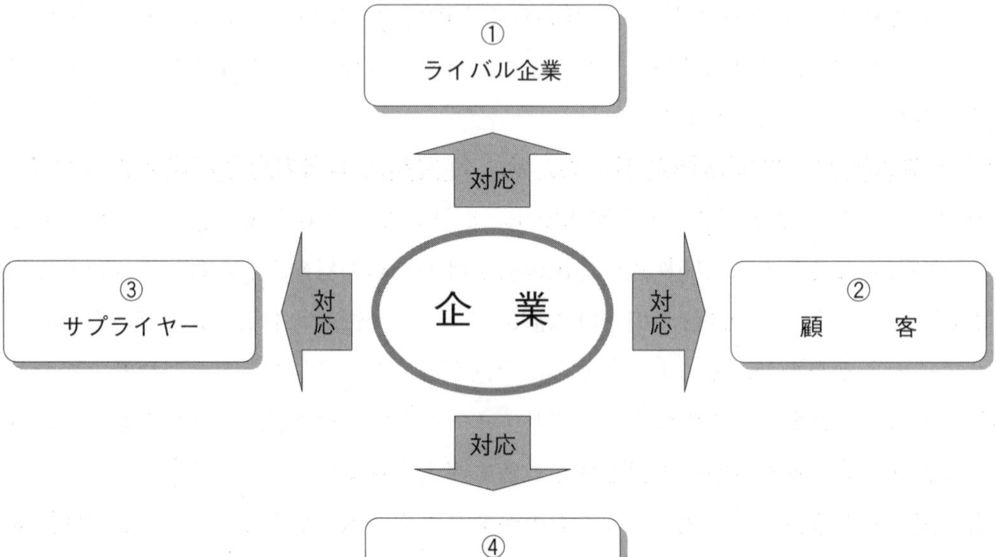

```
              ①
          ライバル企業
              ↑
              対応
    ③                    ②
サプライヤー ← 対応 企 業 対応 → 顧　客
              ↓
              対応
              ④
          参 入 障 壁
```

このような，外部的なファクターを整理し，自社のとるべき戦略を決定していく必要があります。

図2－5　外部ファクターの問題点と解決策

---

① **ライバル企業**

問題点
- ライバル業者は存在するか
- 存在している場合，その製品は差別化されているか，価格競争力はあるか
- ライバル企業の業績はどうか

M＆Aによる解決策
- ノウハウ・技術力の獲得のための買収
- 新セグメントへの先行進出のための買収

---

② **顧客**

問題点
- 顧客への最終製品の付加価値は高いか
- 顧客基盤は，散漫しているか，集中しているか

M＆Aによる解決策
- 川下統合

---

③ **サプライヤー**

問題点
- 部品等供給業者は，散漫しているか，集中しているか
- 最終製品の付加価値に対してコスト競争力はあるか

M＆Aによる解決策
- 川上統合（垂直統合）
- 大手企業であれば，系列企業の合併によるスケールメリットを享受

---

④ **参入障壁**

問題点
- 新規参入で参入障壁はあるか
- 参入障壁が有る場合，どのくらいか（克服可能か）
- 参入障壁に守られている場合，維持できるか

M＆Aによる解決策
- 参入障壁を維持（克服）するための水平的買収

2.2 拡大的M&Aを成功させるには

次にM&Aを行うことを意思決定したのはいいのですが，実際に買収し終えた後，その大部分が，「高い買い物であった」というような感想が聞かれます。

では，どうやったら「安い買い物であった」といえるような，M&Aにできるのでしょうか。ここでは，典型的な失敗事例に基づいて，M&Aの成功ポイントを考えてみたいと思います。

(1) 典型的な買収の失敗事例

M&Aの最大の失敗の理由は，買収に際してのいわゆる「買収プレミアム」が過大であるということに尽きます。この「プレミアム」を高くつけすぎてしまうという理由は，おおむね以下のような理由によるものと思われます。

① 市場の今後の見込みに対する見方の甘さ

昨今，ＤＣＦ法による企業評価が特にM&A時の価格決定に用いられるようになってきました。そして，そのＤＣＦ法の計算の中で，将来の市場の拡大見込み，買収対象会社の業績の見込みなどの今後の見込みを織り込んで，価格計算します。この将来の見込みが実績値よりも下ぶれしてしまうケースが，現在の日本の景気を反映し多くなっています。

したがって，このような場合，当初見込んでいた価格は高すぎる，ということとなってしまいます。

② 合併等のシナジー効果の過大評価

たとえば，合併を行うことによって，コスト削減効果が合併法人においても１億円見込めるために合併した，といった場合に，実際には，会社の内部の体質から2,000万円しかコストが削減できなかったという場合もあります。この結果，買収により本来１億円のコスト削減が，合併法人において見込まれていて意思決定したのですが，2,000万円しかできなかったということで，高い買い物であったと思うケースもあります。

③ 競争によるオーバービッティング

これは，競争原理が働いているということですが，合理的な価格が10億円であったところ同業のライバル企業との"せり"により，20億円となってしまう場合もあります。この場合，当然に，当初見込んでいた効果が得られたとしても，高い買い物であったということになります。

④ M&A後の統合のまずさ

これは，他社を買収するということは，経営者にとっては，２つの企業を同時に運営する，かつ，２つの企業を対外的にも対内的にも融和させるという二重の苦労を背負うことになります。この大変な状況を乗り切る必要がありますが，多くの場合，途中でうまく融合できないまま挫折してしまうケースが多く，買収がうまくいかず，高い買い物であったと感じてしまう場合があります。

図2－6　M＆Aの失敗例

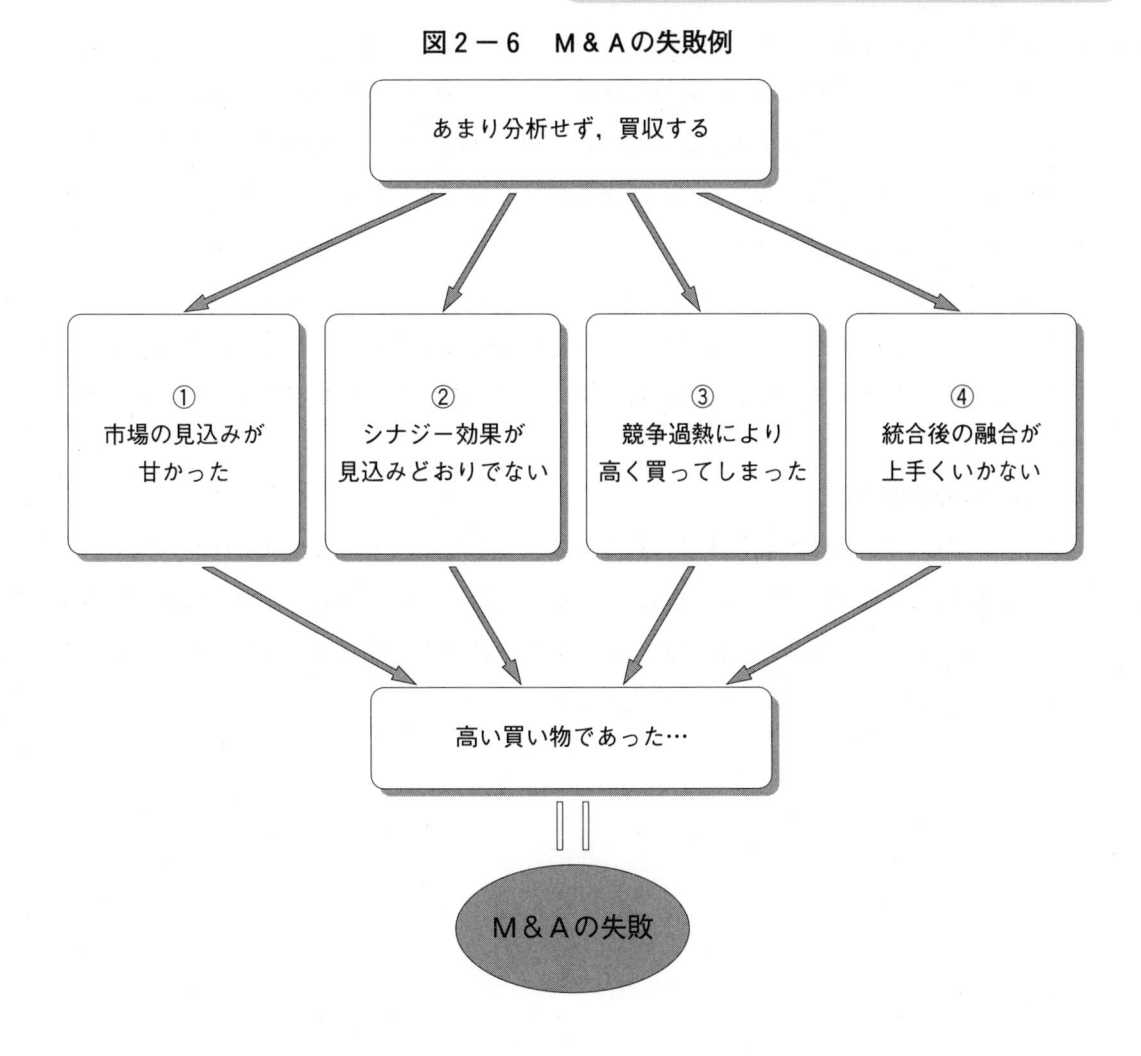

```
         あまり分析せず，買収する
    ┌─────────┬─────────┬─────────┐
    ↓         ↓         ↓         ↓
   ①         ②         ③         ④
市場の見込みが  シナジー効果が  競争過熱により  統合後の融合が
 甘かった    見込みどおりでない 高く買ってしまった 上手くいかない
    └─────────┴─────────┴─────────┘
                    ↓
            高い買い物であった…
                   ‖
              M＆Aの失敗
```

(2) M＆Aを成功させるためのポイント

前項のような典型的な失敗例を踏まえ，真に成功するM＆Aを行うためには，図2－7のような流れで，買収を行うのが一般的です。なお，どの局面においても法律・会計・税務の検討は必要となりますので，失敗のリスクを最小限に食い止められるよう専門家を上手に活用することが望ましいといえます。

① 候補先の選定

どのような企業を買収するか，これには，まず，自社の現状分析を行うことから始まります。そして，その自社の強みを生かし，弱みを補うようなM＆Aを実行すべきであり，むやみやたらに，買収することは自社自体をリスクにさらすことになります。また，投資銀行がさまざまな案件をもってきますが，その会社はあちこちたらい回しにされている可能性もあり，注意が必要です。したがって，自社の規模や風土等に合致した企業であればうまく統合が進むものと思われます。

② 買収候補先の分析

ある程度候補先が絞れた場合，詳細に買収プレミアムの価格を検討しなければなりません。どのような計算方法によって価格を出しているか，買収プレミアムの回収をどのような方法で回収できるのか，どれくらい回収期間がかかるのかなどを考慮して，最終的な候補先をいくらで買収するかを決定します。

③ 交　　渉

先方がリストラ中であるような場合，売り急いでいるケースがあります。このような場合，予算内で収めるとともに，できるだけ買収プレミアムを少なくして買収することも必要となります。

④ 統合後の管理

①～③において，買収の実行までは終わりです。しかし，大切なのはこれからです。すなわち，投資した（または投資してしまった）買収プレミアムをどのようにして回収するのか，どのようにして2つの組織体を融合していくのか，経営者の悩みは尽きません。ここを上手く乗り切ることで，その買収の成否が決まるのです。

図2－7　成功のためのM＆Aプロセス

① 候補先の選定
- 自社を評価する
- 選別基準（規模・立地等）を決定する
- 投資銀行との対応スタンスを決める

↓

② 買収候補先の分析
- シナジー効果を識別する
- 買収プレミアムが妥当であるか，検討する
- 買収プレミアムの回収方法・期間を検討する

↓

③ 交　　　渉
- 支払許容額を決定し，それを堅持する
- 相手側の事情を理解する（売り急ぎでないか等）
- 交渉戦略を決定する
- 守秘義務に注意する

↓

④ 買収後の統合管理
- 慎重かつ迅速に統合する
- 統合プロセスを慎重に管理する

第3節 リストラタイプのM&Aの成功のポイント

3.1 企業の現状分析方法

　リストラタイプのM&Aというのは，とかく「後向き」ととらえられることが多いのですが，これほど前向きなものはありません。企業の「ぜい肉」を切り落とし，身軽になるというものなのです。したがって，今後，成長の見込みのない事業等のノン・コアビジネスについては，撤退や売却するといった，事業をグループから「分離」するタイプのM&Aが主たるものになるものと思われます。

　このようななかで，基本的には，拡大タイプのM&Aの場合と同様の現状分析を行う必要があります。ただし，会社の状況が著しく芳しくない状況では，私的整理・法的整理を視野に入れた分析を行っていく必要があることに留意しなければなりません。

3.2 M&Aを成功させるためのポイント

(1) 価値のあるうちに事業を手放す

　企業はさまざまな事業を営んでいる場合があります。しかし，現在は，収支・損益ともにトントンであっても，今後，競争力がないため，苦しくなる事業が出てくることになります。このような場合，このまま自社で営んでいる事業が衰退していくのを眺めているだけではいけません。逆に，黒字のうちに，自社から分離し，少しでも多くの投下資本を回収するという発想も必要となるものと思われます。

(2) 将来のコア事業に再投資する

　(1)で回収した資金を，どのようにすべきでしょうか。バブル期には，時価発行増資をして資金使途がないため，銀行の定期預金にしていたという上場会社もありました。しかし，このような不景気の世の中で，会社が生き残るには限られた経営資源を効率よく投資し，運用するこ

Column

自力再建が困難になったときは，早めに専門家に相談する

　リストラを行っている過程において，経営困難になることが予測されることがたびたびあります。このような場合，私的整理・法的整理の手続きを行ったほうがよい場合もありますので，自力再建が困難かどうかも含めて，専門家に調査を依頼することをお勧めします。

とが必要なのです。そして，この回収資金は会社の中・長期的な安定成長をもたらすような投資に回すべきであり，具体的には将来の自社のコア事業となる自らの得意分野・収益拡大が見込める分野に再投資していくことが必要でしょう。

第3編

企業評価

第1章●未公開企業の企業評価と株価
第2章●税法上の株価と企業評価

第1章

未公開企業の企業評価と株価

第1節　企業評価概論

1.1　企業評価の必要性

　いま自社の株価をすぐにわかる方はいらっしゃるでしょうか。公開会社であれば，市場においてほぼ毎日価格〔＝時価〕がついているので非常にわかりやすいと思います。また，一方で，日本の大部分を占める非公開会社の株価はどうでしょうか。これは毎日，測定するということは非常に困難，かつ，複雑であり実務上不可能でしょう。

　では，企業評価はどのようなときに必要となるのでしょうか。まずは，企業買収（M＆A）といったときに株価を算定しなければなりません。次に，企業評価は，企業経営においても必要となります。具体的には，株主価値重視の経営を行う必要があるため，どのような経営意思決定を行い，実行すれば将来，株価が上がるのかといった将来の株価を測定する必要が出てくるのです。公開会社の経営陣はいかにして自社の株価を上げる経営を行っていくかが，その課せられた責務となります。最後に，個人が所有している株式を次の世代へ相続させるときに，相続税を算出するために株価を算出しなければなりません。これらをまとめると一般的には，以下のように大きく3つに分かれるものと思われます。

①　M＆A等各種資本政策のため（DCF法等）
②　企業経営上の経営の価値尺度として（EVA，MVA等）
③　相続時における財産評価のため（財産評価基本通達に従った株価）

　なお，本書では，①M＆Aの実行のための株価に焦点を当て解説します。

1.2　M＆A時の非公開会社の評価方式

　ここで問題となるのが，特に非公開会社の株価の評価方法です。公開会社であれば，その時価は基本的には，株式相場においてほぼ毎日価格が示されているので，これを中心とした評価となるのが一般的です。

　しかし，非公開会社の場合はどうでしょうか。公開会社のように，毎日株価がついているわ

けではありません。このM&Aのためといっても、さまざまな計算方法が存在します。では、どのような計算方法で行えばよいのでしょうか。単純に企業の貸借対照表の純資産額で評価してもいいのでしょうか。答えは「No」です。それは、企業というものはノウハウ、人材等のさまざまな経営資源が有機的に結合した結果のものだからです。そのため、単純に会計実務により形成された貸借対照表のみで評価するということは一般的には適切ではありません。本章では、このような非公開会社の評価を中心としてその手法から選択までを解説していきます。

1.3 株式の価格形成要因

　公開会社は、不特定多数の投資家が参加する株式市場があり、ほぼ毎日取引される株式の価格が公表されています。通常、株式市場を通じて売買される株式の価格は、売手株主や買手株主の状況は考慮されていません。市場で形成される価格は、企業をとり巻く経済環境や企業の収益力等の価格形成要因を反映した客観的な価格となります。

　一方、非公開会社はどうでしょうか。非公開会社には、株式が売買される市場はありません。売手株主と買手株主とが、相対で取引を成立させているのが現状です。非公開会社の場合、株主の数は公開会社に比較して少なく、大部分の株式は特定の株主に集中しているのが通常です。このような非公開会社の株式売買にあたって、株主の状況を無視することはできず、また、売買価格にも影響していると考えられます。市場で形成される価格が客観的な価格であるのに対して、非公開会社の株式のように相対取引で売買される株式の価格には、株主の状況が反映された主体的な価格ということができます。

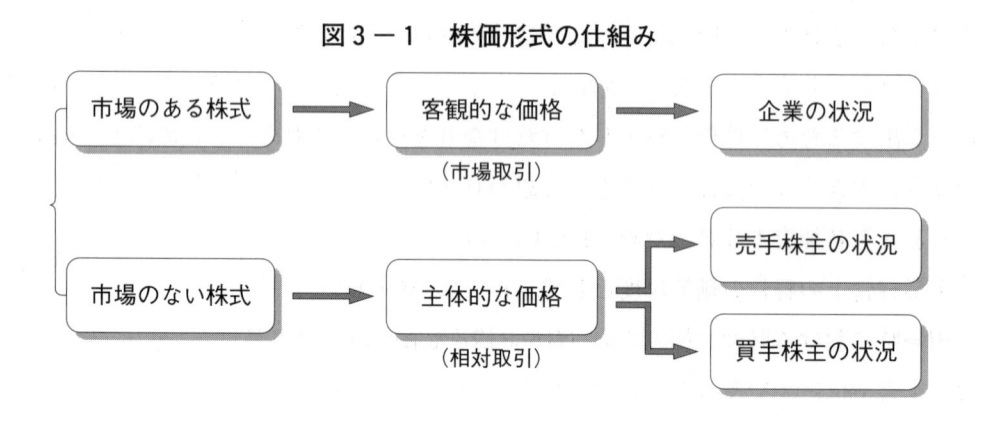

図3－1　株価形式の仕組み

```
市場のある株式 → 客観的な価格 → 企業の状況
                  （市場取引）

市場のない株式 → 主体的な価格 →┬→ 売手株主の状況
                  （相対取引）   └→ 買手株主の状況
```

　公開会社の株式の価格は、不特定多数の市場参加者により価格が形成されますが、非公開会社の株式の価格は、どのような要因により形成されていくのでしょうか。公開会社と同様に、企業をとりまく経済環境や企業の収益力等が価格形成要因になることはいうまでもありません。その他に、株主の状況が株式の価格形成に大きく影響しているようです。非公開会社の場合、株主の数が公開会社に比べ少ないことから、株主の企業に対する影響度も比較的大きく、また、

株式売買等により主要株主の構成に変動が生じやすいという違いがあります。

売手の株主が，数パーセントの株式しか所有しない少数株主であるのに対して，買手の株主は，その株式の取得により企業支配権を取得する場合を考えてみましょう。ここでの，売手株主と買手株主にとっての株式の価値は同じでしょうか。売手株主にとっては，株式の売却は投下資本の回収といった側面しか持ちませんが，買手株主にとっては，その数パーセントの株式の取得により企業支配権を入手できるのですから，同じ株式売買であっても売手株主にとっての株式の価値よりも買手株主にとっての株式の価値の方が大きいと考えられます。このように，株主の状況により同じ株式の価値が違うのがおわかりになると思います。

規格化されたモノには，一物一価の法則があてはまりますが，非公開会社の株式については，株主の状況により一物多価の状況が存在します。非公開会社の株式の評価にあたっては，株主の状況ばかりでなく非公開会社の特有の価格形成要素を加味したうえで，株式の評価を合理的に行うことになります。

非公開会社の評価にあたっては，評価企業の規模や収益の状況といった要素を考慮したうえで，企業の評価方法を選定し，さまざまな価格形成要素を加味し合理的な価格を評価していきます。実務においては，公認会計士・税理士や金融機関等の専門家が合理的な判断に基づき，非公開会社の評価を行うことになります。

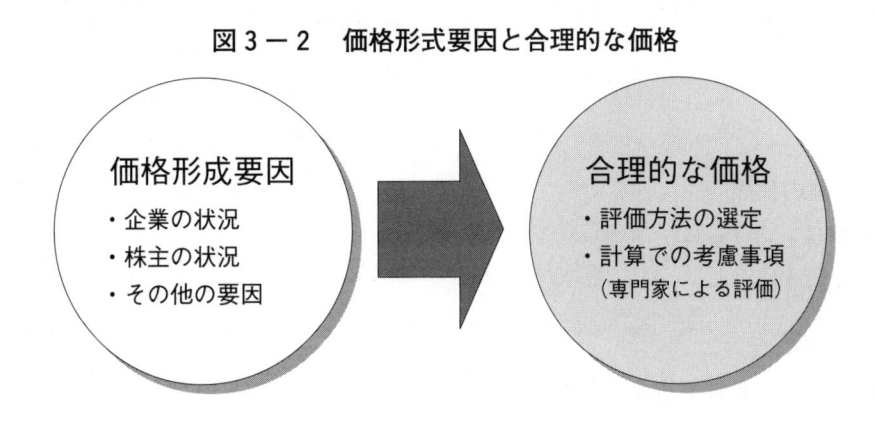

図3－2　価格形式要因と合理的な価格

価格形成要因
・企業の状況
・株主の状況
・その他の要因

→

合理的な価格
・評価方法の選定
・計算での考慮事項
（専門家による評価）

第3編 企業評価

第2節　収益方式

企業のフローとしての収益または利益に着目し，企業の価値および株価等を評価する方式です。この収益方式により算定された株価等は，企業の動的価値を表すことから継続企業を評価する場合，理論的に優れた方法といえます。しかし，その評価額は将来収益に全面的に依存していることから，計算の根拠不確実性や恣意性の介入といった問題点があります。

収益方式のなかでもＤＣＦ法（Discounted Cash Flow法）を企業評価において採用するケースが増えてきています。

> ● ＤＣＦ法
>
> ＤＣＦ法は，企業の将来のキャッシュ・フローを資本コスト（割引率）で現在価値に割引き企業の現在価値を求める方法です。この方法は，将来のキャッシュフローの割引現在価値の合計と企業価値が等しいという考え方に基づいています。

$$1株当たりの評価額 = \frac{将来のキャッシュ・フローの割引現在価値の合計 － 有利子負債 ＋ 非営業資産}{発行済株式総数}$$

ＤＣＦ法は，

(1) 事業計画の作成

(2) キャッシュ・フローの予測

(3) 割引率の計算

(4) 終価の計算

(5) 有利子負債・非営業資産の加減算

の手続きからなります。

(1) 事業計画の作成

キャッシュ・フロー予測に先立ち，評価企業の事業計画の作成が必要となります。企業評価を行う場合，通常3年から5年の事業計画が必要です。この事業計画は，最善の予測と合理的な判断に基づくものでなければなりません。事業計画は，次の点を考慮して作成されているかの検討が必要です。

① 売上計画と設備投資計画や人員計画の整合性があるか
② 設備投資計画と減価償却費の整合性はあるか
③ 事業の成長の制約要因を考慮しているか
④ 同業他社との競争関係を考慮しているか
⑤ 既存事業との競合関係等を考慮したものになっているか
⑥ 設備投資のタイミングは適切か　　等

(2) キャッシュ・フロー予測

作成された事業計画に基づき，各事業年度のキャッシュ・フローが計算されます。企業評価を行う場合のキャッシュ・フローは，株主及び債権者に帰属し分配されるキャッシュ・フローを表すフリー・キャッシュ・フローが採用されます。フリー・キャッシュ・フローは，以下のとおりに計算されます。

```
　　　　税引前利息支払前利益
　－　　上記に対する法人税等
　　　　税引後利息支払前利益
　＋　　減価償却費等
　－　　運転資本の増加額
　－　　設備投資額等
　　　　フリー・キャッシュ・フロー
```

税引前利息支払前利益　：会計上の営業利益を代用することが多い
上記に対する法人税等　：利息支払前の利益に対する法人税等
減 価 償 却 費 等　　　：現金支出を伴わない費用を加算
運 転 資 本 の 増 加 額　：＝（営業債権の増加＋棚卸資産の増加）－仕入債務の増加
設 備 投 資 額 等　　　：資本的支出に該当する設備投資額等を減算

フリー・キャッシュ・フローの計算は，事業計画上の利益を基礎にしますが，若干の調整が必要になります。まず，支払利息を影響させない税引前利息支払前利益を計算し，対応する法人税等を控除し，税引後利息支払前利益を算出します。実務上，税引前利息支払前利益として営業利益を代用することが多いようです。企業評価にあたり株主及び債権者に帰属するフリー・キャッシュ・フローを計算することから，利益から債権者に帰属する支払利息を控除しない税引前利息支払前利益を計算することにより，資金調達の源泉の違いによる影響を排除します。

したがって，資金調達の源泉が借入金である場合，支払利息は法人税等を減少させる効果があることから，利息支払の税効果を除いて法人税等を計算することになります。減価償却費等費用は，会計上の費用となりますが，現金支出を伴わないことからフリー・キャッシュ・フローの計算上加算します。運転資本の増加額は，事業拡大に伴い運転資金が増加することから

フリー・キャッシュ・フローの計算上加算します。

一方，設備投資額等は，会計上の費用になりませんが現金支出時を伴うことからフリー・キャッシュ・フロー計算上減算します。このようにして，各事業年度のフリー・キャッシュ・フローを計算していきます。

(3) 割引率の計算

割引率は加重平均資本コスト（Weighted Average Cost of Capital＝ＷＡＣＣ）を用います。

$$加重平均資本コスト＝負債コスト \times (1－実効税率) \times \frac{有利子負債}{自己資本＋有利子負債}$$
$$＋自己資本コスト \times \frac{自己資本}{自己資本＋有利子負債}$$

① 負債コスト

負債コストは，企業が負債による資金調達を行う際の借入利率によります。借入金に対する利払いは税金計算上損金となることから，負債コストは税効果を控除したものとなります。

② 自己資本コスト

自己資本コストの算定には一般的には，ＣＡＰＭ（Capital Assets Pricing Model：資本資産価格モデル）が用いられています。このＣＡＰＭの考え方によると以下のようになります。

$$自己資本コスト＝リスク・フリー・レート$$
$$＋\beta \times (株式に対する市場の期待収益率－リスク・フリー・レート)$$

リスク・フリー・レートは，債務不履行リスクのない債権のクーポン・レートを採用します。一般的には長期国債のレートが採用されます。株価収益率とリスク・フリー・レートの差は，マーケット・リスク・プレミアムと呼ばれ，リスクのない債券の収益率を超えて期待されている市場全体の収益率を表わします。β値は，システマティック・リスクと呼ばれ，市場の全体の超過収益に対する個別証券の超過収益の感応度を示します。たとえば，市場の収益率が10％変化した時，β値1.2の個別証券の株価は12％変化すると期待されることになります。非公開会社の場合，自社のベータ値がないことから，事業内容，事業規模，収益性，財務構成等を総合的に勘案して類似企業を選定し，類似企業のβ値を代用することになります。実務では，金融情報機関から類似企業のβ値を入手するのが一般的です。また，適当な類似企業がない場合や類似企業が最近公開したばかり等の理由により，評価に適したβ値がない場合には，東証株価指数等のインデックスと同じリスクを持つ株式として簡便的にβ値を1とする方法も考えられます。

(4) 終価の計算

終価（ＴＶ＝Terminal Value）は，事業計画が作成された最終事業年度における価値をいいます。終価の計算には，①最終事業年度のフリー・キャッシュ・フローにより計算する方法，②株価収益率により計算する方法，最終事業年度の純資産により計算する方法などがあります。

① 最終事業年度のフリー・キャッシュ・フローにより計算する方法

フリー・キャッシュ・フローにより終価を計算する方法は，作成した事業計画の最終事業年度のフリー・キャッシュ・フローが最終事業年度の翌年以降継続すると仮定して終価を計算します。

> 終価＝最終事業年度のフリー・キャッシュ・フロー÷割引率

最終事業年度の翌年以降のフリー・キャッシュ・フローを最終事業年度のフリー・キャッシュ・フローと同額として計算しますが，これは，売上の安定成長を維持するために必要な設備投資のみで追加的な設備投資はなく運転資本の増加もないといった仮定や超過利潤がある場合には新規参入により競争均衡に落ち着くといった仮定が背後にあります。

評価企業が独占的な競争力を最終事業年度以降についても一定の割合の成長率を継続できると予測できる場合も考えられます。ここでの成長率は，各事業年度の利益から成長に必要な設備投資や運転資本の増加を考慮した後に計算されたフリー・キャッシュ・フローの成長率であることに注意が必要です。最終事業年度の翌年以降のフリー・キャッシュ・フローが一定の成長率で成長し続ける場合は次式のようになります。

> 終価＝最終事業年度のフリー・キャッシュ・フロー÷（割引率－成長率）

一定のプラス成長率が予測できる場合，「（割引率－成長率）＜割引率」の関係になることから，一定の成長率が予測できない場合に比較し，終価の金額は大きくなります。また，マイナス成長率が予測される場合，割引率にマイナス成長率の割合が加算されるため，一定の成長率が予測できない場合に比較し，終価の金額は小さくなります。この式は，成長率が割引率よりも小さい場合にしかあてはめることができません。

② 株価収益率により計算する方法

最終事業年度の税引後利益を基準にして，類似企業の株価収益率（ＰＥＲ＝Price Earning Ratio）を乗じて終価を計算します。

> 終　価＝最終事業年度の税引後利益×株価収益率

評価企業の税引後利益に類似企業の株価収益率を乗じて計算しますが，税引後利益を計算の基礎とし支払利息の影響を受けた利益を用いることから，評価企業と類似企業の負債比率が異なる場合，一定の調整計算が必要になります。また，採用する類似企業の株価収益率も特別損益により正常な値から乖離していないか検討する必要があります。

この方法の計算に用いる利益として，税引後営業利益（ＮＯＰＡＴ＝Net Operating Profit After Tax），税引前利息支払前利益（ＥＢＩＴ＝Earnings Before Interest and Tax），税引前利息支払前償却前利益（ＥＢＩＴＤＡ＝Earnings Before Interest, Tax, Depreciation and Amortization）

を用いる方法も考えられます。この場合，株価収益率の基礎となる利益は同じものを用いなければなりません。

(5) 有利子負債・非営業資産の加減算

ＤＣＦ法により将来のフリー・キャッシュ・フローに基づき，企業の事業部分の価値を計算しましたが，最後に有利子負債を控除することにより，株主に帰属する価値を計算することになります。また，将来のフリー・キャッシュ・フローに含まれていない現金預金および営業に使用されていない非営業資産等がある場合には，その資産の価値を加えることになります。

控除する有利子負債としては，銀行からの借入金や企業が発行している社債等があります。また，非営業資産等としては，現金預金，余裕資金を運用している有価証券及び事業の用に供していない遊休地等があります。

ここまで説明してきた将来キャッシュ・フローの割引現在価値（＝「事業価値」）の計算を算式で表すと次のようになります。

$$事業価値 = \left(\sum_{t=0}^{n} \frac{FCF_t}{(1+WACC)^t} + \frac{TV}{(1+WACC)^n} \right)$$

$\sum_{t=0}^{n} \frac{FCF_t}{(1+WACC)^t}$ ：n 期間のフリー・キャッシュ・フローの割引現在価値の合計

TV ：終価（Terminal Value）
FCF ：予測される各事業年度のフリー・キャッシュ・フロー
WACC ：割引率（加重平均資本コスト）

$$WACC = r_d(1-T) \times \frac{D}{E+D} + r_e \frac{E}{E+D}$$

WACC ：加重平均資本コスト
r_d ：負債コスト
r_e ：自己資本コスト
D ：負債の価値
E ：自己資本の価値
T ：実効税率

ＣＡＰＭ（Capital Assets Pricing Model：資本資産評価モデル）

$$r_e = r_f + \beta [\mathrm{E}(r_m) - r_f]$$

r_e ：自己資本コスト
r_f ：リスクフリーレート
$\mathrm{E}(r_m)$ ：市場の期待収益率
$\mathrm{E}(r_m) - r_f$ ：マーケットリスクプレミアム
β ：ベータ（株式のシステマティックリスク）

Point

DCF法は，さまざまな前提条件や予測に基づいて作成された将来の事業計画に全面的に依拠して評価を行う方法です。したがって，可能な限り恣意性を排除し，合理的な根拠に基づいて評価を行う必要があります。

評価の基礎となる事業計画では，その実現可能性の検討が重要になります。また，非公開会社の場合，自社のβ値を計算できないことから，類似企業のβ値を採用することになりますが，類似企業の事業内容，事業規模，収益性，財務構成等を総合的に勘案し選定する必要があります。

DCF法による評価額のうち終価が占める割合が非常に大きく，終価の計算により評価額が大きく左右されます。したがって，企業評価を行ううえで，終価に関しては精度の高い計算が求められます。

＊Column＊

割引現在価値の考え方

DCF法では，フリー・キャッシュ・フローを資本コストにより割引き，企業の割引現在価値を計算します。割引現在価値とは，どのような考え方なのでしょうか。

100,000円の預金を年率3％で預け入れた場合で説明してみます。

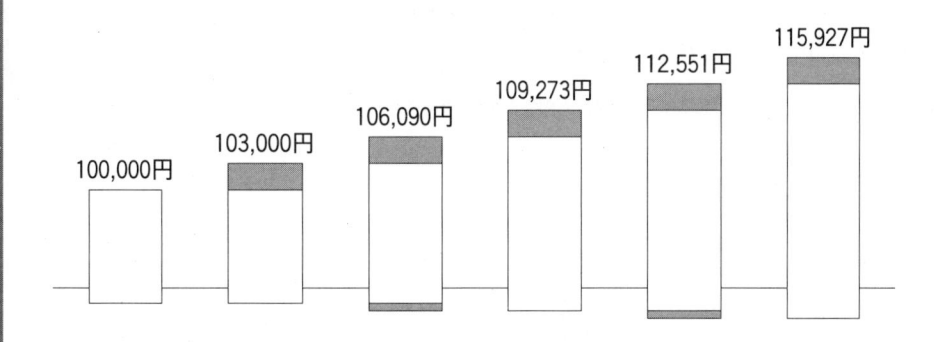

(単位：円)

		×0年	×1年	×2年	×3年	×4年	×5年
①	元本	100,000	100,000	103,000	106,090	109,273	112,551
②	利息	—	3,000	3,090	3,183	3,278	3,376
③＝①+②	期末価値	100,000	103,000	106,090	109,273	112,551	115,927
④＝100,000円÷③		1.00000	0.97087	0.94259	0.91513	0.88848	0.86261

現在の100,000円の×5年期末における価値は，上記の表のように計算されます。では，これを計算式で求めるとどうなるでしょうか。

$$100,000円 \times (1+3\%)^5 = 100,000円 \times 1.15927$$
$$= 115,927円$$

現在の100,000円に$(1+3\%)^5$を乗じた金額が×5年の価値115,927円として計算されます。

次に，×5年における115,927円の現在の価値を求めてみましょう。

$$115,927円 \times \frac{1}{(1+3\%)^5} = 115,927円 \times \frac{1}{1.15927}$$
$$= 100,000円$$

115,927円に乗じている「$\frac{1}{1.15927}$」は0.86261であり，上図の100,000円を×5年の期末価値115,927円で除した割合と同じ値になります。

ここでは，現在の100,000円に複利現価率である$(1+3\%)^5$（=1.15927)を乗じて×5年の期末価値である115,927円が求められ，×5年の115,927円に複利現価率の逆数である現価係数$\frac{1}{(1+3\%)^5}$（=0.86261）を乗じることにより現在の価値である100,000円が求められます。

利率3％により割引いた場合，×5年の期末価値115,927円の割引現在価値は100,000円となります。

上記の例では利率を用いて定期預金の割引現在価値の計算を行いましたが，企業評価においてはフリーキャッシュ・フローを資本コストを用いて割引現在価値を求めることになります。

第1章 未公開企業の企業評価と株価

設例3-1　収益方式（DCF法）

評価会社：A株式会社
本店所在地：東京
事業内容：半導体検査装置の製造
発行済株式総数：20,000株

①　キャッシュ・フローの予測

　A株式会社の×1年から×5年までのフリー・キャッシュ・フローを計算します。これは，×1年から×5年の事業計画の営業利益を基礎にして計算を行います。まず，営業利益に対する法人税等を控除し，税引後利息支払前利益を算出します。次に，営業利益には，現金支出の伴わない減価償却費が含まれているので，税引後利息支払前利益に加算します。

　運転資本増加額は，過去の営業債権の回収条件，棚卸資産の回転期間及び営業債務の支払条件等を考慮して計算した金額を減算します。

　設備投資額等は，事業計画に示された売上高の実現に必要な設備投資額を減算します。設備投資額等は投資のタイミングも考慮する必要があります。

（単位：百万円）

	×1年	×2年	×3年	×4年	×5年
売　上　高	6,000	7,200	8,280	9,522	10,474
売上成長率（対前年比）	20%	20%	15%	15%	10%
税引前利息支払前利益	375	450	518	596	656
税　金　等	△157	△189	△217	△250	△275
実効税率	42.0%	42.0%	42.0%	42.0%	42.0%
税引後利息支払前利益	218	261	301	346	381
減価償却費	225	270	310	357	392
運転資本増加額	△166	△198	△178	△204	△158
設備投資額等	△90	△108	△124	△142	△157
フリー・キャッシュ・フロー	187	225	309	357	458

▶　税引前利息支払前利益として，営業利益を用います。この営業利益に対応する法人税等を控除し，フリー・キャッシュ・フローは，税引後営業利益（NOPAT：Net Operationg Profit After Tax）を基礎にします。
▶　フリー・キャッシュ・フローは，企業全体の事業価値を算定することからすべての資本提供者に帰属するキャッシュ・フローを計算しています。
▶　実効税率は42%を用いています。

② 各事業年度のフリー・キャッシュ・フローの割引計算

「①キャッシュ・フローの予測」で計算した各事業年度のキャッシュ・フローを現在価値に割引計算します。なお，ここでは，類似企業のβ値を基に計算した割引率（＝加重平均資本コスト）は，7.5％として計算しています。

（単位：百万円）

	×1年	×2年	×3年	×4年	×5年	合計
フリー・キャッシュ・フロー	187	225	309	357	458	1,536
割引率　　　7.50％						
割引係数	93.02％	86.52％	80.48％	74.86％	69.64％	
割引現在価値	174	195	249	267	319	1,203

③ 終価（ターミナルバリュー）の計算

×6年以降の終価については，×5年のキャッシュ・フローを基に計算します。×5年の最終事業年度のキャッシュ・フローを割引率で除すことにより，終価を計算します。次に，計算した終価に割引係数を乗じることにより現在価値に割り引きます。なお，ここでは，×6年以降の成長率を0％として計算しています。

（単位：百万円）

最終キャッシュ・フロー	①		458
×6年以降の割引率	②	7.50％	
×6年以後の終価	③＝①／②		6,106
割引計数	④＝$\left(\dfrac{1}{1+②}\right)^5$	69.64％	
現在価値			4,252

④ 割引現在価値の計算

最後に計算した各事業年度のフリー・キャッシュ・フローの割引現在価値と終価を合計し事業価値を求めます。次のように，終価の価値が事業価値の大部分を占めることから，終価の計算にあたっては精度の高い計算が求められます。

事業価値から，評価日現在の有利子負債を控除し，非営業資産の時価を加算し，株主資本価値を計算します。

第1章 未公開企業の企業評価と株価

(単位：百万円)

×5年までの割引現在価値合計	①	1,203
終　価	②	4,252
事業価値	③＝①＋②	5,455
有利子負債	④	△1,000
非営業資産	⑤	1,854
株主資本価値	⑥＝③－④＋⑤	6,309
発行済株式数	⑦	20,000株
1株当たり株式評価額	⑧＝⑥÷⑦	315,450円／株

第3節 純資産方式

企業のストックとしての純資産に着目して，企業の価値及び株価等を評価する方式です。この純資産方式の特徴は，企業の静的価値の評価であり，貸借対照表を基礎にして評価を行うため，その計算は比較的容易に行うことができ，実務上もよく利用される方式です。

3.1 簿価純資産法

企業の適正な帳簿価額による純資産を発行済株式総数により除し算出します。

評価企業の帳簿上の純資産価額を基礎として計算を行うことから，その計算は容易かつ簡単に行うことができます。一方で企業が所有する不動産等に多額の含み益又は含み損がある場合又は簿外資産や簿外負債がある場合には，実態からかけ離れた価格が算定される場合があります。

> 1株当たりの評価額＝簿価純資産価額÷発行済株式総数

Point
簿価純資産法は，評価会社に多額の含み益や含み損がないことがこの評価方法を選択する場合の前提条件となります。

3.2 時価純資産法

時価純資産法は，評価企業の資産及び負債を時価で評価し発行済株式総数により除し算出します。純資産方式の中では優れた方法といえます。

> 1株当たりの評価額＝時価純資産価額÷発行済株式総数

評価企業の資産や負債を時価評価する場合，時価をどのように計算するかが問題になります。一般に時価をどのようにとらえるかにより，

(1) 再調達時価純資産法
(2) 清算処分時価純資産法
(3) 財産評価基本通達を準用した純資産法

の方式が考えられます。また，時価評価した場合の評価益に対する法人税等をどのように取り扱うかという問題があります。

(1) 再調達時価純資産法

再調達時価純資産法で用いる時価は，評価の対象とする資産・負債を新たにすべて取得することを前提とした価額となります。会計上「再調達原価」といわれ，資産・負債の対価に取得

に要する付随費用を加えた金額となります。棚卸資産については，再調達原価を比較的容易に入手できますが，現在使用中の中古資産については，新たな購入価額を見積もり取得後の経過年数に応じた減価償却費を控除するなど合理的な方法により，その時価を計算しなければなりません。この方式は，企業が所有する資産を新たに購入する場合の時価により評価することから，継続企業を前提とした評価方法といえます。

(2) 清算処分時価純資産法

清算処分時価純資産法の時価は，評価の対象とする資産・負債の処分を前提とした価額となります。会計上「正味実現可能価額」といわれ，資産・負債の処分価額から処分に要する付随費用を控除した金額になります。この方式は，資産の処分を前提としているので，清算や解散を予定している会社や，含みのある余剰資産を多く所有する企業の評価に採用されると考えられます。

(3) 財産評価基本通達を準用した純資産法

貸借対照表に計上される資産・負債を財産評価基本通達に規定される時価により評価する方法です。財産評価基本通達は，相続税や贈与税の税額計算を目的としていることから，財産評価基本通達による評価額が現実に取引されている価額と乖離している場合には，実態とかけ離れる場合が考えられます。一方で，財産評価基本通達で詳細に評価方法が規定されていることから客観的な計算が可能であるという面もあります。

(4) 評価益に対する法人税等の取扱い

評価益に対する法人税をどのように取り扱うかについては，法人税等を控除しない考え方と控除する考え方があります。

法人税等を控除しない考え方は，新たに企業を設立し資産等を取得する場合の価値を重視し，含み益に対する法人税等を考慮しないと考えます。一方，法人税等を控除する考え方は，資産等を売却した場合の法人税等を支払った後の手取額での価値を重視し，含み益に対する法人税等を考慮すると考えます。どちらの考え方を採用するかは，諸説議論のあるところですが，企業は，継続なるもの（ゴーイング・コンサーン）であると考える立場からは，法人税等を控除しない考え方が支持されるのが，一般的と思われます。

なお，企業組織再編税制での含み益は，非適格の場合，課税されますので，これを考慮する必要があります。

> **Point**
>
> 　資産・負債を評価する場合の時価や法人税等の取扱いについて決定する必要があります。時価に関する資料の入手可能性や容易に入手できるかについても，事前に検討する必要があると思われます。また，効率的に評価を行うためには，時価評価の対象とする資産・負債の検討も必要です。
>
> 　上述の財産評価基本通達を準用した純資産法については，規定に従って評価を行うことになります。一方，その他の時価純資産法については帳簿に計上されている金額が計算の前提となることから，評価会社が採用する会計方針について検討が必要となります。非公開会社の多くは，法人税法の規定により会計処理を行っているケースがほとんどのようです。したがって，評価の前提となる貸借対照表に計上された金額が，企業会計に基づき計算された金額であるのか，法人税法の規定に基づき計算された金額であるのか，理解する必要があります。

以下，主な資産・負債の評価における検討する点を説明します。

① 資　　産

資産を評価する場合には，貸借対照表に計上されている資産の実在性及びその資産性の検討が必要です。

　(a) 営業債権（受取手形，売掛金，貸付金等）

　　貸借対照表金額を基礎にして回収不能見込額を控除することになります。非公開会社において回収不能見込額として計上している金額は，法人税法の規定により計算された貸倒引当金である場合がほとんどと考えられます。企業評価にあたっては実態により判断する必要があります。したがって，債務者の財政状態および経営成績等を考慮して債権の回収可能性を検討したうえで，営業債権の評価を行うことになります。

　(b) 有価証券

　　貸借対照表に計上されているのが，公開会社の有価証券である場合，評価時点において証券取引所等から公表された取引価格により評価することになります。また，非公開会社株式である場合には，投資企業の財政状態及び経営成績により評価を行うことが必要になります。この場合，評価企業と同様の手続により投資先企業の評価を行うことになると考えられます。非公開会社の社債等がある場合には，営業債権に準じて回収可能性を判断することになります。

　(c) 棚卸資産

　　長期滞留在庫やモデルチェンジ等により販売見込みのない棚卸資産については，評価減を行う必要があります。

(d) 有形固定資産

　有形固定資産のうち，土地・建物については，不動産鑑定士による評価証明を入手するのが望ましいといえます。また，不動産の時価評価の手法もＤＣＦ法やリアル・オプション法等に評価が行われるようになってきており，これらの手法により評価することも考えられます。

　一方で，比較的入手が容易な資料として，公示地価，路線価，固定資産税評価額があり，これらを時価として代用することも考えられます。土地・建物以外の有形固定資産については，実務上帳簿価額により評価しているケースが多いようです。有形固定資産の評価にあたっては，将来の事業計画を考慮にいれ，利用見込みがない場合には，廃棄費用を見積もったうえで処分価額により評価する場合も考えられます。

(e) 知的財産権等

　特許権，商標権，実用新案権の知的財産権は，今後の企業戦略を構築していく上で重要な要素になっていくと考えられます。したがって，これらの知的財産権が貸借対照表に計上されている，いないにかかわらず，適正な評価によった価額により企業評価を行うのが望ましいと思われます。評価方法として，その知的財産権等が将来獲得する収益や費用削減額に着目したＤＣＦ法による評価が考えられます。ＤＣＦ法による評価による場合には，そのキャッシュ・フローの予測が重要になります。

　評価にあたっては，その権利固有の評価（技術支配力や技術の完成度等）や技術を利用した事業性の評価（マーケットの存在や収益性）といった観点からの検討が必要になると思われます。

(f) その他の資産

　前払費用，長期前払費用，繰延資産等については，将来収益への貢献や財・サービスの提供の有無といった観点より資産性を検討することになります。もし，資産性がない場合には，ゼロ評価することになります。また，その他，簿外資産がある場合において，金額的に重要な場合には純資産に含めることになります。

② 負　　債

　負債を評価する場合には，貸借対照表に計上されている金額の網羅性を検討する必要があります。

(a) 未払費用・未払金

　帳簿に計上すべき，金額的に重要性のある未計上債務がないか確かめることになります。

(b) 退職給与引当金・退職給付会計

　非公開会社において，退職給与引当金は，法人税法の規定により評価している場合がほとんどと考えられます。退職給与引当金については，継続企業を前提としているならば評価時点における自己都合要支給額を，清算企業を前提としているならば会社都合要支給額

により評価するのが，一般的であると思われます。

　公開会社においては，退職給付会計の適用が求められていますが，非公開会社においてはほとんどの企業が退職給付会計を適用していないことから，退職給付会計を適用することにより退職に係る債務を評価すべきかの検討が必要な場合もあると考えられます。

(c) **賞与引当金**

　非公開会社において，賞与引当金は法人税法の規定に従って計上している場合がほとんどです。企業評価にあたっては，評価時点において発生している賞与支給見込額により評価すべきと思われます。

(d) **未　払　税　金**

　評価時点において帳簿に計上されていない未払税金がある場合には，純資産の計算上考慮すべきと考えられます。また，過去の税務調査をふまえたうえで，過年度の申告書を入手し税務上問題となるような処理の有無について検討する必要があります。

(e) **税効果会計**

　評価会社が税効果会計を適用していない場合，税効果を認識したうえで企業評価を行うかの検討が必要になります。また，税効果会計を適用している場合においても，タックスプランニングや企業組織再編税制上の取扱いを考慮したうえで，評価を行う必要があります。

設例3－2　　純資産方式

評　価　会　社：B株式会社
本　店　所　在　地：山梨県
事　業　内　容：産業用機械の製造
発行済株式総数：1,000株

① **簿価純資産と時価純資産**

　会社の所有する資産の時価を調査したところ以下の資産について帳簿価額と時価の間に差額が生じていることが判明しました。評価会社の帳簿価額と時価を比較した貸借対照表は次のとおりです。

第1章 未公開企業の企業評価と株価

(単位：百万円)

科 目 名	帳簿価額	時 価	科 目 名	帳簿価額	時 価
流 動 資 産	1,760	1,760	流 動 負 債	1,250	1,250
固 定 資 産	3,636	5,106	固 定 負 債	1,050	1,750
有形固定資産	3,120	4,390	退職給与引当金	700	1,000
土　　地	2,320	3,590	退職給付債務	0	400
その他有形固定資産	800	800	その他固定負債	350	350
無形固定資産	30	30			
投 資 等	486	686			
投資有価証券	226	426	負 債 合 計	2,300	3,000
その他投資	260	260	純 資 産 額	3,096	3,866
資 産 合 計	5,396	6,866	負債・資本合計	5,396	6,866

② 時価の評価明細

帳簿価額と時価の間に差額が生じている資産・負債の明細は次のとおりです。

(a) 土地の評価

土地について，不動産鑑定士による鑑定評価書の評価額を適正な時価として帳簿価額との差額を計算しています。

(単位：百万円)

用　　　途	帳簿価額	時価評価額	評価差額
本　　　社	1,450	2,360	910
工　　　場	870	1,230	360
土 地 合 計	2,320	3,590	1,270

(b) 有価証券

評価日時点の有価証券の時価情報を入手し，評価企業の所有する株式数を乗じて計算した時価を計算しました。

(単位：百万円)

種　　類	簿　　価	時価評価額	評価差額
上 場 株 式	150	350	200
未 公 開 株 式	76	76	0
合　　　計	226	426	200

(c) 退職給付引当金

保険会社から，評価企業の採用する退職年金制度に関する資料を入手し，評価日において退職給付会計を適用した場合の退職給付引当金の引当不足額を計算しました。

(単位:百万円)

区　　分	退職給付債務	退職給与引当金	年金資産	差　　引
退職一時制度	1,000	700		300
企業年金制度	5,800		5,400	400
合　　計	6,800	700	5,400	700

(d) 時価純資産の計算

簿価純資産から時価純資産への計算は以下のように算出されます。

(単位:百万円)

時価評価項目	評価差額	金　額
貸借対照表純資産価額		3,069
土　　　地	1,270	
投資有価証券	200	
退職給付債務	△700	770
評価日における時価純資産額		3,839

③ 評価差額に対する税金の取扱い

時価純資産法によった場合，評価差額に対する法人税等の取扱いには，法人税等相当額を控除する場合と控除しない場合があります。それぞれの計算結果は次のとおりです。

(単位:百万円)

		法人税等を控除	法人税等を控除しない
簿価純資産価額	①	3,069	3,069
評価差額	②	770	770
法人税等相当額	③=②×④	△323	―
実効税率	④	42%	―
法人税等考慮後評価差額	⑤=②-③	447	770
時価純資産価額	⑥=①+⑤	3,516	3,839
発行済株式総数（千株）	⑦	1,000	1,000
1株当たり評価額	⑧=⑥÷⑦	3,516円／株	3,839円／株

第1章 未公開企業の企業評価と株価

第4節　比較方式

　評価企業と，業種，規模，収益等が類似する企業や類似業種の資産や利益等の複数の比準要素を比較し比準割合を計算し，これに基準となる株価を乗じて，企業の価値及び株価を評価する方式です。評価企業の比較対象を公開会社等に求め，公開会社等の株価を基に企業を評価します。選定される比準要素により，企業のストックとしての資産及びフローとしての利益を考慮した評価を行うことが可能な方式といえます。

4.1　類似企業比較法

　公開企業の中から，評価企業に業種，規模，収益等が類似した類似企業を選択し，複数の比準要素を比較して比準割合を計算し，これに類似企業の株価を乗じて評価を行う方式です。通常，比準要素として利益，純資産，配当等の複数の要素を選定します。また，類似企業も評価の安定性を考慮し，複数の企業を選定し評価を行います。

　3比準要素とし，そのウェートを1：1：1とした場合の計算式は以下のとおりです。

$$1株当たり評価額＝類似企業株価 \times (比準割合A＋比準割合B＋比準割合C) \times \frac{1}{3}$$

$$比準割合A = \frac{評価企業の1株当たり比準要素A}{類似企業の1株当たり比準要素A}$$

$$比準割合B = \frac{評価企業の1株当たり比準要素B}{類似企業の1株当たり比準要素B}$$

$$比準割合C = \frac{評価企業の1株当たり比準要素C}{類似企業の1株当たり比準要素C}$$

Point

　類似会社は公開企業等から選定されることになることから，評価企業と類似会社との類似性において問題が生じることがありますので，類似企業の選定には十分な検討が必要となります。また，選定する比準要素についても企業の実態を反映したものを選定する必要があります。類似要素として，税引後利益，簿価純資産，配当の他に，売上高，税引前利払前利益（EBIT：Eanings Before Interest and Tax），税引前利払償却前利益（EBITDA：Eanings Before Interest, Tax, Depreciation and Amortization）といった要素も考えられます。

4.2 類似業種比準方式（財産評価基本通達）

　類似業種比準方式は，財産評価基本通達に規定される取引相場のない株式の評価方法です。この方式は，資産要素，利益及び配当の収益要素を事業内容が類似する業種目に属する上場株式の平均値と比較し，上場株価に比準して株式の価値を評価する方式です。

$$1株当たり評価額 = A \times \left[\frac{\frac{B'}{B} + \frac{C'}{C} \times 3 + \frac{D'}{D}}{5} \right] \times 0.7$$

A'＝類似業種の株価
B'＝評価会社の直前期末における1株当たり配当金額
C'＝評価会社の直前期末以前1年間における1株当たり利益金額
D'＝評価会社の直前期末における1株当たり帳簿純資産価額
B＝課税時期の属する年の類似業種の1株当たりの配当金額
C＝課税時期の属する年の類似業種の1株当たりの年利益金額
D＝課税時期の属する年の類似業種の1株当たり帳簿純資産価額

　注）上記算式の「0.7」は財産評価基本通達において規定する中会社に該当する場合には，「0.6」に，小会社に該当する場合には，「0.5」となります。

Point

　財産評価基本通達による類似業種比準法は，具体的な計算方法が規定されていることから，客観的な計算を行うことができます。しかし，類似業種比準法は，相続税および贈与税の税額計算を目的としていることから，企業評価には適さないといった指摘もあります。

設例3－3　類似企業比較方式

評 価 会 社：C株式会社
本店所在地：大阪
事 業 内 容：衣料品の小売業
発行済株式総数：7,016千株

① 類似比準要素の計算

　類似企業比較法による計算にあたっての類似比準要素は，1株当たり純資産額，1株当たり経常利益，1株当たり配当金額を採用することにしました。また，各類似比準要素の加重割合は，1：1：1とします。類似企業は，規模や収益の状況等を勘案してX社とY

社の2社を選定しています。以下，評価企業および類似企業の類似要素を計算します。なお，類似比準要素の計算にあたっては，評価の安定性を確保するため，2期間の平均値を用いています。

(a) **評価企業C社の比準要素**

評価企業の貸借対照表，損益計算書及び利益処分計算書より各比準要素の1株当たり2期間平均の金額を計算します。

(単位：百万円)

事 業 年 度	×0年	×1年
純資産額	3,143	3,206
経常利益	260	327
発行済株式総数	7,016千株	7,016千株
1株当たり純資産額	447.97円／株	456.95円／株
2期平均 1株当たり純資産額	452.46円／株	
1株当たり経常利益	37.05円／株	46.60円／株
2期平均 1株当たり経常利益	41.82円／株	
1株当たり配当金額	10.00円／株	10.00円／株
2期平均 1株当たり配当金額	10.00円／株	

(b) **類似企業の比準要素**

評価企業と同様に，類似企業についても貸借対照表，損益計算書及び利益処分計算書より各比準要素の1株当たり2期間平均の金額を計算します。

(単位：百万円)

類 似 企 業	X 社		Y 社	
事 業 年 度	×0年	×1年	×0年	×1年
純資産額	2,926	3,220	4,608	5,120
経常利益	295	450	216	430
発行済株式総数	4,806千株	4,806千株	4,372千株	4,372千株
1株当たり純資産額	608.82円／株	669.99円／株	1,053.97円／株	1,171.08円／株
2期平均 1株当たり純資産額	639.40円／株		1,112.52円／株	
1株当たり経常利益	61.38円／株	93.63円／株	49.40円／株	98.35円／株
2期平均 1株当たり経常利益	77.50円／株		73.87円／株	
1株当たり配当金額	20.00円／株	20.00円／株	12.00円／株	12.00円／株
2期平均 1株当たり配当金額	20.00円／株		12.00円／株	

② 株式評価

株式評価は「①比準要素の計算」により計算した，評価企業の比準要素を類似企業の比準要素と比較することにより株式を評価していきます。各類似企業の株価は，過去6ヶ月の終値の平均株価として，X社795円，Y社523円と計算されています。なお，比準割合の計算にあたり，小数点以下2位未満を切り捨てて計算しています。

(a) 評価企業C社及び類似企業X社の比較による評価

	1株当たり純資産額	1株当たり経常利益	1株当たり配当金額
C 社	452.46円／株	41.82円／株	10.00円／株
X 社	639.40円／株	77.50円／株	20.00円／株
比準割合	0.70	0.53	0.50

X社との比較による評価額
= 795円 × (0.70 + 0.53 + 0.50) × 1／3
= 453円

(b) 評価企業C社及び類似企業Y社の比較による評価

	1株当たり純資産額	1株当たり経常利益	1株当たり配当金額
C 社	452.46円／株	41.82円／株	10.00円／株
Y 社	1,112.52円／株	73.87円／株	12.00円／株
比準割合	0.40	0.56	0.83

Y社との比較による評価額
= 523円 × (0.40 + 0.56 + 0.83) × 1／3
= 308円

(c) 類似企業比準価額の計算

各類似企業を加重平均して類似企業比準方式による評価額を計算します。加重平均割合は，評価企業と類似企業との類似性によりウエイトづけするものと考えられますが，ここでは単純平均により計算します。

C社の類似企業比準価額 = (453円 + 308円) × 1／2 = 380円

第5節　配当還元方式

　企業の価値を，株主が受け取る配当に着目して評価する方法です。株主のキャッシュ・フローを資本還元して企業価値を評価します。

5.1　配当還元法

　配当還元法は，ある年度における配当金額を資本還元し，株式の価値を評価します。この方式は株主等の立場から投資利回りを考慮した方式といえます。計算の基礎となる配当金について，年間予想配当金額の算出方法の相違や資本還元率の相違から，

(1) 実績配当還元法

(2) 標準配当還元法

(3) 国税庁配当還元法

に分類されます。

$$1株当たりの評価額 = \frac{配当金}{資本還元率}$$

(1) 実際配当還元法

　配当金額は，過去に企業が実際に配当した実際の金額を用います。この方法は，経営方針等により配当を行っていない企業の評価では採用できません。

(2) 標準配当還元法

　配当額は，評価企業が属する業種の平均的な配当性向により計算された配当額を用います。この方法は，その業種における平均的な配当により評価額が左右される問題点があります。

(3) 国税庁配当還元法（財産評価基本通達）

　配当額は，財産評価基本通達に規定する価額を用います。この方法では，過去の実績に基づいた配当額が用いられ，資本還元率は一律に10％となります。

> **Point**
> 　評価企業の配当政策および同業他社の配当性向を参考にし，どの配当金を企業評価において採用するのが合理的であるかの検討が重要になります。

5.2 ゴードンモデル法

ゴードンモデル法は，企業が獲得した利益のうち配当に回されなかった内部留保額は再投資され，将来の利益への貢献により配当の増加を期待できるとして株式を評価する方法です。

$$1株当たりの評価額 = \frac{1株当たり配当金}{資本還元率 - 投資利益率 \times 内部留保率}$$

Point

投資利益率には，通常自己資本利益率を使用します。また，内部留保率は税引後利益のうち留保される部分の比率をいいます。上記計算式のうち，資本還元率－投資利益率×内部留保率＞0の条件が成立しなければ計算できない問題点があります。また，企業は永久に同じ割合で成長するとの前提で成り立っています。

第6節　売買実例方式

過去の実際の取引事例がある場合，実際の株式売買実例の価額により株式を評価する方式です。法人税法において期末における未上場で気配相場のない株式の評価（法人基通9－1－14）及び所得税において株式等を取得する権利の価額の計算（所得基通23～35共9）において，売買実例があり適正と認められる価額である場合，適正な評価額とする旨が規定されています。企業評価においても売買実例の金額については，無視できないと思われます。

> 1株当たりの評価額＝売買実例価額

Point

株式売買実例の取引価額をもって評価額とするためには，その売買実例の取引金額が適正であるかどうか以下の点を検討する必要があります。
① 譲渡の対象となった株式数が同程度であるか。
② 売買日から評価日までの期間はどれくらいか。
③ 売買日から評価日までの間に評価企業に大きな変化はないか。
④ 純粋な経済的な取引として行われたか。
⑤ 売買当事者・売買の背景は，どうであったか。

また，株式移動により経営支配権の移動を伴なわなかったどうかの検討も必要です。

第7節　併用方式

　併用方式は，各種の評価方式を一定のルールで組み合わせて，会社の価値及び株式を評価する方法です。各種評価方法を説明してきましたが，それぞれの評価方法には特徴があることから，1つの評価方法により企業評価を行うのではなく，複数の評価方式を併用することにより評価の安定性を確保する方法といえます。

　2つの評価方式を採用し，そのウエイトを1：1とした場合の計算式は以下のとおりです。

> 1株当たりの評価額＝A方式の評価額×1／2＋B方式の評価額×1／2

Point

　評価対象会社の純資産（ストック）及び収益（フロー）に着目して，評価された値のいずれか1つに依存することなく，ストックとフローの価格等を単純または加重平均して計算します。具体的には，ストックの企業評価の結果とフローの企業評価の結果に，それぞれの加重平均割合を乗じることにより企業評価を行います。

　それぞれの評価方法の加重平均割合について，どのような割合にすべきか明確な基準がありません。評価企業の実態や選定したそれぞれの評価方式の特徴を総合的に勘案して合理的な割合になるように決定する必要があります。

第 8 節　評価にあたり考慮すべき事項

　企業評価を行うにあたり前述のとおり，唯一絶対の方法はありません。したがって，企業の実態とこれまで説明してきました各種評価方法の特徴を総合的に勘案して企業評価の方法を選択する必要があります。また，評価方法の選択以外にも，株式移動に伴う企業支配権価値の問題や評価対象企業が非公開会社である場合の特有の問題等についても考慮していかなければなりません。

8.1　企業の理解

　評価対象となる企業には，伝統的企業のように将来の成長性は乏しいが多くの含み益をもつ資産を所有している企業やＩＴのベンチャー企業のように含み益をもつ資産を所有していないが将来の高い成長性が見込まれる企業とさまざまです。企業評価を行うにあたり，多角的に評価対象企業を分析し，企業の実態を理解することが重要になります。企業を理解する上でポイントとしては，以下のものがあります。

- 企業の収益性
- 企業の成長性
- 企業の競争力の源泉（サービス，人的資源，技術力，開発力，ブランド力等）
- 知的財産権（特許権，商標権，実用新案権等）
- 財務比率の分析
- 取引関係
- 業界内での競争の状況
- 業界の規制の状況
- 株主構成
- 企業支配に対する影響力
- 経営者の資質等

8.2　評価企業との類似性

　非公開会社の企業評価を行う場合，何らかの形で類似企業を選定し，企業評価を行う場合が多いといえます。たとえば，比較法では評価企業の財務数値等と類似企業の財務数値等と比較して計算を行い，収益方式では計算における評価企業の β 値について類似企業の β 値を代用して計算を行っています。類似性の程度を測る基準がないことから，類似企業を選定して企業評価を行う場合，計算の客観性を確保するためには，評価企業と選定した類似企業との類似性が重要になってきます。

評価において考慮すべき各要素が全く同一の企業を選定することは，ほとんど不可能であるといえます。したがって，企業評価の計算に用いる類似企業の選定にあたっては，評価企業の特徴を理解したうえで選定することが必要になると思われます。類似性の判断としては，前述の「企業の理解」に挙げたポイントが参考になると思います。

8.3　企業評価の目的

株式移動や合併等の組織再編を行う場合に，企業評価が必要になります。特に，企業に対する支配権の移動を伴うような株式の売買のケースにおいては，何かしらのプレミアムが発生し，企業評価において考慮すべき場合があります。企業評価の目的を明らかにし，評価を行うにあたり考慮すべき事項がないかどうかの検討が必要になります。

8.4　支配権価値（コントロールプレミアム）

株主は議決権行使を通じて，企業の重要な意思決定に参加します。議決権のある株式の数パーセントしか所有しない株主にとっての株式の価値と，新たに株式を取得することにより議決権のある株式の過半数を所有することになる株主にとっての株式の価値は，企業に対する各々の株主の影響力が異なることから，その価値も異なってくると考えられます。この議決権のある株式の所有割合によって生じる株式の価値の差額は，支配権価値（コントロールプレミアム）と呼ばれます。

株式市場で売買される株式は，支配権の移動を伴わない株主にとっての1株当たりの価格により取引されているといわれています。公開企業の支配権の移動を伴う公開買付が行われる場合，支配権価値を上乗せした価格により買付価格を設定するのが一般的です。

非公開会社の企業評価においても，支配権の移動を伴う株式の売買等である場合には，一定の支配権価値を考慮すべきと思われます。

8.5　非流動性のディスカウント

公開企業の株式は，市場性があることから非公開会社の株式と比較して容易に取引が成立します。一方，非公開会社の株式は，株式の譲渡制限が設けられているのが通常であり，株式の譲渡にあたっては取締役会の譲渡承認が必要となります。また，市場性のある株式と比較すると株式の買い手を見つけるのも容易ではありません。そこには，買い手が見つからないといったリスクや株式を機動的に換金できないリスクなどがあります。

非公開会社の株式を評価する際にはこれらのリスクに相当するディスカウントが必要と思われます。どの程度ディスカウントするか明確な基準は存在しませんが，企業の個別事情を勘案して合理的に決定する必要があります。実務上計算された株価に0.7を掛けるという方法＝非流動性のディスカウントを行うケースが多いようです。

8.6 シナジー価値

買い手が，評価企業の支配権を入手して事業を展開していく場合，シナジー効果が期待される場合があります。シナジー効果をどのように測定するかは，買い手と評価企業の事業に対する影響を測定しなければならず，また，その効果も将来予測であることから不確実性を伴います。合理的に測定するのが可能であるならば，企業評価を行う上で考慮すべきと思われますが，実務上その測定には困難が伴います。

8.7 価格の決定

現実の株式の売買にあたっては，買い手と売り手の相対的な交渉力や他の買い手の存在など複数の要因が複雑に絡み合います。最終的には，意思決定者の高度な経営判断により決定されますが，合理的な意思決定の参考に資するために企業評価は重要であるといえます。

第2章

税法上の株価と企業評価

第1節　税法による株式評価の要請

　税法は徴税のための目的をもって，非公開株式の時価について厳格な評価規定を定めています。

　税法は，何人に対しても明瞭に課税標準が算出されなければならないとする画一性の基準と，過度の徴税を回避するという意味での安全性の基準と，さらには過度の節税を容認しない構造をもつという意味での租税回避不可避性とでもいうべき基準を同時に持つ必要性があると考えます。したがって，日本の税法がきわめて精緻なものである以上，非公開会社株式の時価は，基本的な部分において，税法規定と矛盾するものではあり得ないと考えられます。

　ここで税法，すなわち相続税，所得税，法人税で規定される非公開株式の時価の評価規定を前章までの企業評価から取り出してみることにします。

第3編　企業評価

第2節　相続税法上の時価

徴税目的として非公開会社の株式の時価というものを考えた場合，最も重要なケースは，オーナー企業の経営者の相続に伴い，自社株に相続税が課税されるときにその評価の根拠を求める場面ではないでしょうか。

そこで，相続税法では財産の評価について，22条に「相続，遺贈又は贈与に因り取得をした財産の価額は，当該財産の取得の時における時価による…」と規定しています。

さらに，それを受ける形で，財産評価基本通達1(2)において「時価とは，課税時期において，それぞれの財産の現況に応じ，不特定多数の当事者間で自由な取引が行われる場合に通常成立すると認められる価額をいい，その価額は，この通達の定めによって評価した価額による」と述べています。

本来，あくまでも法令の解釈の指針である「通達」の部分に評価のほとんどを委ねているところに，議論の余地はあるかと思いますが，ここでは公開会社のケースも含めて評価通達に沿った「時価」についてふれてみたいと思います。

2.1　上場株式及び気配相場等のある株式の評価（評基通169～177－2）

上場株式等の場合，不特定多数の当事者間の自由な取引で通常認められる価額『公正な取引価額』が存在しますので，その課税時期（相続，贈与又は譲渡時）現在の市場価格をベースに時価を考えていきます。さらに評価に需給関係による偶発性を排除する目的で，3ヶ月間の月平均額も取り入れて評価します。

> ① 課税時期の最終価格
> ② 課税時期の属する月の毎日の最終価格の平均額
> ③ 課税時期の属する月の前月の毎日の最終価格の平均額
> ④ 課税時期の属する月の前々月の毎日の最終価格の平均額
> 　上記のうち最も低い価額によって評価します。

2.2　取引相場のない株式の評価（評基通178～189－7）

取引相場のない株式は，その名のとおり証券取引所における市場価格を有するものではありません。仮に取引事例が見られる場合でも特定の同族間で取引が行われるのが通常であるので，その取引価格は恣意的に操作することが可能です。

こういったことから，取引相場のない株式についてはその評価に客観性を持たせる意味もあり，会社の規模や，株式の所有目的等を勘案し，実態に即した評価を行うこととしています。

● 評価の概略

① 上場企業に匹敵するような大会社の場合
　業種が類似する上場企業の平均株価を評価のベースにした類似業種比準価額方式
② 個人商店と規模的にそれほど変わらない小会社の場合
　会社の時価純資産を評価のベースにした純資産価額方式
③ 規模的に①と②の中間に位置する中会社の場合
　上記①と②の評価方式を加味した併用方式
④ 少数株主の場合
　配当金を評価のベースにした配当還元方式

(1) 類似業種比準価額

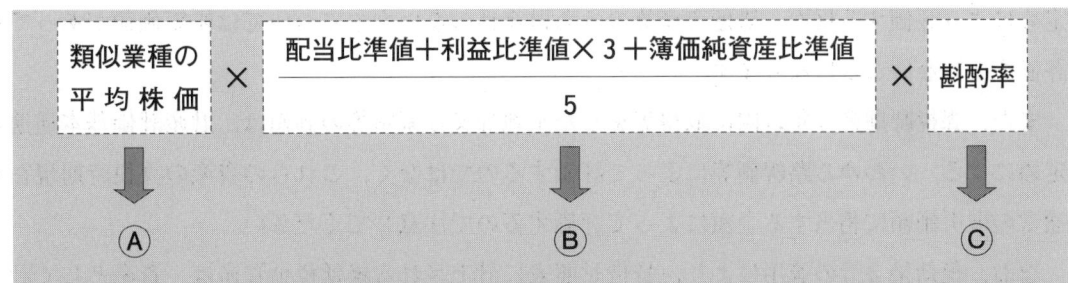

$$\boxed{\text{類似業種の平均株価}} \times \frac{\text{配当比準値}+\text{利益比準値}\times 3+\text{簿価純資産比準値}}{5} \times \boxed{\text{斟酌率}}$$

　　　　Ⓐ　　　　　　　　　　　　　　Ⓑ　　　　　　　　　　　　　　Ⓒ

Ⓐ⇒上場企業に匹敵する規模を持った大会社の株式は、その株式が通常の状態で取引がなされれば上場株式等の取引価額に準じた価額が付される、という想定のもとでのアプローチをします。

Ⓑ⇒さらに、配当、利益及び純資産といった会社の業績という客観的に比較できる要素を、事業内容が類似する上場企業等のそれらの平均値と比較をしたうえで、その比準割合を類似業種の平均株価に乗じていきます。

Ⓒ⇒これらの3つの要素以外にも株価構成要素としては、事業の種類や将来性、市場占有率、資本の系列、経営者の手腕などがありますが、これらの要素のうちには具体的に数字としてとらえることのできないものもあり、さらには大半の中小企業は上場企業と比較して、情報収集力、組織力、資金調達力等の面で劣勢にあり、評価会社の規模が小さくなるにつれて上場企業との類似性が希薄になっていくことが顕著であることから、この格差を評価上適正に反映させることが妥当であるとして、斟酌率を用いています。

《斟酌率》
　大会社＝0.7、中会社＝0.6、小会社＝0.5

(2) 純資産価額

$$\frac{\text{相続税評価額による純資産価額} - \text{評価差額に対する法人税等相当額}^*}{\text{課税時期おける発行済株式数}}$$

＊（相続税評価額による純資産価額－帳簿価額による純資産価額）×42％

　株主は株式を通じて会社の資産及び負債を間接的に所有しており，もし会社を清算した場合には，資産を時価相当額で売却することができ，負債を弁済し，さらには資産の含み益部分については法人税等が課税されることから，その最終的な手取り部分を評価のベースにしています。

〔相続税評価額により計算した総資産価額〕

　課税時期おける評価会社の各資産を，相続税法又は財産評価基本通達に定める方法によって評価した価額の合計額によります。

　たとえば，帳簿価額のないいわゆる無償取得による借地権等については財産評価基本通達の定めにより評価する反面，繰延資産等のうち財産性のないものについては帳簿価額があっても，評価を要しないことになります。

　また，課税時期前３年以内に取得等をした土地等又は家屋等の価額は，財産評価基本通達の定めによる，いわゆる路線価等によって評価するのではなく，これらの資産の課税時期現在の通常の取引価額に相当する金額によって評価するので注意してください。

　なお，税効果会計の適用により，貸借対照表に計上される繰延税金資産は，資産として計上されないこととなります。

〔相続税評価額により計算した負債の額〕

　負債の金額は，課税時期現在において債務が確実と認められているものに限られているため，貸倒引当金等の引当金は基本的に負債の額に含まれません。

　ただし，次に掲げるものは負債として取り扱われます。

① 課税時期の属する事業年度の法人税額，消費税額，事業税額，法人住民税額のうち，その事業年度開始の日から課税時期までの期間に対応する部分
② 課税時期以前に賦課期日のあった固定資産税のうち課税時期において未払いの金額
③ 被相続人の死亡により相続人その他の者に支給することが確定した退職手当金等
④ 課税時期の直前に終了した事業年度の利益処分として確定した配当金額及び役員賞与の額のうち，課税時期において未払いのもの

(3) 配当還元価額

$$\frac{\text{その年に係る年配当金額}}{10\%} \times \frac{\text{その株式の１株当たりの資本金の額}}{50円}$$

配当還元価額は，従業員株主などの少数株主は，単に配当を目的として所有していることを前提に，その株式に係る年配当金額をベースに評価します。

〔**その株式に係る年配当金額**〕

評価の安全性を図る目的で，過去2年間における平均配当金額によるとともに，特別配当，記念配当等の臨時的な配当金を除外することとしています。

注）上記算式により計算した金額が2円50銭に満たないときは，年配当金額はその計算した金額によらずに，2円50銭となりますので注意をしてください。

第3節 所得税法上の時価

相続税法に比べて所得税法では，評価に関する規定は多くありません。これは相続税の場合のように直接的な財産に対する徴税目的に縛られるよりも，むしろ同族企業とその一族などの間で，安易な所得の移転を回避するといった，課税の適正化を図る趣旨で規定が置かれているからです。一種の予防線を張るような目的で，次のような「時価」についての規定があります。

3.1 みなし譲渡

個人が法人に対して資産の贈与，もしくは時価よりも著しく低い価額（時価の2分の1未満）で資産を譲渡した場合については，実際の対価によらず，いわゆる時価によって資産の譲渡があったものとみなされます（所法59，所令169）。

これは，時価で資産を譲渡した者とそうでない者との課税負担の公平を図り，さらにその資産の移転に伴うキャピタル・ゲインの課税漏れを防止するためです。

3.2 時　　価

① **売買実例のあるもの**

　最近において売買の行われたもののうち適正と認められる価額

② **売買実例のないもので事業内容等が類似する法人の株式等の価額があるもの**

　その価額に比準して推定した価額

③ **①及び②に該当しないもの**

　純資産価額等を参酌して通常取引されると認められる価額（一定の条件（次頁参照）のもと，評基通178から189－7までに規定する，いわゆる（取引相場のない株式）の評価の例によって算定した価額とすることができます。）（所基通23～35共－9(4)，59－6）

● 一定の条件

(イ) 評基通188の(1)に定める『同族株主』に該当するかどうかは、株式等を贈与又は譲渡した個人の、その贈与又は譲渡"直前"の保有株式数により判定します（相続税法上は"直後"の保有株式数で判定します）。

(ロ) 評基通179に定める『原則的評価方式』により評価されることとなる場合において、株式等を贈与又は譲渡した個人が評基通188の(2)に規定する『中心的な同族株主』に該当するときは、"常に"「小会社」に該当するものとして原則として純資産価額方式で評価します。

(ハ) 株式の発行会社が、土地や上場有価証券等を所有しているときは、これらの資産は贈与又は譲渡時の価額で評価します。

(ニ) 純資産価額方式で評価を行う場合、評基通186－2により計算した評価差額に対する法人税等に相当する金額は控除できません。

第3編 企業評価

第4節 法人税法上の時価

法人税法も所得税法と同様，評価損の計上や，関係会社間の財産の安易な移転による，長期的な意味での課税漏れを防止する目的で，次のような規定が置かれています。

4.1 有価証券の評価損

法人の有する有価証券について，一定の事実が生じたためその有価証券の時価が帳簿価額より低下した場合には，その評価損の損金算入が認められます（法法33）。

（参考） 法人税法上，非上場株式の『時価』に関する取扱いは，法基通9－1－13，9－1－14において，評価損を計上する場合の規定として明記されていますが，実務上，関係会社間等において非上場株式の売買を行う場合の適正取引価額の判定に当たっても上記基本通達は準用される，とするのが一般的です。

4.2 時　　価

① **売買実例のあるもの**
　期末以前6ヶ月間において売買の行われたもののうち適正と認められる価額
② **公開途上にある株式で，その上場又は登録に際して公募又は売出しが行われるもの**
　入札後の公募価格等を参酌して通常取引されると認められる価額
③ **売買実例のないもので事業内容等が類似する法人の株式等の価額があるもの**
　その価額に比準して推定した価額
④ **①及び②に該当しないもの**
　純資産価額等を参酌して通常取引されると認められる価額（一定の条件（下記参照）のもと，評基通178から189－6までに規定する，いわゆる（取引相場のない株式）の評価の例によって算定した価額とすることができます）（法基通9－1－13，9－1－14）

● 一定の条件

(イ) 評基通179に定める『原則的評価方式』により評価されることとなる場合において，株式等を贈与又は譲渡した個人が評基通188の(2)に規定する『中心的な同族株主』に該当するときは，"常に"「小会社」に該当するものとして原則として純資産価額方式で評価します。

(ロ) 株式の発行会社が，土地や上場有価証券等を所有しているときは，これらの資産は贈与又は譲渡時の価額で評価します。

(ハ) 純資産価額方式で評価を行う場合，評基通186－2により計算した評価差額に対する法人税等に相当する金額は控除できません。

第5節　税法上の適正な時価と企業評価

　所得税法及び法人税法においては，必ずしも非上場株式の時価を具体的に定めていはいません。

　しかし，税法上においては「財産の価格は，時価によるものとし………」（評基通1⑵）としている以上，相続の発生した個人の所有する非上場株式の時価の算定方法について，相続税法で詳細に規定しています。

　本来の意味での財産の時価は税法が優先して定めるべきものか疑問です。

　時価とは商取引によって，不特定多数の売り主・買い主の需給関係，資金関係等の一切の事情が反映して取引価格が決定され，その結果として時価が定まるのであって，税法はその時価を正確に把握するために追随するのが実情ではないでしょうか。

　買収を行う場合の株式の売買価格は，売り手，買い手双方の納得で決まるため，通常，税務上の評価を大きく上回る場合もありますし，逆にその評価額を大きく下回る場合もあります。

　株式の売り手と買い手がまったくの第三者であり，株式の売買契約書に記載されていない金銭の授受があれば別ですが，そうでない限り，これらの取引は当事者間における売買価格は，その時点の時価と考える以外にないと思います。

　したがって，企業評価の算定にあたって時価の判断に困難を伴う財貨についてだけに限定すれば，課税上特に弊害を生じないかどうか，純粋な経済取引としての第三者間の取引であるかどうかの2点について問題がなければ，商取引に当たって必ずしも税務上の評価額を意識する必要はないと考えます（ただし，あまりにも税務が考える時価（「時価純資産価格」を一つの基準というようですが……）とかけ離れている場合には，その原因を追求して，その合理的理由は明らかにしておき，税務当局に立証するための株価算定書を用意する必要があるでしょう）。

税法上の株式評価関連条文

Ⅰ. 財産評価基本通達関係

(取引相場のない株式の評価上の区分)

評基通178 取引相場のない株式の価額は、評価しようとする株式の発行会社（以下「評価会社」という。）が次の表の大会社、中会社又は小会社のいずれに該当するかに応じて、それぞれ次項の定めによって評価する。ただし、同族株主以外の株主等が取得した株式又は特定の評価会社の株式の価額は、それぞれ188《同族株主以外の株主等が取得した株式》又は189《特定の評価会社の株式》の定めによって評価する。

規模区分	区分の内容		総資産価額（帳簿価額によって計算した金額）及び従業員数	直前期末以前1年間における取引金額
大会社	従業員数が100人以上の会社又は右のいずれかに該当する会社	卸売業	20億円以上（従業員数が50人以下の会社を除く。）	80億円以上
		小売・サービス業	10億円以上（従業員数が50人以下の会社を除く。）	20億円以上
		卸売業、小売・サービス業以外	10億円以上（従業員数が50人以下の会社を除く。）	20億円以上
中会社	従業員数が100人未満の会社で右のいずれかに該当する会社（大会社に該当する場合を除く。）	卸売業	7,000万円以上（従業員数が5人以下の会社を除く。）	2億円以上80億円未満
		小売・サービス業	4,000万円以上（従業員数が5人以下の会社を除く。）	6,000万円以上20億円未満
		卸売業、小売・サービス業以外	5,000万円以上（従業員数が5人以下の会社を除く。）	8,000万円以上20億円未満
小会社	従業員数が100人未満の会社で右のいずれにも該当する会社	卸売業	7,000万円未満又は従業員数が5人以下	2億円未満
		小売・サービス業	4,000万円未満又は従業員数が5人以下	6,000万円未満
		卸売業、小売・サービス業以外	5,000万円未満又は従業員数が5人以下	8,000万円未満

上の表の「総資産価額（帳簿価額によって計算した金額）及び従業員数」及び「直前期末以前1年間における取引金額」は、それぞれ次の(1)から(3)により、「卸売業」、「小売・サービス業」、又は「卸売業、小売・サービス業以外」の判定は(4)による。

(1) 「総資産価額（帳簿価額によって計算した金額）」は、課税時期の直前に終了した事業年度の末日（以下「直前期末」という。）における評価会社の各資産の帳簿価額の合計額とする。

(2) 「従業員数」は、直前期末以前1年間においてその期間継続して評価会社に勤務していた従業員（就業規則等で定められた1週間当たりの労働時間が30時間未満である従業員を除く。以下この項において「継続勤務従業員」という。）の数に、直前期末以前1年間において評価会社に勤務していた従業員（継続勤務従業員を除く。）のその1年間における労働時間の合計時間数を従業員1人当たり年間平均労働時間数で除して求めた数を加算した数とする。

この場合における従業員1人当たり年間平均労働時間は、1,800時間とする。

(3) 「直前期末以前1年間における取引金額」は，その期間における評価会社の目的とする事業に係る収入金額（金融業・証券業については収入利息及び収入手数料）とする。

(4) 評価会社が「卸売業」，「小売・サービス業」，又は「卸売業，小売・サービス業以外」のいずれの業種に該当するかは，上記(3)の直前期末以前1年間における取引金額（以下この項及び181-2《評価会社の事業が該当する業種目》において「取引金額」という。）に基づいて判定し，当該取引金額のうちに2以上の業種に係る取引金額が含まれている場合には，それらの取引金額のうち最も多い取引金額に係る業種によって判定する。

(注) 上記(2)の従業員には，社長，理事長並びに法人税法施行令第71条《使用人兼務役員とされない役員》第1項第1号，第2号及び第3号に掲げる役員は含まないのであるから留意する。

（取引相場のない株式の評価の原則）

評基通179 前項により区分された大会社，中会社及び小会社の株式の価額は，それぞれ次による。

(1) 大会社の株式の価額は，類似業種比準価額によって評価する。ただし，納税義務者の選択により，1株当たりの純資産価額（相続税評価額によって計算した金額）によって評価することができる。

(2) 中会社の株式の価額は，次の算式により計算した金額によって評価する。ただし，納税義務者の選択により，算式中の類似業種比準価額を1株当たりの純資産価額（相続税評価額によって計算した金額）によって評価することができる。

> 類似業種比準価額×L＋1株当たりの純資産価額（相続税評価額によって計算した金額）×（1－L）

上の算式中の「L」は，評価会社の前項に定める総資産価額（帳簿価額によって計算した金額）及び従業員数又は直前期末以前1年間における取引金額に応じて，それぞれ次に定める割合のうちいずれか大きい方の割合とする。

イ 総資産価額（帳簿価額によって計算した金額）及び従業員数に応ずる割合

卸売業	小売・サービス業	卸売業，小売・サービス業以外	割合
14億円以上（従業員数が50人以下の会社を除く。）	7億円以上（従業員数が50人以下の会社を除く。）	7億円以上（従業員数が50人以下の会社を除く。）	0.90
7億円以上（従業員数が30人以下の会社を除く。）	4億円以上（従業員数が30人以下の会社を除く。）	4億円以上（従業員数が30人以下の会社を除く。）	0.75
7,000万円以上（従業員数が5人以下の会社を除く。）	4,000万円以上（従業員数が5人以下の会社を除く。）	5,000万円以上（従業員数が5人以下の会社を除く。）	0.60

（注）複数の区分に該当する場合には，上位の区分に該当するものとする。

ロ 直前期末以前1年間における取引金額に応ずる割合

卸売業	小売・サービス業	卸売業，小売・サービス業以外	割合
50億円以上80億円未満	12億円以上20億円未満	14億円以上20億円未満	0.90
25億円以上50億円未満	6億円以上12億円未満	7億円以上14億円未満	0.75
2億円以上25億円未満	6,000万円以上6億円未満	8,000万円以上7億円未満	0.60

(3) 小会社の株式の価額は，1株当たりの純資産価額（相続税評価額によって計算した金額）によって評価する。ただし，納税義務者の選択により，Lを0.50として(2)の算式により計算した金額によって評価する

（類似業種比準価額）

評基通180 前項の類似業種比準価額は，類似業種の株価並びに1株当たりの配当金額，年利益金額及び総資産価額（帳簿価額によって計算した金額）を基とし，次の算式によって計算した金額とする。この場合において，評価会社の直前期末における資本金等の額（法人税法第2条《定義》第16号に規定する資本金等の額をいう。以下同じ。）を直前期末における発行済株式数（自己株式（会社法第113条第4項に規定する自己株式をいう。以下同じ。）を有する場合には，当該自己株式の数を控除した株式数。以下同じ。）で除した金額（以下「1株当たりの資本金等の額」という。）が50円以外の金額であるときは，その計算した金額に，1株当たりの資本金の額50円に対する倍数を乗じて計算した金額とする。

$$A \times \left[\frac{\frac{ⓑ}{B} + \frac{ⓒ}{C} \times 3 + \frac{ⓓ}{D}}{5} \right] \times 0.7$$

上記算式の適用に当たっては，次による。

(1) 上記算式中の「A」「ⓑ」,「ⓒ」,「ⓓ」,「B」,「C」及び「D」は，それぞれ次による。

「A」＝類似業種の株価

「ⓑ」＝評価会社の直前期末における1株当たりの配当金額

「ⓒ」＝評価会社の直前期末以前1年間における1株当たりの利益金額

「ⓓ」＝評価会社の直前期末における1株当たりの純資産価額（帳簿価額によって計算した金額）

「B」＝課税時期の属する年の類似業種の1株当たりの配当金額

「C」＝課税時期の属する年の類似業種の1株当たりの年利益金額

「D」＝課税時期の属する年の類似業種の1株当たりの純資産価額（帳簿価額によって計算した金額）

　（注）　類似業種比準価額の計算に当たっては，，及びの金額が183《評価会社の1株当たりの配当金額等の計算》により1株当たりの資本金の額を50円とした場合の金額として計算することに留意する。

(2) 上記算式中の「0.7」は，178《取引相場のない株式の評価上の区分》に定める中会社の株式を評価する場合には「0.6」，同項に定める小会社の株式を評価する場合には「0.5」とする。

（類似業種の株価）

評基通182 180《類似業種比準価額》の類似業種の株価は，課税時期の属する月以前3ヶ月間の各月の類似業種の株価のうち最も低いものとする。ただし，納税義務者の選択により，類似業種の前年平均株価によることができる。

　この場合の各月の株価及び前年平均株価は，業種目ごとにそれぞれの業種目に該当する上場会社（以下「標本会社」という。）の株式の毎日の最終価格の各月ごとの平均額（1株当たりの資本金等の額を50円として計算した金額）を基に計算した金額によることとし，その金額は別に定める。

（純資産価額）

評基通185 179《取引相場のない株式の評価の原則》の「1株当たりの純資産価額（相続税評価額によって計算した金額）」は，課税時期における各資産をこの通達に定めるところにより評価した価額（この場合，評価会社が課税時期前3年以内に取得又は新築した土地及び土地の上に存する権利（以下「土地等」という。）並びに家屋及びその附属設備又は構築物（以下「家屋等」という。）の価額は，課税時期における通常の取引価

額に相当する金額によって評価するものとし，当該土地等又は当該家屋等に係る帳簿価額が課税時期における通常の取引価額に相当すると認められる場合には，当該帳簿価額に相当する金額によって評価することができるものとする。以下同じ。）の合計額から課税時期における各負債の金額の合計額及び186－2《評価差額に対する法人税額等に相当する金額》により計算した評価差額に対する法人税額等に相当する金額を控除した金額を課税時期における発行済株式数で除して計算した金額とする。ただし，179《取引相場のない株式の評価の原則》の(2)の算式及び(3)の1株当たりの純資産価額（相続税評価額によって計算した金額）については，株式の取得者とその同族関係者（188《同族株主以外の株主等が取得した株式》の(1)に定める同族関係者をいう。）の有する株式の合計数が評価会社の発行済株式数（188－3《評価会社が自己株式を有する場合の発行済株式数》から188－5《議決権のない株式がある場合の発行済株式数》までの定めにより発行済株式数から控除すべき株式がある場合には，当該株式の数を控除した株式数）の50％未満である場合においては，上記により計算した1株当たりの純資産価額（相続税評価額によって計算した金額）に100分の80を乗じて計算した金額とする。

(注) 1株当たりの純資産価額（相続税評価額によって計算した金額）の計算を行う場合の「発行済株式数」は，直前期末ではなく，課税時期における実際の発行済株式数であることに留意する。

（純資産価額計算上の負債）

評基通186 前項の課税時期における1株当たりの純資産価額（相続税評価額によって計算した金額）の計算を行う場合には，貸倒引当金，退職給与引当金（平成14年改正法人税法附則第8条《退職給与引当金に関する経過措置》第2項及び第3項の適用後の退職給与引当金勘定の金額に相当する金額を除く。），納税引当金その他の引当金及び準備金に相当する金額は負債に含まれないものとし，次に掲げる金額は負債に含まれることに留意する（次項及び186－3《評価会社が有する株式等の純資産価額の計算》において同じ。）。

(1) 課税時期の属する事業年度に係る法人税額，消費税額，事業税額，道府県民税額及び市町村民税額のうち，その事業年度開始の日から課税時期までの期間に対応する金額（課税時期において未払いのものに限る。）

(2) 課税時期以前に賦課期日のあった固定資産税の税額のうち，課税時期において未払いの金額

(3) 被相続人の死亡により，相続人その他の者に支給することが確定した退職手当金，功労金その他これらに準ずる給与の金額

（評価差額に対する法人税額等に相当する金額）

評基通186－2 185《純資産価額》の「評価差額に対する法人税額等に相当する金額は，次の(1)の金額から(2)の金額を控除した残額がある場合におけるその残額に42％（清算所得に対する法人税，事業税，道府県民税及び市町村民税の税率の合計に相当する割合）を乗じて計算した金額とする。

(1) 課税時期における各資産をこの通達に定めるところにより評価した価額の合計額（以下この項において「課税時期における相続税評価額による総資産価額」という。）から課税時期における各負債の金額の合計額を控除した金額

(2) 課税時期における相続税評価額による総資産価額の計算の基とした各資産の帳簿価額の合計額（当該資産の中に，現物出資若しくは合併により著しく低い価額で受け入れた資産又は会社法第2条第31号の規定による株式交換（以下この項において「株式交換」という。）若しくは会社法第2条第32号の規定による株式移転（以下この項において「株式移転」という。）により著しく低い価額で受け入れた株式（以下この項において，これらの資産又は株式を「現物出資等受入れ資産」という。）がある場合には，当該各資産の帳簿価額の合計額に，現物出資，合併，

株式交換又は株式移転の時において当該現物出資等受入れ資産を，この通達に定めるところにより評価した価額から当該現物出資等受入れ資産の帳簿価額を控除した金額（以下この項において「現物出資等受入れ差額」という。）を加算した価額）から課税時期における各負債の金額の合計額を控除した金額

(注) 1 現物出資等受入れ資産が合併により著しく低い価額で受け入れた資算（以下（注）1において「合併受入れ資産」という。）である場合において，上記(2)の「この通達に定めるところにより評価した価額は」は，当該価額が合併受入れ資産にかかる被合併会社の帳簿価額を超えるときには，当該帳簿価額とする。
2 上記(2)の「現物出資等受入れ差額」は，現物出資，合併，株式交換及び株式移転の時において現物出資等受入れ資産をこの通達に定めるところにより評価した価額が課税時期において当該現物出資等受入れ資産を上回る場合には，課税時期において当該現物出資等受入れ資産をこの通達に定めるところにより評価した価額から当該現物出資等受入れ資産の帳簿価額を控除した金額とする。
3 上記(2)のかっこ書における「現物出資等受入れ差額」の加算は，課税時期における相続税評価額による総資産価額に占める現物出資等受入れ資産の価額（課税時期においてこの通達に定めるところにより評価した価額）の合計額の割合が20％以下である場合には，適用しない。

（同族株主以外の株主等が取得した株式の評価）

評基通188－2 同族株主以外の株主が取得した株式の価額は，その株式に係る年配当金額（183《評価会社の１株当たりの配当金額等の計算》の(1)に定める１株当たりの配当金額をいう。ただし，その金額が２円50銭未満のもの及び無配のものにあっては２円50銭とする。）を基として，次の算式により計算した金額によって評価する。ただし，その金額がその株式を179《取引相場のない株式の評価の原則》の定めにより評価するものとして計算した金額を超える場合には，179《取引相場のない株式の評価の原則》の定めにより計算した金額によって評価する。

$$\frac{その株式に係る年配当金額}{10\%} \times \frac{その株式の１株当たりの資本金等の額}{50円}$$

(注) 上記算式の「その株式に係る年配当金額」は１株当たりの資本金等の額を50円とした場合の金額であるので，算式中において，評価会社の直前期末における１株当たりの資本金等の額の50円に対する倍数を乗じて評価額を計算することとしていることに留意する。

株主の態様と評価方式

株主の態様					評価方式
同族株主のいる会社	同族株主	取得後の持株割合5％以上			原則的評価方式
		取得後の持株割合5％未満（少数株式所有者）	中心的な同族株主がいない場合		
			中心的な同族株主がいる場合	中心的な同族株主	
				役員	
				その他	配当還元方式（例外的評価方式）
	同族株主以外の株主				
同族株主のいない会社	持株割合の合計が15％以上のグループに属する株主	取得後の持株割合5％以上			原則的評価方式
		取得後の持株割合5％未満（少数株式所有者）	中心的な株主がいない場合		
			中心的な株主がいる場合	中心的な株主	
				役員	
				その他	配当還元方式（例外的評価方式）
	持株割合の合計が15％未満のグループに属する株主				

(注)1　「同族株主」とは，課税時期における評価会社の株主のうち，株主の1人及びその同族関係者（法人税法施行令第4条《同族関係社の範囲》に規定する特殊の関係のある個人又は法人をいう。以下同じ。）の有する株式の合計数がその会社の発行済株式数の30％（その評価会社の株主のうち，株主の1人及びその同族関係者の有する株式の合計数が最も多いグループの有する株式の合計数が，その会社の発行済株式数の50％以上である会社にあっては，50％）以上である場合におけるその株主及びその同族関係者をいう。

2　「中心的な同族株主」とは，課税時期において同族株主の1人並びにその株主の配偶者，直系血族，兄弟姉妹及び1親等の姻族（これらの者の同族関係者である会社のうち，これらの者が有する株式の合計数がその会社の発行済株式数の25％以上である会社を含む。）の有する株式の合計数がその会社の発行済株式数の25％以上である場合におけるその株主をいう。

3　「中心的な株主」とは，課税時期において同族株主の1人及びその同族関係者の有する株式の合計数がその会社の発行済株式数の15％以上である株主グループのうち，いずれかのグループに単独でその会社の発行済株式数の10％以上の株式を有している株主がいる場合におけるその株主をいう。

Ⅱ．所得税法第59条《贈与等の場合の譲渡所得等の特例》関係
（株式等を贈与等した場合の「その時における価額」）

所基通59-6　法第59条第1項の規定の適用に当たって，譲渡所得の基因となる資産が株式（株主又は投資主となる権利，株式の割当てを受ける権利，新株予約権及び新株予約権の割当てを受ける権利を含む。以下この項において同じ。）である場合の同項に規定する「その時における価額」とは，23～35共-9に準じて算定した価額による。この場合，23～35共-9の(4)ニに定める「1株又は1口当たりの純資産価額等を参酌して通常取引されると認められる価額」とは，原則として，次によることを条件に，昭和39年4月25日付直資56・直審(資)17「財産評価基本通達」（法令解釈通達）の178から189-7まで《取引相場のない株式の評価》の例により算定した価額とする。

(1)　財産評価基本通達188の(1)に定める「同族株主」に該当するかどうかは，株式を譲渡又は贈与した個人の当該譲渡又は贈与直前の議決権の数により判定すること。

(2)　当該株式の価額につき財産評価基本通達179の例により算定する場合（同通達189-3の(1)において同通達179に準じて算定する場合を含む。）において，株式を譲渡又は贈与した個人が当該株式の発行会社にとって同通達188の(2)に定める「中心的な同族株式」に該当するときは，当該発行会社は常に同通達178に定める「小会社」に該当するものとしてその例によること。

(3)　当該株式の発行会社が土地（土地の上に存する権利を含む。）又は金融商品取引所に上場されている有価証券を有しているときは，財産評価基本通達185の本文に定める「1株当たりの純資産価額（相続税評価額によって計算した金額）」の計算に当たり，これらの資産については，当該譲渡又は贈与の時における価額によること。

(4)　財産評価基本通達185の本文に定める「1株当たりの純資産価額（相続税法評価額によって計算した金額）」の計算に当たり，同通達186-2により計算した評価差額に対する法人税額等に相当する金額は控除しないこと。

Ⅲ．法人税法第33条第2項《資産の評価損の損金算入》関係

（上場有価証券等以外の株式の価額）

法基通9－1－13 上場有価証券等以外の株式につき法第33条第2項《資産の評価損の損金算入》の規定を適用する場合の当該株式の価額は，次の区分に応じ，次による。

(1) 売買実例のあるもの　当該事業年度終了の日前6月間において売買の行われたもののうち適正と認められるものの価額

(2) 公開途上にある株式（金融商品取引所が財務大臣に対して株式の上場の承認申請を行うことを明らかにした日から上場の日の前日までのその株式及び日本証券業協会が株式を登録銘柄として登録することを明らかにした日から登録の日の前日までのその株式）で，当該株式の上場又は登録に際して株式の公募又は売出し（以下9－1－13において「公募等」という。）が行われるもの（(1)に該当するものを除く。）　金融商品取引所又は日本証券業協会の内規によって行われる入札により決定される入札後の公募等の価額等を参酌して通常取引されると認められる価額

(3) 売買実例のないものでその株式を発行する法人と事業の種類，規模，収益の状況等が類似するほかの法人の株式の価額があるもの（(2)に該当するものを除く。）　当該価額に比準して推定した価額

(4) (1)から(3)までに該当しないもの　当該事業年度終了の日又は同日に最も近い日におけるその株式の発行法人の事業年度終了の時における1株当たりの純資産価額等を参酌して通常取引される価額

（上場有価証券等以外の価額の特例）

法基通9－1－14 法人が，上場有価証券等以外の株式（9－1－13の(1)及び(2)に該当するものを除く。）について法第33条第2項《資産の評価損の損金算入》の規定を適用する場合において，事業年度の終了の時における当該株式の価額につき昭和39年4月25日付直審56・直審(資)17「財産評価基本通達」（以下9－1－14において「財産評価基本通達」という。）の178から189－6まで《取引相場のない株式の評価》の例によって算定した価額によっているときは，課税上弊害がない限り，次によることを条件としてこれを認める。

(1) 当該株式の価額につき財産評価基本通達179の例により算定する場合（同通達189－3の(1)において同通達179に準じて算定する場合を含む。）において，当該法人が当該株式の発行会社にとって同通達188の(2)に定める「中心的な同族株主」に該当するときは，当該発行会社常に同通達178に定める「小会社」に該当するものとしてその例によること。

(2) 当該株式の発行会社が土地（土地の上に存する権利を含む。）又は金融商品取引所に上場されている有価証券を有しているときは，財産評価基本通達185の本文に定める「1株当たりの純資産価額（相続税評価額によって計算した金額）」の計算に当たり，これらの資産については当該事業年度終了の時における価額によること。

(3) 財産評価基本通達185の本文に定める「1株当たりの純資産価額（相続税評価額によって計算した金額）」の計算に当たり，同通達186－2により計算した評価差額に対する法人税額等に相当する金額は控除しないこと。

第4編

応用解説編

第1章●株式交換・移転の法務Q&A

第2章●事業譲渡の法務Q&A

第3章●株式交換・移転の会計・税務Q&A

第1章

株式交換・移転の法務Q＆A

1.1 新株予約権の義務承継

Q 新株予約権の義務承継制度とは，何でしょうか。

Point

完全子会社となる会社が発行したストックオプション等の新株予約権を完全親会社に承継しなければ，永続的な100％親子関係を創設できない。そこで，新株予約権に対応する会社の新株発行義務の承継手続が定められている。但し，新株予約権の発行時に発行条件として承継に関する事項の決定方針を定めておかなければならず，この方針に沿って承継することを完全親会社となる会社が承諾して株式交換契約書に記載・記録ないし株主総会の承認を得なければならない。

A

(1) 問題点——新株予約権の処理

株式交換・株式移転は，完全親子会社関係を創設する手続きです。しかし，完全子会社となる会社が新株予約権付社債・ストックオプションその他の新株予約権を発行している場合，事後的に完全親子会社関係が崩れてしまうおそれが指摘されていました。すなわち，いったん100％子会社となっても，その会社の新株予約権が行使されると少数株主が出現してしまうのです。その場合，もう一度簡易株式交換をしなければ完全親子会社関係が崩れてしまいます。

(2) 新株発行義務の承継手続

そこで，新株予約権の発行条件および株式交換契約書等において，株式交換時等に完全親会社に義務が承継される旨の定めをすれば，完全子会社が発行していた新株予約権に基づく新株発行義務を完全親会社に承継できることとされています（会社法768①四，五，769④，773

①九,十,774四)。当然,承継された義務の内容は,完全親会社の株式を発行する義務に転換します(会社法236①ハニホなどで新株予約権の目的たる完全親会社の株式について定めることとされています)。

なお,会社法制定前は,新株予約権付社債は義務承継の対象から除外されていました。

これは,新株予約権付社債の義務承継は社債の引継ぎを伴うにもかかわらず,会社法制定前の旧商法下の株式交換等においては債権者保護手続が不要とされていたことによるものでした。

会社法制定時に,株式交換等に債権者保護手続が導入されたことに伴い,新株予約権付社債の義務承継も認められるようになりました。

1.2　株式交換をした場合の転換社債

Q 当社（P社）は，公開会社であるT社を株式交換によって完全子会社化するつもりです。ところが，T社は転換社債を発行しており，償還期日が到来しておりません。株式交換によって，この転換社債はどうなってしまうのでしょうか。

Point
① 改正商法施行後に発行する転換社債については，新株予約権の強制消却条項を発行要領に盛り込むことにより対処できる。
② 施行前に発行されている転換社債については，強制的な処理は不可能であり，償還しない限り，完全子会社に残ってしまう。

A
(1) 問題の所在

転換社債の社債部分はT社にとって負債ですから，社債権者は会社債権者です。株式交換は会社債権者の地位に変更を加えませんので，株式交換を行っても，社債の償還義務を負うのはT社のままです。

しかし，T社はP社の完全子会社となってしまうわけですから，上場廃止になってしまいます。転換社債も上場廃止になり，市場性が失われることになります。

また，株式交換は，T社の株主は保有する株式のすべてをP社の株式と交換することになりますが，転換社債のエクイティ部分はいまだ株式となっていませんので，交換の対象となりません。したがって，転換権の行使先もA社のままです。

T社が上場廃止になってしまうので，転換権を行使しても，市場性のないT社株を取得することになります。

P社からみても，転換権を行使された場合，T社は完全子会社でなくなってしまいます。

同様の事態は，新株引受権付社債でも生じます。

なお，平成13年秋の改正商法（平成13年改正商法）により，転換社債，新株引受権付社債は，新株予約権を軸に整理しなおされました（発行済の転換社債，新株予約権付社債は従前どおり扱われます）。

以下，平成13年改正商法施行後かつ会社法施行前に発行された転換社債，平成13年改正商法施行前に発行された転換社債，会社法施行後に発行された転換社債に分けて検討します。

(2) 平成13年改正商法施行後かつ会社法施行前に発行された転換社債の場合

平成13年改正商法により，従来の転換社債は新株予約権付社債の一発行形態として整理されました。

新株予約権付社債とは，株式のコールオプションである新株予約権を社債と同時に発行し，

新株予約権あるいは社債を単独で譲渡することができないもの，すなわち従来の非分離型新株引受権付社債に相当するものです。転換社債は，新株予約権付社債のうち発行要領に強制代用払込条項（平成13年改正商法341ノ3①七）が盛り込まれたものと整理されました。転換社債プロパーの条文がなくなりましたので，転換社債という名称も商法上のものではなくなりました。

この転換社債についても，株式交換の際には上に述べた不都合が生じます。

このような不都合を回避するためには，①株式交換に伴って完全親会社となる会社に承継させてしまう，株式交換が株主総会や取締役会で決議された段階で，②強制的に株式に転換してしまうか，③新株予約権を消却してしまうという方法が考えられます。

このうち，完全親会社への承継（上記①）は，会社法施行後に発行された転換社債（正確には転換社債型新株予約権付社債）については，新株予約権の義務承継制度（応用解説編Q1.1）によって可能になりましたが，会社法施行前の商法の下で発行された転換社債については不可能です（ちなみに，新株予約権単独の場合には，平成13年改正商法によって完全親会社への承継が可能となりました（352③）。しかし，転換社債を含む新株予約権付社債についてはこのような承継は認められていませんでした（応用解説編Q1.1））。

次に，強制転換条項に基づき，株式交換が決定された段階で強制的に株式に転換してしまう（②）という方法も不可能です。転換権（新株予約権）は転換社債権者（新株予約権者）のオプションであり，会社側にオプションを付与することはできないと考えられるからです。

最後に，新株予約権を消却してしまうという方法（上記③）ですが，平成13年改正商法では，新株予約権付社債に付された新株予約権について強制償却条項を付することが認められていました（商法341ノ3①四，280ノ20②七）。したがって，株式交換が決定されることを新株予約権部分の償却事由とする強制償却条項が付されている場合には，同条項に基づき新株予約権を償却してしまうことができます。

(3) 平成13年改正商法施行前に発行された転換社債の場合

これに対して，平成13年改正商法施行前に発行された転換社債には，強制償却条項を付することは認められていませんでした。

したがって，株式交換に先立って，転換社債を強制的に処理する手段はありません。

実務上は，任意に買入消却するとか，転換権の行使を事実上うながすといった方法により対処することが行われているようです。その他，完全親会社，完全子会社，転換社債権者の3者間の合意で，完全親会社が発行する転換社債をもって償還に代えるといったことも考えられます。

これらの方法は，あくまで任意に行われるものですから，転換社債権者が応じないときにこれを強制することはできません。したがって，株式交換後に転換権を行使された場合は，完全子会社は新株を割当てなければなりません。これにより完全親子関係は失われることに

なります。

　もっとも，株式交換後に転換権の行使があった場合であっても，再度株式交換を行うことにより完全親子関係を回復することができます。そして，転換権の行使によりきわめて大量の新株が発行されない限り，株主総会決議が不要な簡易株式交換を用いることができます（商358）。

　しかし，残存した転換権の行使が常に一括してなされるとは限りませんし，そもそも転換社債が証券取引所に上場している場合には，契約上，上場維持義務があることが多く，株式交換前に全ての転換社債を処理しておかないとデフォルト（債務不履行）が生じてしまいます。

　デフォルトが生じた場合，全ての転換社債について期限の利益を喪失し，直ちに繰上げ償還する義務が発生してしまいますので，上場転換社債を発行している会社が株式交換を実施する時には，慎重な検討が必要になります。

(4)　会社法の施行後に発行された転換社債（新株予約権社債）の場合

　会社法の下では，新株予約権付社債を完全親会社が承継することが認められています（会社法236①ハニ，768①四五，会社法施行前商法352③括弧書対照）。

　したがって，新株予約権発行事項として新株予約権の承継につき定められている場合には，転換社債（新株予約権付社債）を完全親会社に承継させることが可能となります。

　また，新株予約権の内容として強制取得条項（236①七イ）の定めが置かれているときには，株式交換が決定された段階で会社が新株予約権を強制取得してしまうことで，前記不都合を回避することができます。

1.3 完全子会社がストックオプションを発行している場合の処理

Q 当社は，現在株式交換によりグループ会社の再編を行う予定です。しかし，当社の完全子会社となる予定のA社（現在ジャスダック上場）は，ストックオプションを発行しているのです。そこで，株式交換の場合のストックオプションの処理方法について，教えて下さい。

Point

① ストックオプションの場合，100％子会社化した後に少数株主が発生することと，行使後に取得する株式が非上場株式となるため，インセンティブの効果が薄れることが問題である。

② 平成13年商法改正前に発行された自己株方式のストックオプションの場合，上記①に加えて，譲渡すべき自己株式が完全親会社に移転してしまう。

③ 株式交換後に簡易株式交換を繰り返す方法，個別同意により処理する方法などがある。改正法により，これからは，義務承継させることも可能となる。

A
(1) 自己株方式のストックオプション

いわゆる金庫株改正（平成13年法79）前のストックオプションは，自己株方式と新株引受権方式の二種類でした。同改正により，自己株方式ストックオプションは廃止されましたが，平成13年10月1日より前にストックオプションとして取得された自己株式に関しては，従前の決議の範囲内で有効です（同改正附則5②）。

(2) 問 題 点

取締役・使用人は，株式交換後に上場廃止となった完全子会社の株式を受領することになります。したがって，業績の向上が株価に即反映されず，ストックオプションを付与された取締役等は，業績向上へのインセンティブを持ちにくくなります。

また，取締役等に権利行使をうながそうと考えたとしても，付与時から2年以内の株式交換（付与時から2年以内に行使してしまうと税制適格要件を満たさない）や，権利行使価格よりも時価が下がっている会社では，権利行使をうながすわけにはいかないでしょう。

もっとも，付与対象者が従業員・役員と特定できますので，個別の同意をとって買入消却するなどの措置は現実的に可能です（新株予約権付社債などでは，無記名でしかも譲渡されうるため権利者を特定することは実務上不可能です）。

(3) 自己株方式の問題点

完全子会社となるべき会社が平成13年10月1日より前に自己株方式ストックオプションを

付与していた場合，完全子会社となるべき会社は，取締役・使用人に譲渡すべき「自己株式」を確保しなければなりません。

しかし，取締役等による権利行使以前に株式交換の日が到来してしまうと，せっかく確保した自己株式が完全親会社に移転してしまいます。その後，権利行使されても，譲渡すべき「自己株式」がなく，履行できません。

さらに仮に完全親会社から自己株式を取得して譲渡したとしても，その自己株式は，非公開会社の株式になってしまいますから，業績向上による株価の上昇は期待できず，インセンティブ報酬としての意味を失ってしまいます。

また，事前に権利行使をうながすことも困難なケースがあり得ることは(2)で述べたとおりです。

(4) 対　　応

第一は，買入消却などの個別対応です。しかし，退職者もいるでしょうから，一概に容易とは言えません。

なお，自己株方式を消却しきれなかった場合，事実上，株式交換をあきらめるか，債務不履行（デフォルト）を覚悟しなければなりません。

また，この際，同時に，完全親会社株式を付与するということも，完全親会社の承諾があれば可能です。

第二は，簡易株式交換です。完全親会社は，少数株主発生後も依然完全子会社の大株主です。したがって，完全子会社の総会で特別決議を採ることは，法的には容易です。

そこで，権利行使によって少数株主が発生するたびに簡易株式交換を使えば，100％親子関係を維持できます。

第三に，平成13年改正商法において，従来のストックオプションを新株予約権と改めることに伴い，株式交換・移転時の新株予約権の義務承継という制度を設けました。詳細については，別の設問（応用解説編Q1.1）に譲ります。

これにより，ストックオプションを完全親会社に承継させることが可能となりました。

1.4 株式交換と完全親会社株式の割当て

Q 株式交換により完全子会社となる会社が自己株式を有している場合，その自己株式に完全親会社の株式を割り当てる必要があるのでしょうか。

Point
割り当てる必要がある。

A
(1) 株式交換において自己株式（ないし親会社株式）が問題となるケース

株式交換において自己株式ないし親会社株式が問題となりうる組み合わせとして，

① 完全子会社となる会社が完全親会社となる会社の株式を保有している場合
② 完全子会社となる会社が自己株式を保有している場合
③ 完全親会社となる会社が完全子会社となる会社の株式を保有している場合
④ 完全親会社が自己株式を保有している場合

の4とおりが考えられます。

このうち，①の場合は，完全子会社となる会社が保有していた当該株式は，株式交換により「親会社株式」（会社法135③）となります。したがって，当該株式を相当の時期に処分する必要があります。

③の場合は，完全親会社となる会社が保有する完全子会社となる会社の株式に，完全親会社の株式を割り当てることはできません（会社法768①三かっこ書き，会社法769①かっこ書き）。

④の場合は，株式交換の際の新株発行に代えて，当該自己株式を完全子会社となる会社の株主に移転することができます。

(2) 設問の場合

②の場合は，完全子会社となる会社が保有する自己株式に対して完全親会社の株式を割り当てると，完全子会社となる会社が親会社株式を取得することになります。また，自己株式の法的性質からすると，実質的には割り当てる必要がないようにも思えます。

しかし，他方で株式交換は，完全親子関係を強制的に作出する手続です。

したがって，株式交換においては，完全親会社となる会社の有する完全子会社の株式を除いて，完全子会社の発行済株式の全部を取得することとしています（会社法769①）。

そして，親会社株式取得禁止の例外として「株式交換……に際してその有する自己の株式……と引換えに親会社株式の割当てを受ける場合」が明文で定められています（会社法135①五，会社法施行規則23二）。

その場合，完全子会社となる会社が取得する完全親会社となる会社の株式は，相当の時期に処分する必要があります。

1.5 株式移転による持株会社化と代表訴訟

Q 私は，昔から株を持つA社のことを考え，A社の取締役の不正を代表訴訟で追及しています。地裁では勝訴しました。現在高裁で争っています。
　ところが，最近，A社は，株式移転による持株会社化を決めました。今後私は，持株会社の株主となるわけですが，A社の取締役の不正を追及する代表訴訟はどうなるのでしょうか。

Point
　訴訟係属中に，株式移転により株主でなくなった場合は，そのまま訴訟を続けることができる。

A
(1) 株主代表訴訟とその提訴要件

　会社が取締役の行為により損害を被った場合，会社は取締役に対して損害賠償を請求することができます。そして，会社が取締役の責任追及をする場合，監査役設置会社においては監査役が（会社法386①），監査役非設置会社では代表取締役（会社法349④）が会社を代表して責任追及をすることとされています。なお，監査役非設置会社の場合，訴えについて会社を代表する者を，取締役会非設置会社の場合には株主総会で（会社法353），取締役会設置会社の場合は取締役会で（会社法364）決めることができます。

　しかし，現実問題として，会社が取締役の責任追及をあいまいにして怠ることも考えられますので，株主が会社に代わって取締役の責任を追及する訴訟を起こすことができることになっています（会社法847③）。これが株主代表訴訟です。

　他方で，第三者が取締役の責任を追及するためだけに新たに株式を取得するなどすることも考えられることから，濫訴を防止するため，株主が株主代表訴訟を起こすには，6か月前から引き続き株式を有していることが要件となっています（会社法847①）。ただし，非公開会社（株式に譲渡制限がついている会社）の場合，新たに株式取得するということは想定しにくいことから，6か月という保有要件はありません（会社法847②）。

　そして，株主代表訴訟を提起した株主が，訴訟を続けるには，訴訟期間中を通じて株主でなければなりません（北沢・新版注釈会社法(6)（有斐閣）367頁）。株主であることは，損害を被った会社に代わって訴訟の当事者となることを基礎づけるもの（当事者適格といいます）だからです。たとえば，訴訟中に株式全部を譲渡したというように，この要件を欠くに至った場合には，訴えは不適法となり，却下されます（北沢・前掲367頁）。

(2) 株式移転による持株会社化と提訴要件への影響

　会社が株式移転をして持株会社を作ると，株式移転をした会社は持株会社の子会社（事業

子会社）となり，株式移転をした会社の株主は持株会社の株主となります。したがって，株主代表訴訟係属中に株式移転がなされると，原告である株主は，事業子会社の株主でなくなるので，形式的には株主代表訴訟の原告となる要件を欠くことになります。

　実際に，会社法施行前においては，株式移転をした場合には，株主代表訴訟が却下されるという裁判例が続きました。

　しかし，株主が株式全部を譲渡するといった株主自身の行為ではなく会社の行為により株主代表訴訟が続けられなくなるのは不合理ですので，会社法は，例外を設け，株主代表訴訟の係属中に株主でなくなった場合であっても，それが株式交換や株式移転，合併によるものであって，原告である株主が完全親会社や存続会社の株主となった場合には，引き続き訴訟を続けることができるようになりました（会社法851①）。

第4編　応用解説編

1.6　株式交換と種類株式

Q (1)　T社を株式交換によって完全子会社にしたいのですが，T社は，普通株のほかに，配当優先株を発行しています。当社は普通株しか発行していないのですが，この場合に注意すべき点はありますか。

(2)　わが社は，バイオ事業に進出するにあたり，上場会社であるS社の技術力に注目しています。S社との間では，株式交換による買収についてトップ間の話が進んでいますが，先日，S社から，株式交換の際にトラッキング・ストックを発行してほしいと要求されました。そのようなことは可能なのでしょうか。

Point

①　T社の配当優先株主に対して，完全親会社となる会社の普通株式を発行することも可能である。

② 　株式交換によって配当優先株主に不利益を与えてしまう関係にあるときには，種類株主総会の決議が必要である。

③ 　株式交換の際に発行する新株として，トラッキング・ストックを発行することも可能である。

A　(1)　完全子会社となる会社の種類株主の処遇

　株式交換において，完全子会社となる会社が種類株式（会社法108）を発行している場合であっても，当該種類株主に対して完全親会社となる会社の種類株式を発行しなければならないわけではありません。

　完全親会社となる会社が株式交換に際して発行する新株の種類および数は，当事会社間の合意によって決めることができ，株式交換契約書に記載されて，各当事会社の株主総会の承認の対象となります（会社法783①，795①）。

　各当事会社の株主総会で承認されれば，完全子会社となる会社の複数の種類株主に対して，一律に完全親会社となる会社の普通株式を割当てることが可能です。割当比率をどう調整するかということは，割当てに関する事項として株式交換契約書に記載され，各当事会社の株主総会の承認の対象となります。

　もちろん，株式の種類によって株式の時価は異なるでしょうから，種類株式ごとに割当比率を変えることも可能であり，その方がむしろ合理的であることが多いと思われます。

　したがって，設問(1)のT社の配当優先株の株主に対して，あなたの会社の普通株式を割り当てることで構わないということです。

　他方，あなたの会社が，株式交換を期に配当優先株を導入して，T社の配当優先化の株主

に対しては，新たに導入するあなたの会社の配当優先株を発行するということも可能です。

この場合，あなたの会社は定款を変更することになります（会社法108②）。定款を変更するといっても，別途定款変更手続を踏む必要はなく，株主総会の承認に付す株式交換契約書に記載しておくことになります。

(2) 種類株主総会

上記のように，種類株主の処遇は，株式交換契約書に記載して承認を受けることにより，自由に決定することができます。

しかしながら，特定の種類株主に損害を与えるような割当てをする場合には，当該種類株主を招集して，種類株主総会の決議を経る必要があります（会社法322①）。

複数の種類の株式を発行している会社で，すべての種類の株式が上場されているようなケースでは，それぞれの時価を基準に割当比率を決定すればよいのですが，上場されていない種類株式があるときには，適正な割当比率を算定するのは困難です。このような場合，実務上は，念のため種類株主総会を開催することになると思われます。

(3) 株式交換の際のトラッキング・ストックの発行

上に述べたように，株式交換の際に，完全親会社となる会社において新たに種類株式を導入し，それを完全子会社となる会社の既存株主に発行することができます。

トラッキング・ストック自体についての詳しい説明は割愛しますが，特定事業部門または子会社の業績に株価を連動させるように設計された種類株式のことです。

Ｓ社がトラッキング・ストックの発行を要求したのは，普通株式にすることによって，Ｓ社の事業の価値を埋没させたくないためです。Ｓ社の既存株主としては，Ｓ社のバイオ事業の収益性，期待性が株式交換をすることによって市場において認識されにくくなることを懸念したのです。

株式交換における買収対価としてトラッキング・ストックを発行するためには，定款を変更してトラッキング・ストックの内容を記載する必要があるので，株式交換契約書にその内容を記載することになります。

トラッキング・ストックは，普通株式とは別個の株式として上場することになりますので，事前に証券取引所に相談をして，円滑な上場スケジュールを組む必要があります。

1.7 株式交換・移転と上場

Q
(1) 上場会社同士が株式交換する場合，完全子会社となる会社の株主の保有する株式等は，上場手続上，いかに扱われるのか。
(2) 上場会社が株式移転によって，完全子会社となる場合，その株式はいかに扱われ，かつ，新設した完全親会社の株式はどう扱われるのか。

Point
① 上場会社同士の株式交換の場合，完全子会社株式等は上場廃止となり，交付された完全親会社株式等は株式交換の日に新規上場される。
② 上場会社の株式移転による完全子会社化の場合，完全子会社株式等は上場廃止され，新設の完全親会社の株式等が新規上場される。

A
(1) 上場会社同士の株式交換と上場手続

上場会社が株式交換によって完全子会社となった場合，株式市場における流通を必要としなくなります。したがって，この場合，完全子会社の上場株式等は上場廃止されます。

上場会社同士の株式交換の場合，上場廃止の時期は，効力発生日の4日前（休業日を除外する）の日とされています。

そして，株式交換の日に，新しく発行した株式を追加上場することになっています。このとき，配当等の権利内容がそれまでに流通している株式等と異なる場合（配当起算日が異なるなど），新株式として上場されます。

(2) 上場会社の株式移転による完全子会社化と上場手続

上場会社が株式移転によって完全子会社化する場合，完全子会社株式等が，効力発生日の4日前（休業日を除外する）の日に上場廃止とされることは，株式交換と同様です。

そして，株式移転により設立された新設会社の株式等は，株式移転期日に新規上場されます。

なお，株式移転によって設立される会社が発行する株式等については，設立前においても新規上場を申請することができます。

第2章

事業譲渡の法務Q&A

2.1 分社化の手段としての事業譲渡のスケジュール

Q 公開会社A社（年間売上高100億円）が，年間20億円の売上高のある事業部を分社化しようと考えています。分社化の方法として，A社が100％出資して子会社B社を新設し，そのB社に対して事業譲渡をする方法をとる場合，A社およびB社それぞれの具体的スケジュールはどうなりますか。

Point
① A社の取締役会決議で事業譲渡の方針が決定された場合，直ちにその情報を開示しなければなりません。
② 事業譲渡契約の締結は，事業譲渡の承認のためのA社の株主総会の前でも後でもどちらでも構いません。
③ B社は，株主総会の特別決議が必要となる場合があります。

A (1) 開 示 規 制

A社は公開会社であり，分社化によって年間売上高が10％以上減少することが確実ですので，取締役会決議で事業譲渡の方針が決定された場合，臨時報告書を提出しなければなりません（金商法24の5④，企業内容等の開示に関する内閣府令19②八）。

(2) 事業譲渡契約の締結時期

A社にとっては，事業の重要な一部の譲渡にあたりますので，株主総会の特別決議が必要になります（会社法467①二）。

新設するB社と事業譲渡契約を締結する時期については制限がなく，株主総会の特別決議前でもかまいませんし，特別決議後でもかまいません。

(3) 事 後 設 立

B社にとっては，会社成立後に2年以内に，成立前から存在する財産で事業のために継続して使用するものを会社の純資産額の5分の1以上に当たる対価で取得する契約となる場合

255

には，事後設立にあたり，株主総会の特別決議が必要となります（会社法467①五）。

旧商法では，事後設立については，事後設立には検査役の調査も要求されていましたが，機関投資家等から資金を集め他社の事業の一部を買収するいわゆるＭ＆Ａ目的の会社が設立される例が増えてきており，事後設立を一律に財産引受け・現物出資規制の脱法とみなし，それと同じ規制をすることに批判が強まり，会社法制定時に検査役の調査は廃止されています（江頭憲治郎「株式会社法第3版」（有斐閣）71頁）。

(4) 許認可

譲渡の対象となった事業が許認可に基づくものである場合には，許認可をとることは事業の継続にとって不可欠の要素になります。事業譲渡後に事業できるようにするためには，譲受会社は許認可を得る必要があります。

許認可は県単位で申請することが多いので，多くの支店を抱えている場合にはとても大変です。許認可の申請をしても許認可が下りるまでに10ヶ月くらいかかる場合もあります。

(5) 従業員の転籍合意

事業譲渡に伴い，その事業に従事していた従業員も譲受会社が引き継ぐことが多いのですが，従業員を譲渡会社から譲受会社に転籍させるためには，従業員から転籍についての合意を取る必要があります。

(6) スケジュール

株主総会前に事業譲渡契約を締結する場合と，株主総会後に事業譲渡契約を締結する場合，それぞれのＡ社Ｂ社のスケジュールの一例を示すと，次の表のようになります。

なお，従業員の転籍合意や許認可の取得等の商法以外の手続については省略しています。

表 4－1　株主総会前に事業譲渡契約を締結する場合のスケジュールの一例

日程	A社（譲渡会社）	B社（譲受会社）
3・1	取締役会決議（事業譲渡の方針決定） 公表—証券取引所への届出，記者発表 臨時報告書提出	商号仮登記
3・15	事業譲渡契約締結	設立登記 事業譲渡契約締結
3・16	取締役会決議（株主総会の招集）	
3・23	株主総会開催のための基準日公告	
4・6	基準日	
4・21	株主総会招集通知発送	
5・6	株主総会 特別決議（事業譲渡の承認）	株主総会 特別決議（事後設立の承認）
5・31	譲渡期日 登記申請等開始	譲渡期日 登記申請等開始

表 4－2　株主総会後に事業譲渡契約を締結する場合のスケジュールの一例

日程	A社（譲渡会社）	B社（譲受会社）
5・1	取締役会決議（事業譲渡の方針決定，株主総会の招集） 公表—証券取引所への届出，記者発表 臨時報告書提出	商号仮登記
5・7	株主総会開催のための基準日公告	
5・21	基準日	
6・10	株主総会招集通知発送	
6・25	株主総会 特別決議（事業譲渡の承認）	
7・1	事業譲渡契約締結	設立登記 事業譲渡契約締結
7・15		株主総会 特別決議（事後設立の承認）
7・31	譲渡期日 登記申請等開始	譲受期日 登記申請等開始

第4編　応用解説編

2.2　買収の手段としての事業譲渡のスケジュール

Q 公開会社D社（年間売上高80億円）は，C社の事業部の1つを事業譲渡の方法で買収しようと考えています。C社も公開会社です。買収の対象となる事業部の年間売上高は10億円で，C社の年間売上高の10％にあたります。この場合，C社及びD社それぞれの具体的スケジュールはどうなりますか。

> **Point**
> ① 証券取引所や公正取引委員会に事前に相談に行くことになります。
> ② 事業譲渡に関する覚書が締結された場合，直ちにその情報を開示しなければなりません。
> ③ D社は，事前に公正取引委員会に届出をし，事後に完了の報告をしなければなりません。

A　(1)　秘密保持契約の締結──証券取引所，公正取引委員会への事前相談

買収監査の前に秘密保持契約が締結されることが通常です。

秘密保持契約が締結された後，証券取引所，公正取引委員会に事前相談に行き，金融商品取引法及び独占禁止法上の問題が生じないように配慮することが必要になります。

(2)　開示規制

事業譲渡に関する覚書が締結された場合，その事業譲渡契約の締結が確実に見込まれると評価できます。設例の場合，C社，D社ともに公開会社であり，年間売上高が10％以上増減する事業譲渡契約になりますので，事業譲渡に関する覚書が締結され，公表された場合，臨時報告書を提出しなければなりません（金商法24の5④，企業内容等の開示に関する内閣府令19②八）。

(3)　公正取引委員会への事前届出，報告

D社にとっては，他の会社の事業の重要部分の譲受けにあたりますので，事前に公正取引委員会に届出をしなければなりません。しかも，公正取引委員会が届出を受理した日から30日を経過する日までは，事業譲渡の譲受行為の実行が禁止されますので（独禁法16③，10⑧，⑨），事業譲渡のスケジュールを立てるときには，その日数も考慮に入れなければなりません。

(4)　スケジュール

C社D社それぞれのスケジュールの一例を示すと，次の表のようになります。

なお，従業員の転籍合意や許認可の取得等の商法以外の手続については省略しています。

表4−3　買収の手段としての事業譲渡契約を締結する場合のスケジュールの一例

日程	C社（譲渡会社）	D社（譲受会社）
3・1	秘密保持契約の締結	秘密保持契約の締結
3・2	証券取引所事前相談 公正取引委員会事前相談 買収監査開始	証券取引所事前相談 公正取引委員会事前相談 買収監査開始
4・15	取締役会決議（事業譲渡に関する覚書締結の承認） 事業譲渡に関する覚書の締結 公表—証券取引所への届出，記者発表 臨時報告書提出	取締役会決議（事業譲渡に関する覚書締結の承認） 事業譲渡に関する覚書の締結 公表—証券取引所への届出，記者発表 臨時報告書提出
5・1	取締役会決議（事業譲渡の承認，株主総会の招集）	取締役会決議（事業譲受けの承認，株主総会の招集）
5・2	事業譲渡契約締結 公表—証券取引所への届出，記者発表 臨時報告書提出	事業譲渡契約締結 公表—証券取引所への届出，記者発表 臨時報告書提出
5・7	株主総会開催のための基準日または株主名簿閉鎖公告	
5・21	基準日	公正取引委員会への届出
6・10	株主総会招集通知発送	
6・25	株主総会 特別決議（事業譲渡の承認）	
7・15	反対株主の買取請求期限	
8・1	譲渡期日	譲受期日 登記申請等開始
8・5	登記申請等開始	公正取引委員会に完了報告

2.3 事業譲渡に伴う自己株式の取得

Q 当社は，A社の事業の全部を譲り受けることになりました。譲受けの対象財産の中には当社の株式が含まれており，当社としては自己株式を取得することになります。平成13年の会社法改正によって自己株式取得の規制に関する条文が改正されたと聞きました。この場合，事業譲渡の手続きとは別に自己株式取得の手続きをとる必要があるのでしょうか。

また，取得した自己株式は直ちに処分しなければならないのでしょうか。

> **Point**
> ① 事業全部の譲受けに伴う自己株式取得の場合には，事業譲渡の手続きとは別に自己株式取得の手続きをとる必要はないと考えられます。
> ② 取得した自己株式は特に期間の制限なく保有できます。

A

(1) 自己株式取得規制の改正

平成13年改正前商法は，自己株式の取得（会社が自社の発行した株式を取得すること）を原則として禁止していました（平成13年改正前商210）。

しかし，産業界には，特に公開会社株式につき，資本効率を高める等の財務戦略上の観点から，自己株式取得規制の緩和を主張する意見が強く，学説上も自己株式取得規制緩和の有用性が説かれていました。

そこで平成13年改正商法は，会社による自己株式の取得を原則として自由とする規制に転換しました。

会社法においても，会社法461条1項に定める分配可能額の範囲であれば，株主総会の決議によって，①取得する株式の数，②株式を取得するのと引換えに交付する金銭等の内容及びその総額，③株式を取得することができる期間を定め，これに基づき自己株式を取得することができます（会社法156，157）。

(2) 事業全部の譲受けの場合の例外

事業全部の譲受けに伴う場合には，譲渡人が保有する自己株式を取得することもやむを得ない行為であるため，例外的に上記の規制なく自己株式を取得することが認められています（会社法155十）。

(3) 自己株式の保有

平成13年改正前商法第211条は，取得した自己株式を場合に応じ，他に処分するかまたは失効させなければならないとしていました。

しかし，平成13年改正商法により旧第211条は削除され，会社は取得した自己株式を特に期

間の制限なく保有できることになりました。

　会社法においても，取得した自己株式を直ちに処分する必要はなく，期間の制限なく保有できます。

2.4 秘密保持契約

Q メインバンクから,「御社のA事業部を事業譲渡の方法で譲り受けたいと考えている会社があるが,検討してみないか。」と言われました。A事業部は,当社のコアビジネスとは関係のない事業部ですから,事業譲渡代金の金額によっては事業譲渡をしてもよいと考えています。しかし,相手方は,「事業譲渡契約締結に先立って,買収監査をしたい。」と言っているようです。買収監査を認める場合,どのような点に注意すればよいでしょうか。

Point

① 買収監査によって得られた情報を他に漏洩しないという秘密保持契約を締結しましょう。

② 秘密保持契約の内容は,保持すべき秘密情報とは何か,秘密情報の使用目的,秘密情報を開示できる範囲,秘密を保持すべき期間,事業譲渡の話がまとまらなかった場合の措置,秘密が漏洩された場合の損害賠償などについて規定します。

③ 事業譲渡の情報が商取引に影響を与えることを防止し,あるいはインサイダー取引を防止するために,事業譲渡の計画があること自体を秘密情報事項に盛り込む場合もあります。

A (1) 秘密保持契約の必要性

買収監査とは,事業を譲り受けるか,譲り受けるとして対価はいくらにするか,譲り受ける場合の注意点は何かなどを把握するために,法律上,会計上の観点から行われる買収対象の調査をいいます。

事業を譲り受けるかどうか,その対価はいくらにするかなどを判断するために行われるものですから,買収監査にあたっては,その事業に関する売上や原価,顧客の状況,契約書類,資産・負債の状況や,従事する従業員の情報など,多岐にわたって重要な情報を開示することが要請される可能性があります。

譲り渡す会社としても,情報を開示する必要性があることは認めるところでしょうが,監査の対象となる情報は,譲渡会社の機密に属する事項であることがほとんどです。調査対象事項によっては,譲渡対象の事業に限定できる情報だけでなく譲渡会社全体の機密にかかわる事項を開示する必要が生じる場合もあります。

しかし,買収監査の結果,必ずしも絶対に事業譲渡が実行されるとは限りませんし,事業譲渡が実行されない場合,開示した情報を相手方が利用して自社の利益が損なわれるおそれ

があります。また，買収監査において開示した情報が，相手方会社や買収監査に関与した者によって他に漏洩されてしまう危険性もあります。

したがって，自社の利益が損なわれることや情報の漏洩がなされないという保証がなければ，安心して買収監査の実施を認めることはできません。

そこで，買収監査の実施にあたっては，譲渡会社と譲受会社の間で，秘密保持に関する契約を締結する必要があります。

(2) 秘密保持契約の内容

秘密保持契約の内容として盛り込むべき事項は，次のようなものです。

① 秘密情報の定義

譲渡会社からすれば，秘密情報の範囲は，できるだけ広く設定しておきたいところですが，契約締結当時すでに公知になっている情報や，契約締結以前に譲受会社が自ら所有していた情報，正当な権限を有する第三者から適法に入手した情報などは秘密情報ではないと明記するのが通常です。

なお，書面だけでなく，口頭で開示された情報や，電磁的記録による情報も秘密情報としておく必要があります。

② 秘密を漏洩してはならない旨

③ 秘密情報の使用目的

使用目的は，当該事業譲渡の検討に限定すべきです。

④ 秘密情報を開示できる範囲

買収監査は自然人によって行われ，監査の結果は自然人によって評価されます。買収監査において譲渡会社が情報を開示する者，譲受会社が秘密情報を開示しても契約違反とならない者を定めておきましょう。買収監査に関与する譲受会社の役員・従業員，弁護士，公認会計士などです。

併せて，譲受会社の責任において，これらの情報受領者に譲受会社と同様の秘密保持義務を遵守させる義務を課しておきます。

⑤ 秘密保持期間

事業譲渡契約の締結見込みがなくなっても，秘密を保持する義務は継続させます。

⑥ 秘密情報の返還

秘密情報が不要になっても，そのまま譲受会社に秘密情報を所持させておくことは，情報漏洩の危険を増します。事業譲渡契約が締結される見込みがなくなった場合には，原本写しを問わず，情報の返還，破棄を義務づける必要があります。

⑦ 損害賠償

譲受会社や情報の開示を受けた者が秘密保持義務に違反したことにより，譲渡会社に損害が生じた場合は，当然に債務不履行に基づく損害賠償を請求することができます。損害

の立証は難しいので，損害賠償額の予定を定めておくことも一法ですが，規定の仕方によってはそれ以上の損害が発生しても賠償請求ができなくなるおそれがありますので，注意が必要です。

(3) 事業譲渡の検討・交渉をしている事実も秘密事項とする

事業譲渡の検討・交渉を行っているという情報は，これを知った現在の取引先が取引を控えるなど，商取引に影響を与えるおそれがありますので，秘密にしておく必要がある場合があります。

また，金融商品取引法は，株価等に影響を与える重要な事実に接した会社関係者が，その重要事実が公表される前に証券取引をすることを禁止しています。事業譲渡を行うことの決定は，重要事実に該当しますが，実質的に事業譲渡を行うことが決定されれば，最終決定がなされなくても株価等に影響を与える重要な事実が決定されたと認定され，インサイダー取引規制を受けますので，事業譲渡について検討，交渉が行われている事実を知った者が証券取引を行えば，インサイダー取引規制に抵触することになります。

そこで，事業譲渡の情報が流れることにより商取引に影響を与えることを防止し，あるいは不法なインサイダー取引が行われることを防止するために，秘密保持契約書には，買収監査等において開示した情報だけでなく，事業譲渡について検討・交渉が行われているという事実についても秘密事項として，これを漏洩しない旨を規定しておくことが行われます。

なお，インサイダー取引規制は重要事実を公表しなければ解除されません。また，株式公開会社は，情報の適時開示が義務付けられています。そこで，当事会社が株式公開会社である場合には，事業譲渡に関する情報の公表時期・公表内容・公表方法を協議して，いずれ公表するという条項を入れておくのが一般的です。

(4) 秘密保持契約書の例

次に秘密保持契約書の一例を示します。

秘 密 保 持 契 約 書

○○○○株式会社（以下「甲」という。）と××××株式会社（以下「乙」という。甲と乙を併せて，以下「当事会社」という。）は，当事会社の間で行われる，甲のA事業部にかかわる事業譲渡（以下「本件事業譲渡」という。）に関し，当事会社間で開示された情報につき，以下に定める条項に従うものとする。

（定　義）

第1条　本契約でいう情報とは，文書・口頭・電磁的記録及び物品を問わず，当事会社が他方当事会社またはそのファイナンシャル・アドバイザーより開示された，または将来開示される一切の情報（以下「本秘密情報」という。）をいう。ただし，次の各号に定める場合は，この限りでない。

(1) 他方当事会社またはそのファイナンシャル・アドバイザーから事前に書面による承諾を得て開示する情報

(2) 本契約締結前に既に公知になっている情報または締結後に乙の責めによらずに公知となった情報
(3) 甲から開示を受ける以前に既に乙が自ら所有していた情報または正当な権限を有する第三者から適法に入手していた開示可能な情報

（情報の秘密保持）
第2条① 本秘密情報を受領した当事会社は，本秘密情報について厳に秘密を保持するものとし，本件事業譲渡の検討のため秘密情報を必要とする取締役，執行役員，従業員，弁護士，公認会計士，税理士及びファイナンシャル・アドバイザーの取締役，執行役員，従業員（以下，「個人受領権者」という。）以外の者に対し，本秘密情報を開示，漏洩してはならず，また，本件事業譲渡の検討以外の目的で本秘密情報を使用してはならない。
② 当事会社が，法令，裁判所の判決・決定・命令，行政庁の命令・指示・指導等により本秘密情報の開示を要求される場合には，当事会社は，直ちにその旨を他方当事会社に対し通知する。また，当事会社がかかる要求に基づき開示を行う場合，法律上要求される必要最小限度の内容・範囲と認められる部分についてのみ開示を行う。

（本件事業譲渡の秘密保持）
第3条 当事会社は，当事会社の間で本件事業譲渡につき検討，交渉が行われている事実及びその内容につき，相手方の書面による承諾なく前条記載の者以外に対し漏洩，開示してはならない。

（個人受領権者に対する開示）
第4条① 本契約第2条に基づいて当事会社の個人受領権者に対し本秘密情報の開示を行う場合，当事会社は，本秘密情報の機密性について，当該個人受領権者に対し十分かつ適切に説明する。
② 本秘密情報の開示を受けた個人受領権者は，他方当事会社に対し本契約に基づく当事会社の義務同様の秘密保持義務を負う。
③ 当事会社は，かかる個人受領権者による秘密保持義務違反の一切につきその責任を負う。
④ 当事会社は本秘密情報の開示を行った個人受領権者の氏名，役職，所属部署を記載した書面を他方当事会社に対し直ちに通知する。

（本秘密情報の返還）
第5条 当事会社は，本件事業譲渡の成約の可能性がなくなったと判断した場合には，本秘密情報のうち原本の返還が可能なもの及びその写しの一切を，他方当事会社からの返還請求により速やかに返還しなければならない。返還不能なものについては，他方当事会社の承諾を得て破棄処分する。

（当事会社の義務の存続期間）
第6条 本契約に基づく当事会社の義務は，本件事業譲渡成約の可能性がなくなり，前条に基づき，本秘密情報を返還・破棄した後においても，本契約締結後〇年間は存続するものとする。

（救済手段）
第7条 当事会社は，当事会社による本契約の義務違反の結果，他方当事会社が損害，損失等を被ったことが裁判（裁判上の和解を含む）等の手続きを経て確定した場合には，他方当事会社に対し，その全額を賠償するものとする。

（協議事項）
第8条 当事会社は，本契約に定めのない事項または本契約の解釈に関し何らかの疑義が生じた場合には，本契約の趣旨に従い，相互に誠意をもって協議し，その決定に従う。

2.5 金融商品取引法の開示規制の対処方法

Q 事業譲渡を行う場合，金融商品取引法の開示規制上，どのような対処をすればよいのでしょうか。

Point
① 有価証券報告書を提出しなければならない会社において
  (a) 資産の額が，最近事業年度の末日における純資産額の100分の30以上減少し，もしくは増加することが見込まれる事業譲渡・譲受け契約が締結された場合
  (b) 売上高が，最近事業年度の売上高の100分の10以上減少し，もしくは増加することが見込まれる事業譲渡・譲受け契約が締結された場合
には，臨時報告書を提出しなければなりません。
② 有価証券報告書を提出しなければならない連結会社において，連結子会社が一定条件の事業譲渡・譲受けを行うときにも，臨時報告書提出の義務があります。
③ 証券取引所，証券業協会においても，適時開示規制が設けられています。

A
(1) 臨時報告書

有価証券取引の公正の確保と投資家の保護のため，金融商品取引法は，企業内容開示規制を規定しています。企業内容開示規制に基づき有価証券報告書を提出しなければならない会社は，当該会社の属する企業集団および当該会社の事業の内容に関する重要な事項など，公益または投資者保護のために必要とされる事項が生じたときには，その内容を臨時報告書に記載して，遅滞なく財務局長等に提出しなければなりません（金商法24の5④）。企業内容に関して発生した重要な事実であって，特に投資者に適時に開示することが望まれる事項を，有価証券報告書・半期報告書といった継続開示書類を待たずに開示させ，投資者が的確に投資判断できるようにするためです。臨時報告書を提出しない者，重要な事項につき虚偽の記載のあるものを提出した者には，罰則が科されます（金商法200五，198六）。

(2) 臨時報告書の提出義務が課される事業譲渡・譲受け

臨時報告書の提出義務が課されている事項にはいくつかありますが，事業譲渡・譲受けにおいては，次の各場合が該当します（金商法24の5④，企業内容等の開示に関する内閣府令19②八）。

> ① 有価証券報告書を提出すべき会社の資産の額が，当該会社の最近事業年度の末日における純資産額の100分の30以上減少し，または増加することが見込まれる事業の譲渡または譲受けにかかる契約が締結された場合
> ② 有価証券報告書を提出すべき会社の売上高が当該会社の最近事業年度の売上高の100分の10以上減少し，または増加することが見込まれる事業の譲渡または譲受けにかかる契約が締結された場合

「契約が締結された」とは，契約が締結されることが確実に見込まれ，かつ，その旨が公表された場合も含みます。

臨時報告書には，事業の譲渡先または譲受先の名称・住所・代表者の氏名・資本金の額，事業の内容，事業の譲渡または譲受の目的，事業の譲渡または譲受けの契約の内容を記載しなければなりません。

臨時報告書は，財務局に提出した日から1年間，本店および主要な支店に備え置かなければなりません。同時に，財務局，証券取引所または証券業協会にも備え置かれ，投資判断の材料として利用されることになります（金商法25①十，②，③）。

(3) 連結子会社における事業譲渡・譲受けと臨時報告書

有価証券報告書を提出すべき会社を連結財務諸表提出会社とする連結会社（以下「当該連結会社」といいます）において，連結子会社が事業譲渡・譲受けを行うときにも，次の場合は，臨時報告書を提出しなければなりません（金商法24の5④，開示府令19②十六）。

> ① 当該連結会社の資産の額が，連結会社の最近連結会計年度の末日における連結純資産額の100分の30以上減少し，または増加することが見込まれる連結子会社の事業の譲渡もしくは譲受けにかかる契約が締結された場合
> ② 当該連結会社の売上高が，連結会社の最近連結会計年度の売上高の100分の10以上減少し，または増加することが見込まれる連結子会社の事業の譲渡もしくは譲受けにかかる契約が締結された場合

「契約が締結された」には，契約が締結されることが確実に見込まれ，かつ，その旨が公表された場合を含み，臨時報告書には，当該連結子会社の名称・住所および代表者の氏名，当該事業の譲渡先または譲受先の名称・住所・代表者の氏名・資本金，事業の内容，事業譲渡または譲受けの目的，事業の譲渡または譲受けの契約の内容を記載しなければなりません。

(4) 証券取引所の適時開示規制

このように，金融商品取引法に基づく開示義務が規定されていますが，企業をとり巻く環

境の変化が著しい現代においては，刻々と発生する各種の会社情報によって証券取引が大きな影響を受けることが多いため，金融商品取引法上の法定開示だけでは十分ではありません。そこで，証券取引所や証券業協会では，重要な会社情報を適時，適切に開示する適時開示規制を設けて，金融商品取引法の規定を補完しています。

証券取引所等の適時開示規制において，「事業または事業の全部または一部の譲渡または譲受」は，適時開示情報とされており（例：東京証券取引所適時開示規則2①一h），上場会社や店頭公開会社は，当該事業譲渡が金融商品取引法上の重要事項に該当するか否かを問わず，直ちにその内容を証券取引所や証券業協会へ報告し，新聞・報道・通信等の全国的な情報網を持つ組織を通じて一般投資家に情報を開示しなければなりません。

また，正確な情報を広く周知する観点からいえば，更に，記者クラブにおける記者会見，IR説明会の開催，自社のホームページへの情報の掲載なども行うことが望ましいといえるでしょう。

東証の「会社情報適時開示ガイドブック」によれば，事業譲渡・譲受けにおける最低限の開示事項は次のとおりです。

---

① 譲渡（譲受け）の理由
② 事業の譲渡の内容
  (a) 譲渡（譲受け）部門の内容
  (b) 譲渡（譲受け）部門の最近に終了した事業年度における売上高及び経常利益
  (c) 譲渡（譲受け）部門の資産・負債の項目及び金額
  (d) 譲渡（譲受け）価額及び決済方法
③ 譲渡（譲受け）の日程
④ 相手会社の概要（商号，本店所在地，代表者，資本金，事業の内容，上場会社との関係）
⑤ 今後の見通し（事業譲渡（譲受け後2事業年度分の単体・連結業績見通しを含む））

金融商品取引法同様，連結子会社が事業譲渡・譲受けをする場合にも，適時開示規制が働きます。

東京証券取引所の基準によれば，金融商品取引法で開示が義務づけられている2つの場合（資産の増減，売上高の増減）に加え，「子会社の事業譲渡（譲受け）による連結会社の連結経常利益または連結当期純利益の増加または減少見込額が，最近に終了した連結会計年度の連結経常利益または連結当期純利益の30％に相当する額以上」である場合も含まれます。

開示時期は，子会社の業務執行を決定する機関が事業の譲渡または譲受けに関する決定を行うより前に，上場会社の業務執行を決定する機関が当該子会社の事業の譲渡または譲受けに関する決定を行った場合には，その段階で適時開示が求められます。また，開示後にその中止および重要な変更を子会社が決定した場合についても，適時開示が必要になります。

2.6 インサイダー取引規制の注意点

Q 事業譲渡を行う場合，インサイダー取引規制に抵触しないための注意点を教えてください。

Point

① 金融商品取引法は，証券市場の公正性，透明性を保つ観点から，会社の重要な情報に容易に接することができる会社関係者が，職務等に関して重要な情報に接したときは，その情報が公表されたあとでなければ，当該会社の有価証券取引を行ってはならないとして，インサイダー取引を規制しています。

② 会社関係者とは，会社の役員従業員の他，大株主，合併の相手方会社の役員従業員等も含まれます。また，これらの者の家族も，第一次情報受領者として，インサイダー取引規制の対象となります。

③ 事業譲渡・譲受けに関する決定がなされたと判断される状況になったら，できるだけ早く公表措置をとって，インサイダー取引規制の適用を解除することが必要です。

A

(1) インサイダー取引規制

金融商品取引法は，証券市場の公正性，透明性を確保するために，株価等に影響を与える重要な情報に容易に接することができる会社関係者が，その職務等に関して会社の重要事実を知った場合は，その重要事実が公表された後でなければ，当該会社の株式等の売買をしてはならないと規定して，インサイダー取引を規制しました（金商法166）。この条項に違反したときには，刑罰が科されます（金商法197の2十三）。

(2) インサイダー取引規制の対象者

インサイダー取引の規制対象となる「会社関係者」とは，当該会社及びその親会社や子会社の①役員，使用人等，②総株主の議決権の3パーセント以上を有する株主，③取引先（契約締結の交渉をしている者も含む），などをいい，その立場上，上場会社等の重要な事実を知ったときに規制の対象となります（金商法166①）。会社関係者でなくなった後1年以内の者も規制の対象になります。

また，会社関係者から直接に当該会社の重要な情報を知らされた者，たとえば会社関係者の家族などは第一次情報受領者として，また，職務上重要事実の伝達を受けた者が所属する法人の役員等であって，その者の職務に関し重要事実を知った者も同じく規制の対象となり

ます（金商法166③）。

(3) 「重要事実」とは

　上場会社等の業務執行機関が，事業の全部または一部の譲渡または譲受けを行うことについての決定をしたこと，または当該機関が当該決定に係る事項（公表がされたものに限る）を行わないことを決定したことは，会社の重要事実に該当します（金商法166②一ヲ）。ただし，次のような事業譲渡・譲受けは，影響が軽微なため，規制の対象外となっています（有価証券の取引等の規制に関する内閣府令49八）。

> ① 事業の全部または一部を譲渡する場合であって，最近事業年度の末日における当該事業の譲渡にかかる資産の帳簿価額が同日における純資産額の100分の30未満であり，かつ，当該事業の譲渡の予定日の属する事業年度及び翌事業年度の各事業年度においていずれも当該事業の譲渡による売上高の減少額が最近事業年度の売上高の100分の10に相当する額未満であると見込まれる場合
> ② 事業の全部または一部を譲り受ける場合であって，当該事業の譲受けによる資産の増加額が最近事業年度の末日における純資産額の100分の30に相当する額未満であると見込まれ，かつ，当該事業の譲受けの予定日の属する事業年度及び翌事業年度の各事業年度においていずれも当該事業の譲受けによる売上高の増加額が最近事業年度の売上高の100分の10に相当する額未満であると見込まれる場合
> ③ 100パーセント子会社からの事業の全部または一部の譲受け

　また，子会社の業務執行を決定する機関が事業の譲渡・譲受けを行うことについての決定をしたことまたは当該決定（公表がされたものに限る）を行わないことを決定したことも重要事実に該当します（金商法166②五ホ）。しかし，子会社の事業の全部または一部の譲受けまたは譲渡による当該企業集団の資産の増加額または減少額が，当該企業集団の最近事業年度の末日における純資産額の100分の30に相当する額未満であると見込まれ，かつ，当該譲受けまたは譲渡の予定日の属する当該企業集団の事業年度および翌事業年度においていずれも当該譲渡・譲受けによる当該企業集団の売上高の増加額または減少額が当該企業集団の最近事業年度の売上高の100分の10に相当する額未満であると見込まれる場合には，影響が軽微であるため，規制の対象とはなりません（取引規制府令52五）。

(4) 情報が「重要事実」になる時期

　ここで注意すべきことは，事業の譲渡・譲受けに関する情報が，インサイダー取引規制上の「重要事実」になる時期はいつかということです。

　金融商品取引法は，「業務執行を決定する機関が事業の譲渡・譲受けを行うことについての決定をしたこと」が重要事実に該当すると規定していますが，ここでの「業務執行を決定

する機関」とは，会社法上の決定機関に限らず，実質的に会社の意思決定と同視できる機関をいうとされています。なぜなら，形式的にはその後踏むべき手続が残されているとしても，実質的な決定が為されれば，その時点で株価に影響を与えると考えられ，会社関係者による株等の取引を規制する必要があるからです。いわゆるワンマン社長であるとか，取締役会に先立つ経営会議が実質的決定機関として機能しているのかなど，実質的に決定がなされたといえるかどうかは，個々の会社の実情によって異なります。

また，事業の譲渡・譲受けの内容によっても，異なることがあるでしょう。個別の判断が必要です。

そして，「決定した」とは，最終決定に至っていることを要さず，たとえ条件付であったとしても，行うという方向性が決まれば，「決定」に該当します。方向性さえ決まれば，事業の譲渡や譲受けが確実に実行されるという段階に至らなくても，やはり株価に影響を及ぼすと考えられるからです。

「決定機関が決定したこと」の解釈において，インサイダー取引規制上の重要事実になる時期は，思いのほか早いことに留意することが必要です。

(5) 「公表」とは

重要事実を公表した後は，インサイダー取引の規制は除かれますから，事業譲渡・譲受けの話が重要事項に該当するようになったら，できるだけ早い段階で，適正な情報開示をすることが大切です。ここで，「公表」とは，事業譲渡・譲受けの意思決定等が，当該上場会社または子会社により多数の者の知り得る状態に置く措置として政令で定める措置が取られたこと，または，有価証券届出書，有価証券報告書，半期報告書，確認書，内部統制報告書，四半期報告書，臨時報告書等が公衆の縦覧に供されたことをいいます（金商法166④）。「多数の者の知り得る状態に置く措置が取られた」とは，①上場企業の代表取締役またはこの者から委任された者が，事業譲渡等について，2つ以上の日刊新聞社や通信社，放送事業者に対して公開し，かつ，公開された事実の周知のために必要な期間が経過したこと，②取引所の規則で定めるところにより，重要事実を各取引所に通知し，かつ電子的な適時開示情報システム（TDネットなど）により，公衆縦覧に供されたことなどをいいます（金商令30①）。これ以外の方法，たとえば，自社のホームページに事業の譲渡や譲受けをするという情報を掲載するなどは，インサイダー取引規制上の「公表」としては認められません。そして，事実の周知のために必要な期間とは，少なくとも2以上の報道機関に対して公開したときから12時間とされています（金商令30②）。

(6) 公表前の情報管理に気を配る

なお，重要事実を公表する前に事業の譲渡・譲受けの情報が漏れてしまっては，そこからインサイダー取引が発生する危険性がありますから，公表するまでの間の情報の管理も大切です。そこで，事業譲渡・譲受けに関する情報にふれる役員，従業員を最小限に抑えておく

こと，そして，情報に接するメンバーにインサイダー取引規制の重要性を認識させ，決して情報を漏らさないように注意することが必要です。秘密遵守の誓約書を取っておくことも考えられます。

　また，情報は，自社からだけではなく，事業譲渡・譲受けの相手方から漏洩することもあります。特に，相手方が上場会社でない場合には，インサイダー取引の危険性の認識が甘い場合も少なくありません。したがって，相手方会社とも，秘密保持に関する覚書などを締結し，情報を漏洩しないことを約しておくことも必要です。

2.7 各種許認可，契約の承継の可否

Q A社は，監督官庁から許認可を受けて事業しています。しかし，一部の従業員が不祥事を起したため，使用者であるA社が，監督官庁から当該事業許認可を取消されることがほぼ確実な状況にあります。

ところが，当該不祥事に何ら関係していない他の従業員が地元において再就職をする場が少なく，その雇用の場を確保する社会的要請が大きいという事情があります。また，A社はCから店舗等の設備を賃借して事業していますが，その賃貸物件はA社の事業のために建築したもので，転用可能性が低いという事情もあります。

そこで，A社の事業を譲受けてくれるスポンサーを探したところ，B社が見つかりました。

A社からB社への事業譲渡の方法をとる場合，当該許認可や賃貸借契約を承継できるのでしょうか。

従業員の取扱いを含めて，実務上注意すべき点を教えてください。

Point

① 事業譲渡の方法をとる場合，各種許認可の承継について，会社法上の規定はありません。ですから，事業譲渡の譲受人B社が，譲渡人A社が得ていた許認可を，当然に承継できるというわけではありません。許認可を規定している各特別法の趣旨を検討し，新たな許認可が必要とされる場合，譲受人B社は，事業譲渡とは別個に許認可を得ることが必要となります。

② 事業譲渡契約は，譲渡人A社および譲受人B社を当事者として，譲渡の目的である当該事業の権利・義務関係について定めます。契約の承継について，会社法上の規定はありません。ですから，第三者から賃借している店舗等の従前の賃貸借契約は，当然には承継されません。契約の相手方から個別の同意を得るなど，新たな契約の締結が必要です。

③ また，事業譲渡に伴い労働契約を承継させる労働者の転籍のためには，個々の労働者に対して，A社における労働契約の終了の条件とB社における新たな雇用の労働条件を提示し，そのいずれについても各従業員からの個別の同意を得ることが必要です。

本件事案の図示

```
           監 督 官 庁
    許認可    (取消)──→承継？
  ┌──────┐         ┌──────┐
  │事業譲渡人(A社)│────→│譲 受 人(B社)│
  └──────┘         └──────┘
         契約の承継？
    ┌──────┐  ┌──────┐
    │従 業 員│・│賃 貸 人(C)│
    └──────┘  └──────┘
       ヒト          店舗
```

A (1) 問題の所在

事業譲渡とは，一定の事業目的のために組織化され，有機的一体として機能する財産の全部または一部を譲渡することをいい，事業の整理・統合，企業買収，会社再建など事業再編のさまざまな場面で利用されています。

ところで，本問では，B社による企業買収の方法として事業譲渡の方法が選択されていますが，A社の事業店舗の転用可能性，A社の従業員の雇用の機会の確保の要請など，別途考慮しなければならない本件固有の問題があることに注意しなければなりません。

(2) 各種許認可取消事由の承継の可否—合併の場合との比較

① 吸収合併の場合

この本件固有の問題解決のための法的手段として，合併（具体的には，B社によるA社の吸収合併）という手続も考えられます。

しかしながら，吸収合併は異なる法人であるAおよびB社を1つの法人とする手続ですから，A社が有している許認可の取消事由が合併後のB社に引き継がれてしまうのではないかとの疑いを完全に払拭することができません。

② 事業譲渡の場合

そこで，A社の許認可の取消事由の影響を切断するために，B社に対する事業譲渡という法形式がとられたわけです。

すなわち，事業譲渡の方法をとる場合，各種許認可の承継について，会社法上の規定はありません。ですから，事業譲渡の譲受人B社が，譲渡人A社が得ていた許認可を当然に承継できるというわけではありません。

そこで，許認可を規定している各特別法の趣旨を検討し，事業主体が変更すると新たな許認可を得ることが必要となる場合には，譲受人B社は事業譲渡とは別個に許認可を得ることが必要となります。

譲受人B社において新たに許認可を得ることが必要となることの反面として、譲渡人A社の許認可取消事由の影響を切断することができることになります。

こうして、一部の従業員の不祥事のために、使用者であるA社の許認可取消という重大な処分まで予想される場合においても、譲受人B社は監督官庁に対して新たに許認可をとれば、問題なく事業を譲り受けることができることになります。

(3) 契約の承継の可否

① 会社分割の場合との比較

次に、事業譲渡の場合、譲受人B社において各種契約を承継できるかが問題となります。

本件では、不祥事に何ら関係していない他の従業員について、地元に他に再就職の場も少なく、その雇用の場を確保する社会的要請が大きいということから、労働契約が承継されるのか、また当該事業をなしている店舗等の設備を賃借している賃貸人Cからその賃貸物件の継続的使用を強く求められているということから、賃貸借契約が承継されるのかが問題となります。

この点、会社分割においては、承継会社は分割契約書または分割計画書の記載に従い、事業に関して有する権利義務の全部又は一部を当然に包括承継することができます（会社法759①、764①）。すなわち、合併の場合と同様、契約の相手方の個別的な同意を得る必要もなく、契約上の地位が当然に承継されます。

② 事業譲渡の場合

これに対して、事業譲渡契約は、譲渡人A社および譲受人B社を当事者として、譲渡の目的である当該事業の権利・義務関係について定めるもので、契約の承継について、会社法上の定めはありません。

ですから、譲渡人A社から譲受人B社に対して、契約上の地位が当然に承継されることはありません。

③ 本件の具体的検討

(a) 労働契約について

まず、事業譲渡に伴い労働契約を承継させる労働者の転籍のためには、個々の労働者に対して、A社における労働契約の終了の条件とB社における新たな雇用の労働条件を提示し、そのいずれについても各従業員からの個別の同意を得ることが必要となります。

(b) 不動産賃貸借契約について

次に、第三者から賃借している店舗等の従前の賃貸借契約についても、当然には承継されません。契約の相手方から個別の同意を得て、新たな賃貸借契約を締結することが必要になります。

2.8 労働契約の承継

Q A社は業績不振のためB社に事業を譲渡することになりましたが，特定の労働者の労働契約だけ承継の対象に含まれていません。この労働者の労働契約はB社に承継されることはないのでしょうか。

Point

事業譲渡は合併の場合と異なり特定承継なので労働契約は当然には承継されません。しかし，判例には黙示の合意の推認や法人格の否認の法理等を用いて労働契約の承継を認めたものがあります。

A (1) 事業譲渡の権利義務の承継の特徴

事業譲渡の権利義務の承継は特定承継です。そのため，権利義務の承継には，譲渡会社と譲受会社との合意に加え，債務の移転について債権者の個別の同意が必要です。この点で事業譲渡は合併と大きく異なります。

(2) 労働契約の承継に関する当然承継説と非当然承継説の対立

会社法では事業譲渡は特定承継のため労働契約といえども当然には承継されないと理解されています。これに対し，労働法の判例の中には事業譲渡に伴い当然に労働契約が承継されるとするものもあります。そこで，労働法においては，労働契約を承継しないことに合理的理由のある場合を除いて労働契約も当然に承継されるとする当然承継説と，労働契約といえども当然には承継しないとする非当然承継説が対立するとされていました。

しかし，最近の裁判例や労働法の学説も非当然承継説が主流となっています。

また，会社分割法制の立法段階において（旧）労働省が主催した「企業組織変更に係る労働関係研究会」の平成12年2月10日付「企業組織変更に係る労働関係法制等研究会報告書」には下記のような記載があります。

＜「企業組織変更に係る労働関係法制等研究報告書」抜粋＞

営業譲渡においては，労働契約の承継の法的性質も他の権利義務と同様に特定承継である。従って，労働契約の承継については，譲渡会社と譲受会社間の個別の同意が必要とされるとともに，労務者の権利義務の一身専属性を定めた民法第625条第1項が適用され，承継には労働者の個別の同意が必要である。また，特定の労働契約を譲渡する以上，契約内容（労働条件を含む）もそのまま承継されると解される。

最近の裁判例や労働法の学説も営業譲渡の性格を特定承継と解して，労働契約の承継については，譲渡会社と譲受会社間の合意と労働者の同意を必要とする考え方が主流である。

なお，裁判例においては，労働契約の承継について，譲渡会社と譲受会社間の合意や労働者の同意を必要としつつも，営業譲渡に際して特定の労働者の労働契約が承継の対象に含まれていなかった事

案においては，『明示の合意はなくとも，事業の同一性がある等個々の事案の解決の妥当性を図る観点から労働契約の承継を認めるべきと考えられる場合については，黙示の合意の推認や法人格の否認の法理などを用いることにより，おおむね具体的妥当な解決が図られている。また，営業譲渡の実際の処理においても労働者の同意を要することを前提として，手続がすすめられる場合が多いことが認められる』。（『　』は筆者による）

以上から，次のことが明らかになります。

① 労働契約は当然には承継されない。
② 労働契約が承継されるためには，
　(a) 譲渡会社と譲受会社間の個別の同意に加えて，
　(b) 労働者の個別の同意（民625①）が必要。
③ 労働契約が承継される場合には契約内容（労働条件等）はそのまま承継される。

(3) 非当然承継説の問題点と解決法

① 非当然承継税を前提とした処理の仕方

労働契約の承継については，民法第625条第1項が適用され，労働者の個別の同意を必要とすることから，労働者にとって「承継される不利益」は生じません。

一方，承継される労働者の範囲は譲渡会社と譲受会社間の合意により画されることから，会社間の合意により，特定の労働者の労働契約を譲渡対象から外すことも可能となります。この場合，労働者には「承継されない不利益」が生ずる場合が想定されます。

そこで，判例は，非当然承継説を前提としつつも，労働者の「承継されない不利益」を無視できない事案（労働契約の承継を認めるべきと考えられる事案）においては黙示の合意の推認や法人格の否認の法理などの法律構成を用いて労働契約の承継を認め事案の妥当性を図っています。

② 黙示の合意により労働契約の承継を認めたと思われる判例

黙示の合意は実際に経営主体の変更を伴う場合に認定されることが多いといえます。

―＜参考判例＞―

(a) 大阪地判昭和39年9月25日・労民集15巻5号937頁（友愛会病院解雇事件）

当事者である経営主体相互の間で，従業員の雇傭関係のうち特定範囲の個別的な労働契約のみを承継しない旨の特別な合意がなされたと認めるべき疎明はないのであるから，申請人らを含め高砂病院の従業員の雇傭関係は，その全部が被申請人経営の友愛会病院に承継されたと解するほかはないとして，実態上理事A，Bの共同事業であつた旧病院が，Aの脱退によりいつたん解散し，新たに実態上B，Cの共同事業たる新病院となつた場合において，旧病院の従業員全部の雇傭関係が，新病院に承継されたものと認定されました。

(b) 大阪高判昭和40年2月12日・判時404号53頁（日伸運輸営業譲渡事件）

　　企業主体が交替したとはいえ実質的には企業の経営組織の変更がなく，かつ，その従業員について譲受会社に承継させない旨の特段の合意があったことは認められないから，両社の右運輸部門の営業（事業）譲渡の合意はこれに伴う右運輸部門の全従業員の労働契約関係を包括的に譲渡する合意を含むとして，営業譲渡は反対の特約のない限り労働契約の移転を含むと認定されました。

(c) 高松高判昭和42年9月6日・労民集18巻5号890頁・判タ213号187頁・判時501号98頁

　　譲渡側が一旦従業員全員を解雇し，譲受側が従業員を新規採用したような過程が履まれていたとしても，それは経営主体の交替に伴いそのような形式を採つたに過ぎず，譲渡当事者間においては，労働契約関係を包括的に承継する暗黙の合意がなされていたものと推認するのが相当であるとして，病院経営事業の譲渡に際して労働契約関係の承継を認定しました。

③ 法人格否認の法理により労働契約の承継を認めたと思われる判例

　譲渡会社が実質的に支配している会社に事業を譲り受けさせ，譲受会社が労働者を選別したうえで労働契約を承継し，一方で譲渡会社は事業譲渡後に会社を解散して承継されなかった労働者を解雇する場合があります。このような場合には，譲受会社（譲渡先）に労働契約の承継を求めるための構成として法人格の否認の法理が適用されることがあります。

―＜参考判例＞―

大阪地決平成6年8月5日・労判668号（新関西通信システム事件）

　譲渡会社と譲受会社とは，高度な実質的同一性があり，譲渡先が雇用契約を否定することは実質的に解雇法理の適用を回避するための法人格の濫用であるとし，譲渡会社による解雇及び譲受会社の不採用について整理解雇の要件を適用した上で，その要件を充足しないとして譲受会社の雇用責任を認定しました。なお，その他の判例として，徳島地判昭和50年7月22日・労判232号（船井電機事件），奈良地判平成11年1月11日・労判753号（日進工機事件）や東京地決平成12年4月18日労判793号（藤川運輸倉庫事件）等もあります。

(4) 結　　論

　設問の場合には，当然に労働契約が承継されるとはいえませんが，事業の同一性がある等個々の事案の解決の妥当性を図る観点から労働契約の承継を認めるべきと考えられる場合には，黙示の合意の推認や法人格の否認の法理などにより，労働契約の承継が認められることもあり得ます。

2.9 従業員の解雇

Q A社は所有している工場のうちの1つの事業をすべて譲渡し，同時にA工場に勤務している従業員全員を譲受会社であるB社に転籍してもらう計画を立案しましたが，従業員のうちの1人がどうしても転籍に同意しません。A社がこの従業員を解雇することは可能でしょうか。

> **Point**
> 　転籍には労働者の同意が必要であり，転籍に同意しないことをもって業務命令違反にはできません。判例は転籍不同意者の解雇を，事業譲渡に伴う事業所閉鎖整理を理由とする一種の整理解雇ととらえ，解雇が有効となるには整理解雇の4要件を満たすことが必要としています。

A (1) 転籍の意義

　転籍とは，労働者が自己の雇用先の企業から他の企業へ籍を移して当該他企業に従事することをいいます。そして，事業譲渡における労働契約の承継には労働者の同意が必要ですが，このような労働契約の移転方法は，すなわち，転籍に他なりません。この転籍には，

① 転籍元との雇用契約を合意解約し，同時に転籍先と新たな労働契約を締結する場合

② 転籍元と転籍先との間で労働契約上の使用者の地位の譲渡を行う場合

がありますが，どちらも労働者の同意を要件とします。

(2) 包括的同意か個別的同意か

　転籍には同意が必要であるとして，この同意は，転籍の際の個別具体的な同意に限られるか，それとも入社時における「転籍を命じうる」旨の就業規則や労働協約上の包括的規定の承諾で足りるかが問題となります。この点について，就業規則や雇用契約書等において，あらかじめ「転籍」を将来行うことがあると明示することによって，労働者から転籍に関する包括的な同意を得たと構成することができれば，企業内の配置転換のように企業間の人事異動を容易に行うことができ，企業再編にとって便利です。

　しかし，判例で，包括的同意による転籍命令権を認めたものは，日立精機事件（千葉地判昭和56年5月25日・労判372号49号）だけであり，それ以外はすべて転籍には労働者の個別の同意が必要としています。また，前記の日立精機事件も，採用の際に当該転籍先への転籍がありうることが説明され，これに同意して入社し，社内配転と同様に実施され，長年異議なく運用されてきた経緯があり，転籍に伴う退職金の清算も行われず，将来は転籍先から当初の雇用先への復帰も予定されていたという特殊な事案でした。

したがって，事業譲渡に伴い労働契約を承継（転籍）させるには，個々の労働者に対して，転籍に際して現労働契約の終了の条件と新雇用契約の労働条件を提示し，そのいずれにも従業員の同意を得て行うことになります（個別的同意の必要）。

なお，現労働契約の終了条件としては，退職金の清算方法や割増退職金の支払いの有無が重要となります。新労働契約締結の条件としては，新たな就業規則の明示のほか，具体的な従業員の賃金，職位や担当業務の明示など，いわゆる中途採用時に行われる労働条件の明示の他に，転籍前の労働契約での勤務がどの程度考慮されるかがポイントになることが多いといえます。

なお，転籍の場合は，労働者は転籍後の労働条件について個別に同意して転籍に応じるため，転籍に伴う労働条件の変更が別個に紛争の原因になることはありません。

(3) 転籍に同意しない労働者の解雇は有効か

転籍に個別の同意が必要であるため，設問のように，事業譲渡に際し，1名が転籍に同意しない場合に，譲渡会社としてはその労働者をどのように処遇するべきかが問題となります。譲渡会社内部での配置転換もあり得ますが，労働者が事業譲渡された工場に勤務地を特定した労働契約をしている場合には，配転自体が雇用契約違反とされるおそれが生じます。そこで，どのような場合に，転籍に応じない労働者を解雇することができるかが問題となります。

すでに述べたように，転籍には労働者の個別の同意が必要であり，この同意なくして使用者が転籍を命じることはできません。そのため，転籍に同意しないことを「業務命令違反」であるとして解雇（懲戒解雇）することもできません（三和機材事件東京地判平成7年12月25日労判689号31頁）。

判例は，転籍に同意しない労働者の解雇は，事業譲渡によって労働者に勤務させるべき事業所が閉鎖されてしまったことを理由とする一種の「整理解雇」（整理解雇とは使用者側の経営事情等により従業員数削減の必要性に基づいて一定数の労働者を解雇すること）であると認定し，転籍不同意者の解雇が有効になるには次の4要件が必要であると判示しています。

第一の要件は，人員削減の必要性です。すなわち，人員削減措置の実施が不況，斜陽化，経営不振等による企業経営上の十分な必要性に基づいていることです。

第二要件は，人員削減の手段として整理解雇を選択することの必要性です。すなわち，人員削減を実現する際には，使用者は，配転，出向，一時帰休，希望退職の募集等の手段によって解雇を回避する信義則上の義務（解雇回避努力義務）を負っています。

第三要件は，被解雇者選定の妥当性です。被解雇者の選定については，客観的で合理的な基準を設定し，これを公平に適用して行うことが必要です。

第四の要件は，手段の妥当性です。使用者は労働組合または労働者に対して整理解雇の必要性とその時期・規模・方法につき納得を得るために説明を行い，誠意をもって協議するべき信義則上の義務を負っています。

> ＜参考判例＞
> ① 千代田化工建設事件（東京高判平成5年3月31日労判629号19頁，同最高裁平成6年12月20日）
> 　会社の不採算部門の工場を分社化して経営規模の縮小を図り，この工場の従業員のうち子会社の経営に必要な人員を転籍させることにし，大半の従業員がこれに従ったが，賃金が30％低下することを理由に1人の労働者が転籍を拒否して解雇された事案で，転籍拒否者に対する解雇を整理解雇とし，右解雇は解雇回避努力義務に反して無効としました。
> ② アメリカン・エキスプレス・インターナショナル事件（那覇地裁昭和60年3月20日労判455号）
> 　営業所を閉鎖し，その業務を別会社に委ねることとし，全員解雇して転籍を求めた事案で，右解雇は，解雇回避努力義務，人選の合理性，組合との協議義務の整理解雇要件に反して無効であるとして，営業（事業）譲渡元企業の雇用責任を認めました。

(4) 結　　論

　整理解雇の4要件は，企業の経済状況が人員削減を必要とするほど悪化しているかどうかを検討するものでした。従って，本来，経営悪化に伴う雇用調整の有効性を判断する枠組みである前記4要件が，必ずしも不採算企業においてのみ実施されるのではない事業譲渡の場合の転籍拒否者の解雇の有効性判断基準として，必ずしも適切であるとは言い切れない側面もあります。

　しかし，事業譲渡における転籍に伴い労働者を解雇する場面では，転籍拒否者から整理解雇であるとの主張を受ける可能性は高く，その際には，整理解雇の4要件が判断の対象になることを認識しておく必要性があるといえます。

　設問においても，解雇回避努力義務，人選の合理性，組合との協議義務等の整理解雇要件を吟味することが必要であり，これらの要件を満たさないとして解雇が無効とされる可能性もあります。

2.10 民事再生手続と事業譲渡

Q A社は，債務超過に陥っているB社から，優良事業部門のみを事業譲渡の方法で譲り受けようと考えています。この場合，どのようなリスクが考えられますか。また，そのリスクを回避するにはどのような手続をとればよいですか。その手続の概要と注意点を教えてください。

> **Point**
> ① A社にとって考えられるリスクには，否認リスクと株主総会リスクがあります。
> ② このリスクを回避するには，法的倒産手続の利用，特に，民事再生手続の利用が考えられます。
> ③ その際の注意点は，民事再生手続における裁判所の許可の判断要素を考慮すること，民事再生法以外の法的手続を遵守すること，などが挙げられます。

民事再生手続と事業譲渡

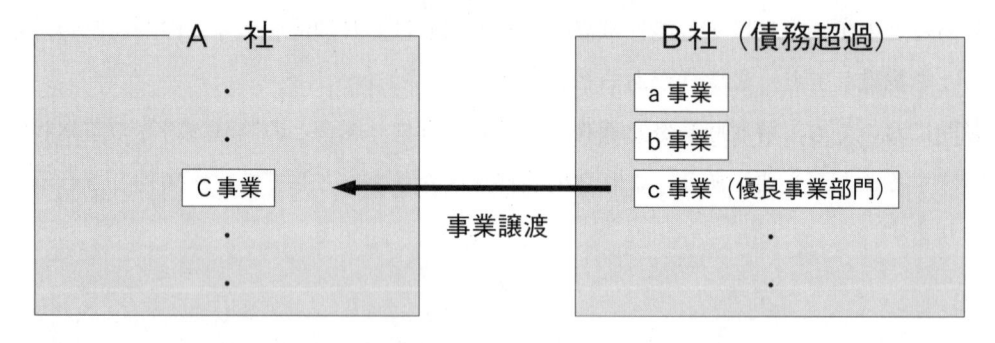

```
┌─ A 社 ──────────┐        ┌─ B社（債務超過）──────┐
│      ・         │        │    │ a 事業 │         │
│      ・         │        │    │ b 事業 │         │
│  ┌─────┐        │  ←──── │    │ c 事業（優良事業部門）│
│  │ C 事業 │      │  事業譲渡│                     │
│      ・         │        │      ・              │
│      ・         │        │      ・              │
└─────────────────┘        └──────────────────────┘
```

A **(1) 債務超過会社から事業譲渡を受ける際のリスク**

① 否認リスク

会社が事業の全部または重要な一部を譲渡した場合，譲渡会社はその後多くの場合，事業を廃止し，清算せざるを得なくなります。

本件は，債務超過に陥っているB社の優良事業部門のみの事業譲渡ということですから，事業全部の譲渡ではありませんが，B社にとってはこれにより事業の継続はできなくなると思われますので，清算手続に入ることになるでしょう。

この場合，主要債権者が親会社のみであったり，大部分の債権者の協力が得られるような場合は，通常清算や特別清算の方法で清算処理することができますが，それが不可能な場合には，破産手続で処理することになります。

しかし，事業譲渡は，事業を構成する契約上の地位や債務などを個別に移転するものであって，債務のすべてを承継しないのが通常なので，破産申立て前の事業譲渡には否認の問題が生じます。

不動産などの重要な資産の処分については，適性価格での売却であっても，特別の事情がない限り否認の対象になるとするのが判例ですので，重要な資産である事業の譲渡も，不動産と同様に否認の対象になると考えられます。

もっとも，実務的には，事業譲渡を行うにつき「相当性」があれば，否認の対象にならないと言われていますが，譲受会社の方で否認リスクをおそれて事業不振企業の事業譲渡ができない場合もあります（藤原総一郎「民事再生手続の解説」62，63頁）。

したがって，A社についてはこの否認のリスクがあります。

② **株主総会リスク**

さらに，事業の一部譲渡の場合には，譲渡会社においては，その譲渡する一部が「重要な」場合に限り，株主総会の特別決議が必要となります（会社法467①，309②11）。

何が事業の「重要な一部」に該当するかは，株主（社員）の重大な利害に関わる事業再編か否かの観点から，量的側面および質的側面の双方で判断されます（落合誠一，「新版注釈会社法(5)」有斐閣，269頁）。量的基準は，会社法上，譲り渡す資産の帳簿価額が譲渡会社の総資産額の5分の1（これを下回る割合を定款で定めた場合にあっては，その割合）という基準が示されています。したがって，譲渡資産の帳簿価額以外の要素すなわち売上高・利益・従業員数等が問題になります。質的基準は，譲渡対象部分が量的に小さくても，会社のイメージに大きな影響がある場合等に問題になります（江頭憲治郎，「株式会社法」有斐閣，873頁）。

譲渡資産の帳簿価額が当該会社の総資産額の5分の1を超えない場合には，株主総会の特別決議を不要とするのは簡易分割等と平仄をあわせる趣旨で導入された措置です（前掲，877頁）。

本件でも，上記基準に照らして，B社の事業譲渡が重要なる一部の譲渡に該当すると思われますので，譲渡資産の帳簿価格が当該会社の総資産として法務省令で定める額の5分の1を超える場合には，B社において，株主総会の特別決議が必要となるというリスクがあります。

(2) **リスクの回避方法**

① **法的倒産手続の利用**

このように，債務超過会社の事業譲渡にはさまざまなリスクが生じますが，法的倒産手続の中で事業譲渡が行われれば，否認のリスクはありませんし，株主総会の特別決議も不要となります。そこで，破産や会社更生手続のなかで事業譲渡を行うことが，前記リスクの回避方法の1つとして考えられます。

しかし，その場合にも新たな問題が発生します。すなわち，次のような問題点です（藤原・前掲63頁）。

① 裁判所の選任する管財人が事業譲渡を実行してくれるかどうか保証がない。
② 破産手続では裁判所の許可のみで実務上管財人が事業譲渡をすることができるが，清算型手続であるため資産の劣化が著しく，多くの場合，破産手続開始決定時にはすでに事業体としての価値を喪失してしまっている。
③ 会社更生手続では，更生計画の中で事業譲渡を行うことができるとのみ明文で規定されていたが（会更167②），更生計画まで待つと時間がかかりすぎる。更生計画外での事業譲渡の可否については意見が分かれていた（ただし，会社更生法の改正により，現時点では，会社更生手続でも，裁判所の許可を得て，事業譲渡をすることができる。会更46②）。

② 民事再生手続の利用

そこで，民事再生手続では，これらの問題点の解決のため，以下の制度が定められました。これによって，前記の「否認リスク」や「株主総会リスク」を回避し，なおかつ「資産の劣化」を防ぎながら事業譲渡ができるようになったのです。

① ＤＩＰ制度
　申立後も従来の経営陣は引き続き経営を行うことができ，財産に関して管理処分権を持つという制度です。
② 事業譲渡の許可制度
　再生手続開始後は，再生債務者は，裁判所の許可を得て，再生手続によらずに事業譲渡をすることができます（民再42①）。これにより，再生計画の成立を待たずに早期に事業を譲渡することが可能となります。ただし，その場合，裁判所は，再生債権者や労働組合等の意見を聞かなければなりません（同42②③）。
③ 裁判所の代替許可制度
　再生債務者が債務超過会社の場合，裁判所は，会社法467条1項2号に規定する株主総会の特別決議に代わる許可を与えることができます（民再43①）。これを代替許可といいます。これにより，株主総会決議を省略することができます。
④ 担保権消滅許可制度
　再生手続開始当時に再生債務者の財産上に担保権があり，その財産が事業の継続に欠くことができない場合には，その財産の時価相当額を裁判所に納付して，裁判所の許可を得，財産上の担保権を消滅させることができます（民再148①）。これにより，スムーズな事業譲渡が期待できます。

第2章　事業譲渡の法務Q&A

図4-1　民事再生における事業譲渡の手続きの概要

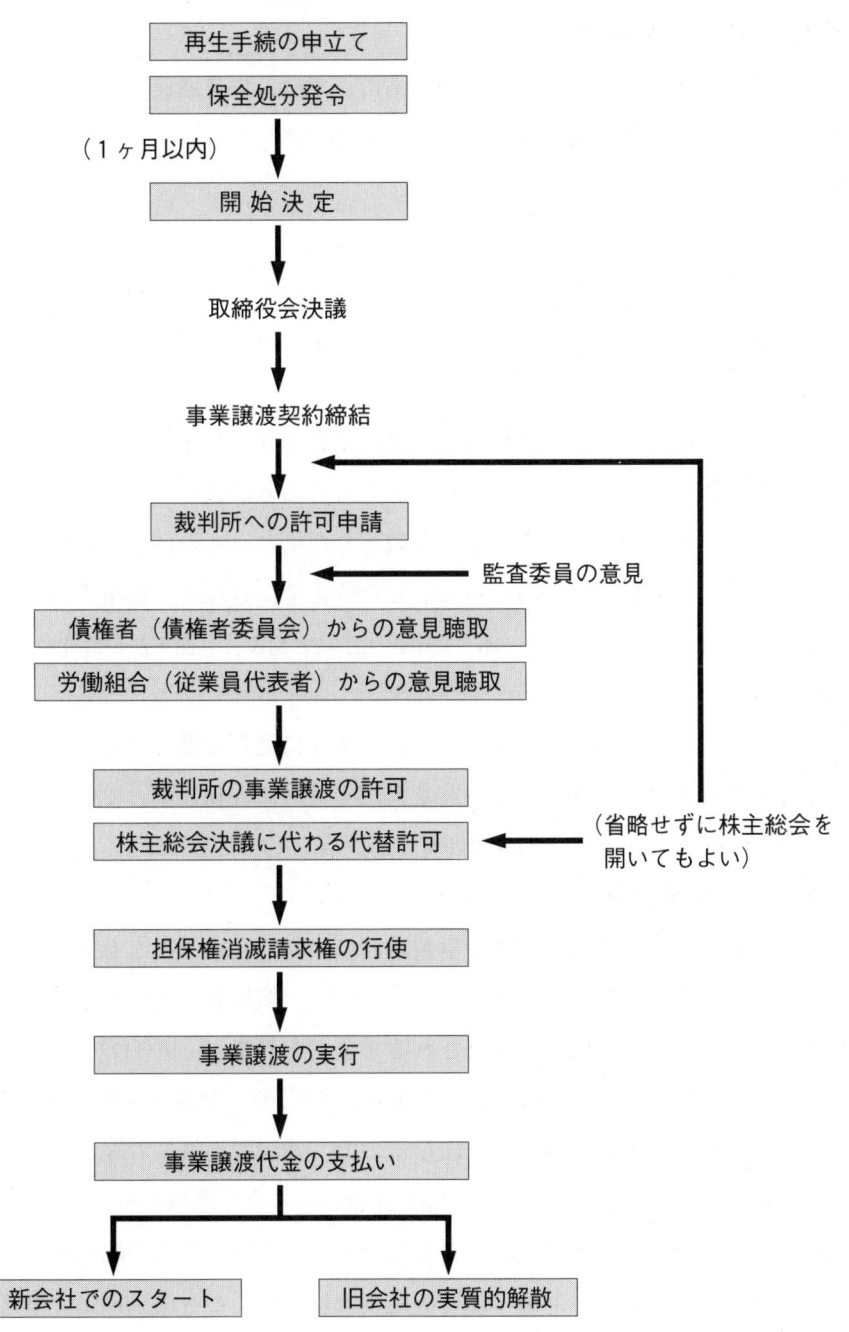

```
┌─────────────────┐
│  再生手続の申立て  │
└─────────────────┘
        ↓
┌─────────────────┐
│   保全処分発令    │
└─────────────────┘
（1ヶ月以内）
        ↓
┌─────────────────┐
│    開 始 決 定    │
└─────────────────┘
        ↓
     取締役会決議
        ↓
   事業譲渡契約締結
        ↓
┌─────────────────┐
│  裁判所への許可申請 │ ←───────────────┐
└─────────────────┘    ← 監査委員の意見 │
        ↓                              │
┌───────────────────────┐              │
│債権者（債権者委員会）からの意見聴取│              │
└───────────────────────┘              │
┌───────────────────────┐              │
│労働組合（従業員代表者）からの意見聴取│              │
└───────────────────────┘              │
        ↓                              │
┌─────────────────┐                    │
│ 裁判所の事業譲渡の許可 │                    │
└─────────────────┘                    │
┌─────────────────────┐  ← （省略せずに株主総会を
│株主総会決議に代わる代替許可│      開いてもよい）
└─────────────────────┘
        ↓
┌─────────────────┐
│ 担保権消滅請求権の行使 │
└─────────────────┘
        ↓
┌─────────────────┐
│   事業譲渡の実行   │
└─────────────────┘
        ↓
┌─────────────────┐
│  事業譲渡代金の支払い │
└─────────────────┘
        ↓         ↓
┌──────────┐ ┌──────────┐
│新会社でのスタート│ │旧会社の実質的解散│
└──────────┘ └──────────┘
```

出典：藤原総一郎「民事再生手続の解説」93頁参照

(4) 注意点

① 裁判所の許可の判断要素

裁判所が事業譲渡を許可するかどうかにあたっては，事業譲渡の必要性，事業譲渡の範囲，事業譲渡契約の内容（特に譲渡価格，代金の支払条件）などを総合的に考慮することになります。

(a) 譲渡価格について

譲渡価格は，さまざまな要素を考慮しなければならず，適正価格の決定は非常に難しいのですが，一般的には，市場で最も高い価格を付けた譲受人の提示する事業譲渡価格が適切と考えられます。

しかし，事業譲渡の場合は，複数の買受希望者が存在しない場合が多いなどの理由により，入札などで最高価格を決定する方法をとることは難しいといえます。

したがって，実務的には，少なくとも破産した場合以上の債権者に対する換価価値を保証し，多くの買受候補者にあたるなどしたうえで，合理的な価格であることを示せばよいと考えられます（藤原総一郎「民事再生手続とM＆A」商事法務研究会，119頁）。

(b) 支払条件について

一見すると，高額の譲渡価額になっているように見える場合でも，契約上，支払いにさまざまな条件が付けられていて，買受人に実質的に有利となっている場合もありますので，検討が必要です（藤原・前掲120頁）。

② 再生計画内での事業譲渡

民事再生手続では，再生計画の中で事業譲渡について定めることもできます。この場合には，債権者の議決権の総額の2分の1以上，かつ，債権者集会に出席した債権者の過半数の賛成によって，再生計画案が可決される必要があります（民再172の3①）。

この方法によると，再生計画についての規定（同第7章）が適用され，債権者集会あるいは書面による債権者の決議を経ることになるので，裁判所の債権者等からの意見聴取手続（同42②）は不要になります。また，労働組合等からの意見聴取手続（同42③）も，再生計画案についての意見として聴取されることになりますので，この手続も不要になります。

ただし，裁判所による再生計画の認可決定までは，早くとも民事再生の申立から半年ほどの期間が必要ですので，その間に資産が劣化してしまうおそれのある場合には，この方法によることは難しいといえます。

③ その他の法律上の規制

再生手続において事業譲渡を行う場合でも，民事再生法上，一定の要件のもとに株主総会決議を省略することはできますが，その他の商法や独占禁止法，金融商品取引法上の規制を受けるのは，通常の事業譲渡と同様です（本書第1編，第4章，第1節，1.2参照）。

第3章

株式交換・移転の会計・税務Q&A

3.1 株式交換・移転を用いた持株会社の活用事例

Q 最近，新聞紙上で経営統合などの見出しで，持株会社をつくる事例が目につきます。持株会社を設立したら，どのような効果があるのでしょうか。

Point
① 統合の目的として，業務基盤の強化，業務の効率化，シナジー効果などが期待できます。
② 再編前も再編後も組織体は変化しないため，基本的に労働者の問題の解決が容易です。
③ 持株会社にどんな機能を持たせるのかも考える必要があります。
④ 中間持株会社は，その意義をふまえて利用することが必要です。

A 株式交換・移転は，主に持株会社を作るための制度として，施行されています。そして，この持株会社を用いたグループ経営の代表例として，株式交換制度を用いたソニー株式会社の例，および金融機関では株式移転制度を用いたみずほフィナンシャル・グループ，ＵＦＪグループ，三菱東京フィナンシャル・グループなどの例は，周知のとおりだと思います。

では，なぜ，持株会社経営を採用するのでしょうか。いろいろな事例から，持株会社の効用を整理したいと思います。

(1) 株式交換・移転を用いた持株会社の設立目的

株式交換・移転を用いた持株会社の設立目的は，経営統合のためや事業再編を容易に行うため，といった大きく2つに分類できると思います。以下では，具体的事例から，その持株会社の設立目的についてふれていきます。

(2) 具体的事例からみる持株会社設立によるグループ経営
 ① ソニー株式会社の例

ソニーのプレスリリースには，次のような目的のために，ソニーが事業持株会社となるとしています。

> ● ソニー(株)のプレスリリースより
>
> ・ 顧客の多様な需要に的確に対応する競争力のある商品・製品・サービスの迅速な開発・提供が可能な体制の整備
> ・ 収益力の強化を通じたグループ全体の株主価値を向上させるためのグループ再編
> ・ ソニーグループとしての一体的，総合的事業戦略の展開
> ・ 子会社は，非公開会社としてグループ戦略の迅速な実施による業界地位の確保

ソニー(株)の事例から次のようなことが読み取れます。
・ 顧客の需要を満たすような製品・商品・サービス情報を子会社含めて共有化すること
・ グループとしてその収益力を強化すること
・ ソニーブランドを，一元化し，事業展開を有利に進めること
など。

つまり，対外的にはいわゆる「ソニーブランド」を子会社含めて共有化しグループとして一体的な事業展開を行い，一方で社内的には情報伝達機能を高めることを主目的として事業展開を有利に進めることを主目的としているものと整理できます。

② 三菱東京フィナンシャル・グループの例
 (a) 統合の理念

東京三菱銀行，三菱信託銀行，日本信託銀行の三行による株式移転により設立された三菱東京フィナンシャル・グループは，次のような統合理念をもって統合をすすめるとしています。

> ● 三菱東京フィナンシャル・グループのプレスリリースより
>
> ・ 業態を越えた多角的金融サービスグループ
> ・ 柔軟性と発展性を備えた組織体制
> ・ 強い相互信頼関係に基づく統合効果の早期実現
> ・ 信託業務の一本化による専門性の高度化と業務の効率化
> ・ 高度なリスク対応力を有する信頼の金融サービスグループ

ここで見るべきところは，ソニーの事例ではふれていなかった「業務の効率化」です。統合により，各銀行が有している同様の機能を有している業務を統合により効率化できるなどとしています。

(b) 統合の効果

統合する以上，その効果がどのようにして現れるのかが重要となります。ここで，三菱東京フィナンシャル・グループは，その統合の効果を次のように見込んでいます。

[統合効果]

粗利益増加の効果	320億円
経費削減の効果	110億円
統合コスト	▲30億円
合計	400億円

しかし，単に統合するだけでは自然に効果は生まれるものではありません。場合によっては，統合の方が業務がスムーズにいかないなど，弊害が出る可能性もあります。この点，三菱東京フィナンシャル・グループでは，次のような考え方で事業戦略を展開し，統合の効果を享受するものとしています。

● **三菱東京フィナンシャル・グループのプレスリリースより**

・専門性の高度化による競争優位性の一層の強化
・成長分野における人材・ノウハウの集中と協働による取引基盤の強化
・東京三菱銀行と日本信託銀行との間で培った協働の仕組みの発展的継承による統合効果の早期実現

---

③ その他の統合の目的

上述のソニーや三菱東京フィナンシャル・グループの他にも，さまざまな持株会社設立の事例が存在します。そして，持株会社化の具体的な目的は，次のようなことが考えられます。

・垂直統合によるコスト削減・顧客満足度の高い商品開発
・顧客基盤拡大によるシナジー効果
・業務の効率化
・雇用の維持・確保，人材の一層の活用
・資産の効率活用
・情報システム投資の削減
・利用者の利便性の向上

・戦略と事業の分離　　など

(3) 持株会社化のその他のポイント

① 他の統合手法との相違

　株式交換・移転によるグループ化の最大の特徴は，合併と異なり，再編前も再編後も会社というエンティティ自体が変化しないということです。これは，合併や分割と異なり，特に労働者の異動がないということです。再編を行う場合，実務上，この労働者問題は非常に大きな問題です。したがって，株式交換・移転による持株会社化はこのような面で，メリットがあるものと思われます。なお，詳細には基礎編をご覧下さい。

② 中間持株会社の可否について

　ソフトバンクは，事業分野ごとに中間持株会社を設立しました。当初の形ですと，以下のような形で，それぞれ中間持株会社を設立しました。

● ソフトバンクプレスリリースより要約

　事業分野ごとの経営責任をより明確にし，経営効率化を徹底するため中間持株会社を設立しました。

・ ソフトバンク・イーコマース株式会社（流通業）
・ ソフトバンク・メディア・アンド・マーケティング株式会社（出版業）
・ ソフトバンク・ブロードメディア株式会社（放送メディア）
・ ソフトバンク　ネットワークス株式会社（インフラ事業）

　ソフトバンクでは，この中間持株会社として，各事業分野で経営責任を明確にすることを基本目的としています。また，これ以外の目的としては，たとえば，非常にリスクの高い事業を営むときに，グループ全体にリスクが及ばないようにするために，事業ドメインを明確に分断するために，中間持株会社を用いることもできます。ただし，あまりむやみに中間持株会社をつくっても，その管理コストからかえってコスト増になるケースもあります。

第3章 株式交換・移転の会計・税務Q&A

3.2 株式交換・移転の事例に基づく別表調整～特定子会社株式の受入価額に係る会社法と税法の調整

Q P社（完全親会社となる会社）とA社（完全子会社となる会社の株主）はこのたび、次のような株式交換をすることになりました。会計処理・税務処理はどのようになりますか。

① 株式交換前

② 株式交換

③ 株式交換後

<交換直前における株価等>

	簿価純資産	時価純資産	発行済株式数	1株当たり 簿価純資産	1株当たり 時価純資産
P 社	100,000千円	100,000千円	10,000株	10,000円	10,000円
S 社	5,000千円	8,000千円	1,000株	5,000円	8,000円

株式交換の条件

・株式交換比率1：0.8

・交付金銭等はないものとします。

・交換直前におけるS社の株主はA社のみとし、A社のS社株式帳簿価額は3,000千円とします。

・株式交換に付随する諸費用はないものとします。

第4編　応用解説編

- P社の資本金組入額は受入価額の1／2とします。
- 本問の株式交換は税制適格の要件を満たすものとします。

[P社の処理に関する事項]

- P社はS社株式を時価純資産額にて受け入れ，受入価額の1／2を資本金に組み入れます。
- P社は受入S社株式に対してすべて新株を割り当てます（保有自己株の割り当てなし）。

[A社の処理に関する事項]

- A社は課税の繰延措置（法法61の2⑨）を適用します。

[S社の処理に関する事項]

- 本問の株式交換が税制適格に該当するため税務処理は発生しません。

Point

本問は税務上の適格株式交換に該当するため，P社が会計上，A社のS社株式帳簿価額の合計額と異なる価額をS社株式の受入価額とした場合には，P社は別表上でS社株式の税務上の簿価を修正することが必要になります。

各経済主体別の処理の概要は次のとおりです。

	完全親会社株主 P社株主	完全親会社 P社	完全子会社株主 A社	完全子会社 S社
会　計	処理なし	株式受入仕訳	株式交換仕訳	処理なし
税　務	処理なし	S社株式の修正	課税の繰延べ	処理なし

A

(1) 会計処理

① 完全親会社（P社）

●株式受入仕訳

P社は，P社の新株を発行してS社株式を時価純資産額で受け入れます。

（単位：千円）

（借）S 社 株 式*1	8,000	（貸）資 本 金*2	4,000
		（貸）資 本 準 備 金*3	4,000

* 1　S社の時価純資産額
* 2　S社の時価純資産額×1／2
* 3　S社の時価純資産額8,000 − 資本組入額4,000

② 完全子会社株主（A社）

●株式交換仕訳

A社は，譲渡株式と取得株式に投資の継続性が認められるので，会計上，S社株式の帳

簿価額をもってP社株式の取得価額とします。よって，交換による損益は認識しません。

(単位：千円)

（借）P 社 株 式　　　3,000	（貸）S 社 株 式＊　　　3,000

＊　A社における　S社株式の帳簿価額の合計額

(2) 税務上の処理

① 完全親会社（P社）

P社におけるS社株式受入及び新株発行は，資本等取引に該当しますので，課税関係は発生しません。ただし，本問の株式交換は，税制適格に該当しS社の旧株主がA社のみ（50人未満）ですのでP社は次のような申告調整仕訳により，税務上のS社株式の取得価額を5,000千円減額し，A社の帳簿価額である3,000千円に修正する必要があります。

(単位：千円)

（借）利 益 積 立 金　　　5,000	（貸）S 社 株 式＊　　　5,000
（借）資 本 金 等 の 額　　　5,000	（貸）利 益 積 立 金 額　　　5,000

＊　P社における会計上のS社株式受入価額8,000千円－A社におけるS株帳簿価額3,000千円

この場合，P社は法人税申告書別表五㈠上でS社株式の減額調整を行います。別表五㈠の記載方法は次のとおりです。

＜申告書への記載例＞

別表五㈠　利益積立金額及び資本金等の額の計算に関する明細書

Ⅰ　利益積立金額の計算に関する明細書				
区　　　分	期首現在利益積立金額	当期の増減		差引翌期首現在利益積立金額
		減	増	
	①	②	③	④
利 益 準 備 金				
積 立 金				
Ｓ 社 株 式			△5,000,000	△5,000,000
資本金等の額			5,000,000	5,000,000
繰 越 損 益 金				0

Ⅱ　資本金等の額の計算に関する明細書				
区　　　分	期首現在資本金等の額	当期の増減		差引翌期首現在資本金等の額
		減	増	
	①	②	③	④
資本金又は出資金			4,000,000	4,000,000
資 本 準 備 金			4,000,000	4,000,000
利 益 積 立 金 額			△5,000,000	△5,000,000
差 引 合 計 額	0	0	3,000,000	3,000,000

②　完全子会社株主（Ａ社）

　Ａ社は，原則としてＳ社株式を時価で譲渡したものとして課税されます。しかし，本問のようにＰ社株式のみが交付された場合にはＳ社株式の譲渡対価は，帳簿価額の3,000千円とされ，譲渡損益の認識は繰り延べられます。なお，課税繰延べの規定は条文の文言上，容認規定になっていませんので，強制適用されます。

　また，Ａ社における税務処理としては，特例の適用要件を満たしていることが確認できれば足り，明細書の添付等の申告書への表現は不要です。

3.3 株式交換・移転の事例に基づく別表調整～株式移転ノーマル

Q A社及び他の株主（完全親会社となる会社の株主）はこのたび完全親会社となるP社（完全親会社となる会社）を設立して，P社に自己の保有するS社（完全子会社となる会社）株式をすべて移転しました。会計処理・税務処理はどのようになりますか。

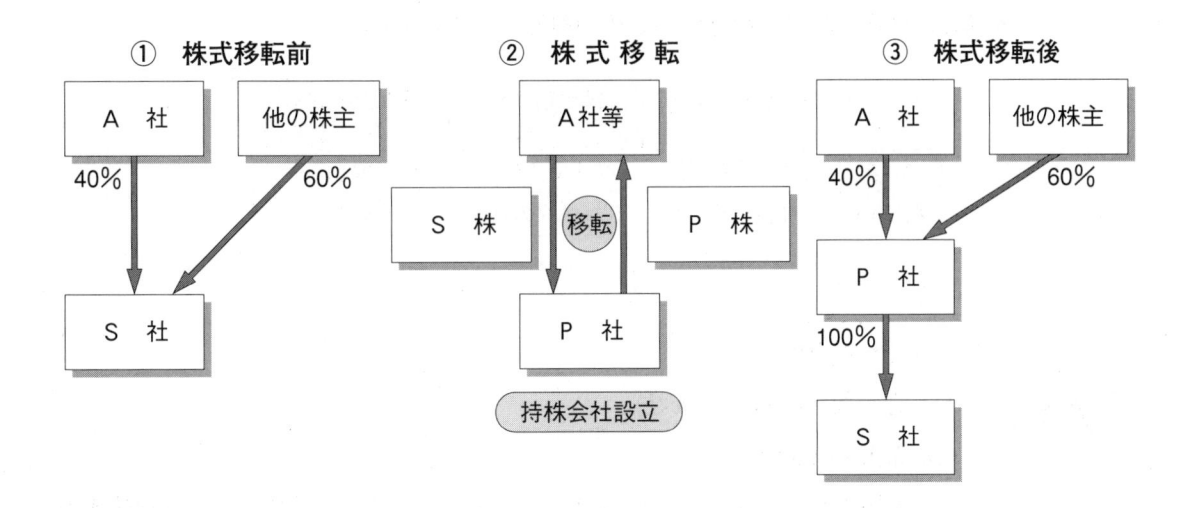

① 株式移転前

A社 —40%→ S社
他の株主 —60%→ S社

② 株式移転

A社等
S株 （移転） P株
P社
（持株会社設立）

③ 株式移転後

A社 —40%→ P社
他の株主 —60%→ P社
P社 —100%→ S社

＜交換直前における株価等＞

	簿価純資産	時価純資産	発行済株式数	1株当たり簿価純資産	1株当たり時価純資産
S 社	50,000千円	80,000千円	10,000株	5,000円	8,000円

[株式移転の条件]

・株式移転比率は1：1とします。
・交付金銭等はないものとします。
・S社株主数は50人以上とします。
・S社株主の帳簿価額の合計額は30,000千円（1株当たり3,000円で全株主同額）とします。
・株式移転に付随する諸費用はないものとします。
・P社の資本金組入額は受入価額の1／2とします。
・本問の株式移転は税制適格の要件を満たすものとします。

[P社の処理に関する事項]

・P社はS社株式を時価純資産額にて受け入れ，受入価額の1／2を資本金に組み入れます。

[A社の処理に関する事項]

・A社はS社株式を4,000株（40％）保有しています。
・A社は株式の移転について課税の繰延措置（法法61の2⑪）を適用します。

第4編 応用解説編

S社の処理に関する事項

・本問の株式移転は税制適格に該当するため税務処理は発生しません。

> **Point**
>
> 株式交換では完全親会社となるP社が既存会社であったのに対し，株式移転では完全親会社となる持株会社を新規に設立します。基本的に会計処理及び税務処理は株式交換と同じになります。
>
> 本問における，各経済主体別の処理の概要は次のとおりです。
>
> | | 完全親会社株主
A 社 | 完全親会社
P 社 | 完全子会社
S 社 |
> |---|---|---|---|
> | 会 計 | 株式交換仕訳 | 株式受入仕訳 | 処理なし |
> | 税 務 | 課税繰延べ | S社株式の修正 | 処理なし |

(1) 会計処理

① 完全親会社株主（A社）

●株式交換仕訳

A社は，払出株式と取得株式に投資の継続性が認められるので，会計上，S社株式の帳簿価額をもってP社株式の取得価額とし，株式移転による損益は認識しません。

(単位：千円)

（借）P 社 株 式	12,000	（貸）S 社 株 式*	12,000

* S社株式の帳簿価額3,000円／株×4,000株

② 完全親会社（P社）

●株式受入仕訳

P社は，P社の新株を発行してS社株式を時価純資産にて受け入れますので，株式交換の場合と同様に次のように処理します。

(単位：千円)

（借）S 社 株 式*1	80,000	（貸）資 本 金*2	40,000
		（貸）資 本 準 備 金*3	40,000

*1 S社の時価純資産額＝8,000円／株×10,000株
*2 S社の時価純資産額×1／2
*3 S社の簿価純資産額80,000－資本組入額40,000

(2) 税務上の処理

① 完全親会社株主（A社）

　税務上，A社は原則としてS社株式を時価で譲渡したものとして課税されます。しかし，本問のようにP社株式のみが交付された場合にはS社株式の譲渡対価はS社株式の帳簿価額とされ，譲渡損益は繰り延べられます。

　また，A社における税務処理としては，特例の適用要件を満たしていることが確認できれば足り，明細書の添付等の申告書への表現は不要です。

② 完全親会社（P社）

　株式交換の場合と同様に資本等取引に該当しますので，P社に課税関係は発生しません。ただし，本問の株式移転は税制適格に該当しS社の旧株主が50人以上ですのでP社は税務上のS社株式の取得価額を30,000千円（3,000円／株）減額し，S社の簿価純資産価額である50,000千円に修正する必要があります。

　申告調整仕訳や別表の記載等については，Q3.2を参照してください。

3.4 株式交換・移転の事例に基づく別表調整～非適格株式交換

Q P社（完全親会社となる会社）とA社（完全子会社となる会社の株主）はこのたび、次のような株式交換をすることになりました。会計処理・税務処理はどのようになりますか。

＜交換直前における株価等＞

	簿価純資産	時価純資産	発行済株式数	1株当たり 簿価純資産	1株当たり 時価純資産
P 社	95,000千円	95,000千円	10,000株	9,500円	9,500円
S 社	5,000千円	10,000千円	1,000株	5,000円	10,000円

株式交換の条件

・株式交換比率1：1（1株当たりの時価純資産比1：0.95）
・P社はS社株式1株につき交付金500円を支払います。
・交換直前におけるS社の株主はA社のみとし，S社株式帳簿価額は3,000千円とします。
・株式交換に付随する諸費用はないものとします。
・P社の資本金組入額は受入価額の1／2とします。

P社の処理に関する事項

・P社はS社株式を時価純資産額にて受け入れ，受入価額の1／2を資本金に組み入れます。
・P社は受入S社株式に対してすべて新株を割り当てます（保有自己株の割当てなし）。

A社の処理に関する事項

・A社はS社株式の譲渡について時価による譲渡を行ったものとして課税されます。

S社の処理に関する事項

・S社は所有する資産につき税務上評価損益を認識します（法法62の9）。

Point

本問は，交付金銭等があるため完全子会社株主（A社）は，S社株式の譲渡につき，通常の譲渡と同様に課税されます。

また，非適格株式交換に該当するためS社は一定の資産につき，税務上時価評価損益を認識します。

各経済主体別の処理の概要は次のとおりです。

	完全親会社株主 P社株主	完全親会社 P　社	完全子会社株主 A　社	完全子会社 S　社
会　計	処理なし	株式受入仕訳	株式交換仕訳 株式譲渡仕訳	処理なし
税　務	処理なし	S社株式の減額	譲渡益課税	時価課税

A

(1) 会計処理

① 完全親会社（P社）

●株式受入仕訳

本問において，P社は，S社株式を時価純資産で受け入れ，新株および交付金を交付します。

（単位：千円）

（借）S　社　株　式＊1	10,000	（貸）資　本　　　金＊2	5,000
		（貸）資 本 準 備 金＊3	4,500
		（貸）現　　　　　　金＊4	500

＊1　S社の時価純資産額
＊2　S社の時価純資産額×1／2
＊3　S社の時価純資産額10,000千円－資本組入額5,000千円－交付金銭500千円
＊4　交付金銭等500円／株×1,000株

② 完全子会社株主（A社）

受取交付金銭等がある場合には，「株式の交換取引」と「株式の譲渡取引」が同時になされたものとして会計処理を行います。

(a) **株式交換仕訳**

株式交換取引については，投資の継続性の観点から，S社株式の帳簿価額を引継ぎます。ただし，受取交付金銭等がある場合には，S社株式の帳簿価額の全額をもって取得価額とはせずに，下記の算式により計算した金額をもって，P社株式取得価額（引継簿価）とします。

$$\begin{array}{c}\text{P社株式}\\\text{取得価額}\end{array} = \begin{array}{c}\text{S社株式}\\\text{帳簿価額}\end{array} \times \frac{\text{P社株式時価}}{\text{P社株式時価}+\text{交付金銭等}}$$

$$2,850 = 3,000 \times \frac{9,500^{*}}{9,500+500}$$

* P社1株当たり時価純資産9,500円×交付新株1,000株

したがって，A社は次のような仕訳を行います。

(単位：千円)

| (借) P 社 株 式 | 2,850 | (貸) S 社 株 式* | 2,850 |

* 上記算式より

(b) **株式譲渡仕訳**

対価として交付金銭等を受け取った部分については，現金の受領により損益が実現していますので株式の譲渡取引があったものと考えます。受取交付金銭等がある場合における株式譲渡原価については，下記の算式のように受取対価（時価ベース）合計のうち交付金銭等の割合に対応する部分だけをもって，株式譲渡原価とします。

$$\begin{array}{c}\text{S社株式}\\\text{譲渡原価}\end{array} = \begin{array}{c}\text{S社株式}\\\text{帳簿価額}\end{array} \times \frac{\text{交付金銭等}}{\text{P社株式時価}+\text{交付金銭等}}$$

$$150 = 3,000 \times \frac{500}{9,500+500}$$

譲渡収入は交付金銭等の500千円ですので，譲渡収入500千円から，譲渡原価150千円を控除した350千円が株式譲渡益となります。

したがって，A社は次のような仕訳を行います。

(単位：千円)

| (借) 現　　　　　金*1 | 500 | (貸) S 社 株 式*2 | 150 |
| | | (貸) 株 式 譲 渡 益*3 | 350 |

*1　交付金銭等の合計額
*2　上記算式より
*3　貸借差額

①と②の仕訳を合算したものが，交付金銭等がある場合のA社の仕訳になります。

第3章 株式交換・移転の会計・税務Q&A

(単位:千円)

(借) P 社 株 式*1	2,850	(貸) S 社 株 式*2	3,000
(借) 現 金*3	500	(貸) 株 式 譲 渡 益*4	350

*1 上記①より
*2 A社におけるS社株式の帳簿価額の合計額
*3 交付金銭等の合計額
*4 上記②より

これらの関係を図示すると下記のようになります。

図4−2 交換受取対価10,000千円(時価ベース)の明細

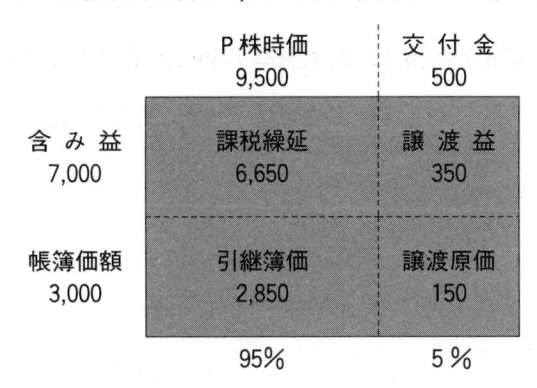

	P株時価 9,500	交付金 500
含み益 7,000	課税繰延 6,650	譲渡益 350
帳簿価額 3,000	引継簿価 2,850	譲渡原価 150
	95%	5%

(2) 税務上の処理

① 完全親会社(P社)

　資本等取引に該当しますので,P社に課税関係は発生しません。なお,S社株式の税務上の取得価額は10,000千円となります。

② 完全子会社株主(A社)

　税務上は,時価による譲渡として譲渡対価10,000千円と帳簿価額3,000千円との差額7,000千円が課税されます。

　また,P社株式の税務上の取得価額は9,500千円となり会計上の取得価額2,850千円との差額6,650千円は申告調整により加算する必要があります。

(単位:千円)

(借) P 社 株 式	9,500	(貸) S 社 株 式	3,000
(借) 現 金	500	(貸) 譲 渡 益	7,000

この場合の申告書への記載方法は以下の通りです。

別表四　所得の金額の計算に関する明細書

区　分	総　額	処　分	
		留　保	社外流出
	①	②	③
加算　P　社　株　式	6,650,000	6,650,000	—
減算			
総　計			

別表五㈠　利益積立金額及び資本金等の額の計算に関する明細書

Ⅰ　利益積立金額の計算に関する明細書

区　分	期首現在利益積立金額	当期の増減		差引翌期首現在利益積立金額
		減	増	
	①	②	③	④
利 益 準 備 金				
積 立 金				
P　社　株　式			6,650,000	6,650,000
繰 越 損 益 金				0

③　完全子会社（S社）

　S社の所有する資産のうち，固定資産，土地（棚卸資産に該当するもの），有価証券，繰延資産で一定のものについては時価評価損益を認識します。

3.5 株式交換・移転の事例に基づく別表調整〜対価の柔軟化 三角株式交換

Q S社（完全親会社となる会社）とA社（完全子会社となる会社の株主）はこのたび，P社の株式を対価とする次のような三角株式交換をすることになりました。会計処理・税務処理はどのようになりますか。

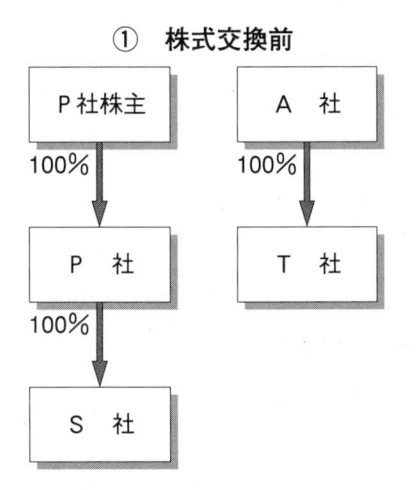

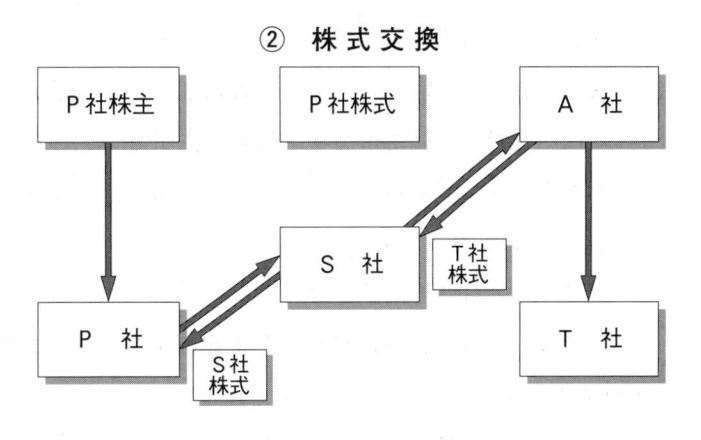

① 株式交換前

② 株式交換

③ 株式交換後

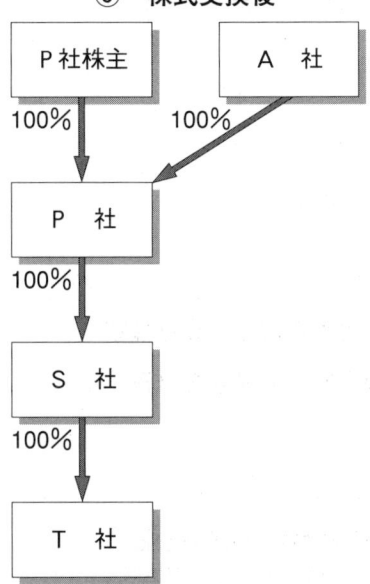

＜交換直前における株価等＞

	簿価純資産	時価純資産	発行済株式数	一株当たり 簿価純資産	一株当たり 時価純資産
P 社	100,000千円	100,000千円	10,000株	10,000円	10,000円
S 社	5,000千円	8,000千円	1,000株	5,000円	8,000円
T 社	5,000千円	8,000千円	1,000株	5,000円	8,000円

交換条件

- 株式交換比率1：0.8
- 交付金銭等はないものとします。
- 交換直前におけるT社の株主はA社のみとし，S社株式帳簿価額は3,000千円とします。
- P社は内国法人です。
- S社は株式交換以前にP社の株式を保有していないものとします。
- 株式交換に付随する諸費用はないものとします。
- S社の資本金組入額は受入れ価額の1／2とします。
- 本株式交換の経済的実態は「取得」に分類されるものとします。
- 本株式交換は税制適格の要件を満たすものとします。

P社の処理に関する事項

- P社はS社株式を時価純資産額にて受け入れ，受入価額の1／2を資本金に組み入れます。
- P社は受入S社株式に対して全て新株を割り当てます（保有自己株の割り当てなし）。

S社の処理に関する事項

- S社はP社の株式をいったん取得し，直ちにA社に交付します。
- S社はP社株式を時価純資産額にて受け入れ，受入価額の1／2を資本金に組み入れます。
- S社は受入P社株式に対して全て新株を割り当てます（保有自己株の割り当てなし）。

A社の処理に関する事項

- A社は課税の繰延措置（法法61の2）を適用します。

T社の処理に関する事項

- 本問の株式交換は税制適格に該当するため，税務処理はありません。

Point

S社が会計上，A社のS社株式帳簿価額の合計額と異なる価額をS社株式の受入価額とした場合に，P社は別表上でS社株式の税務上の簿価を修正することが必要になります。

各経済主体別の処理の概要は次のとおりです。

	完全支配親会社株主 P社株主	完全支配親会社 P社	完全親会社 S社	完全子会社株主 A社	完全子会社 T社
会計	処理なし	S社株式の 受入仕訳	P社株式の受入れ 及び交付 T社株式の受入仕訳	株式交換仕訳	処理なし
税務	処理なし	処理なし	T社株式の修正	課税の繰延	処理なし

A

(1) 会計処理

① 完全支配親会社（P社）

●株式受入仕訳

P社は，P社の新株を発行してT社株式を時価純資産額で受け入れます。

(単位：千円)

（借）S 社 株 式 *1	8,000	（貸）資 本 金 *2	4,000
		（貸）資 本 準 備 金 *3	4,000

*1　S社の時価純資産額
*2　S社の時価純資産額×1／2
*3　S社の時価純資産額8,000－資本組入額4,000

② 完全親会社（S社）

S社は完全支配親法人であるP社の株式を取得し，直ちに完全子法人の株主であるA社に交付します。

●P社株式の受入仕訳

(単位：千円)

（借）P 社 株 式 *1	8,000	（貸）資 本 金 *2	4,000
		（貸）資 本 準 備 金 *3	4,000

●T社株式との交換仕訳

(単位：千円)

（借）T 社 株 式 *1	8,000	（貸）P 社 株 式 *2	8,000

③ 完全子会社株主（A社）

●株式交換仕訳

A社は，譲渡株式と取得株式に投資の継続性が認められるので，会計上，S社株式の帳簿価額をもってP社株式の取得価額とします。よって，交換による損益は認識しません。

(単位：千円)

（借）P 社 株 式	3,000	（貸）T 社 株 式 *1	3,000

*1　A社におけるS社株式の帳簿価額の合計額

(2) 税務上の処理

① 完全支配親会社（P社）

P社が取得したS社株式については時価で受入れられているため，調整不要です。（法令

② 完全親会社（S社）

●完全支配親法人の株式の受入れ及び交付

S社はP社の株式を取得し、直ちにA社へ交付しますが、当該株式の交付は交換直前の帳簿価額で譲渡したものとして取り扱われ、譲渡損益は認識されません。（法法61の2⑩）

●完全子法人の株式の受入れ及び交付

S社におけるT社株式受入及び新株発行は、資本等取引に該当しますので、課税関係は発生しません。ただし、本株式交換は税制適格に該当し、T社の旧株主がA社のみ（50人未満）ですので、S社は次のような申告調整仕訳により、税務上のS社株式の取得価額を5,000千円減額し、A社の帳簿価額である3,000千円に修正する必要があります。

（単位：千円）

（借）利益積立金額	5,000	（貸）S 社 株 式 *1	5,000
（借）資本金等の額	5,000	（貸）利益積立金額	5,000

*1　P社における会計上のS社株式受入価額8,000千円－A社におけるS株帳簿価額3,000千円

この場合、P社は法人税申告書別表五㈠上でS社株式の減額調整を行います。別表五㈠の記載方法は次の通りです。

＜申告書への記載例＞

別表五㈠　利益積立金額及び資本金等の額の計算に関する明細書

I 利益積立金額の計算に関する明細書				
区　　分	期首現在利益積立金額	当期の増減		差引翌期首現在利益積立金額
		減	増	
	①	②	③	④
利 益 準 備 金				
積 立 金				
T 社 株 式			△5,000,000	△5,000,000
資 本 金 等 の 額			5,000,000	5,000,000
繰 越 損 益 金				0

II 資本金等の額の計算に関する明細書				
区　　分	期首現在資本金等の額	当期の増減		差引翌期首現在資本金等の額
		減	増	
	①	②	③	④
資本金又は出資金			4,000,000	4,000,000
資 本 準 備 金			4,000,000	4,000,000
利 益 積 立 金 額			△5,000,000	△5,000,000

③ 完全子会社株主（A社）

　A社は，原則としてS社株式を時価で譲渡したものとして課税されます。しかし，本問のようにP社株式のみが交付された場合には，S社株式の譲渡対価は帳簿価額の3,000千円とされ，譲渡損益の認識は繰り延べられます。なお，課税繰延の規定は条文の文言上，容認規定になっていませんので，強制適用されます。

　また，A社における税務処理としては，特例の適用要件を満たしていることが確認できれば足り，明細書の添付等の申告書への表現は不要です。

索 引

〔あ 行〕

移転法人 …………………………………… 153
インサイダー取引規制 ……………………… 269
覚書 ………………………………………… 134
終値 ………………………………………… 194

〔か 行〕

外国株式交換完全支配親法人株式 …………… 79
開示規制 …………………… 26, 54, 258, 266
加重平均資本コスト ………………………… 194
株価収益率 …………………………………… 195
株式以外の資産の交付 ………………… 77, 109
株式移転 ……………………………………… 31
株式移転計画 …………………………… 39, 47
株式買取請求 …………………………… 9, 42
株式買取請求権 …………… 67, 82, 129, 144, 148
株式継続保有要件 …………………………… 115
株式交換 ……………………………………… 3
株式交換(移転)完全親法人 ………………… 65
株式交換(移転)完全子会社 ………………… 65
株式交換(移転)完全子法人 ………………… 65
株式交換(移転設立)完全親会社 …………… 65
株式交換完全支配親法人 …………………… 117
株式交換契約 ………………………………… 8
株式交換契約書 ……………………………… 15
株式交換交付金 ……………………………… 13
株式交換比率 ………………………………… 67
株式保有規制 ………………………………… 61

株主総会招集通知 …………………………… 142
株主総会の特別決議 ………………………… 140
簡易株式交換 ………………………………… 5
簡易な事業の譲受け ………………………… 127
完全親会社 …………………………………… 3
企業結合ガイドライン ……………………… 130
企業結合に関する規制 ……………………… 29
義務承継制度 ………………………………… 241
逆取得 ………………………………………… 68
競業避止義務 ………………………………… 128
強制取得条項 ………………………………… 245
強制償却条項 ………………………………… 244
強制転換条項 ………………………………… 244
共同株式移転 …………………………… 37, 47, 58
金融商品取引法上の規制 …………………… 130
経営参画要件 ………………………………… 114
継続開示義務 ………………………………… 55
高額譲渡 ……………………………………… 159
高額譲受け …………………………………… 153
公正取引委員会 ……………………………… 258
ゴードンモデル法 …………………………… 214
子会社法人の株主が外国法人又は非居住者で
ある場合 …………………………………… 78
国内事業管理親法人株式 …………………… 79

〔さ 行〕

再建型 ………………………………………… 176
再調達時価純資産法 ………………………… 202
債務圧縮型 …………………………………… 176

債務引受公告…………………………128
差額負債調整勘定……………………153
三角株式交換…………………………117
ＣＡＰＭ………………………………194
時価純資産法…………………………202
時価評価資産……………………………71
事業規模比率要件……………………114
事業継続要件…………………………115
事業譲渡………………………………125
事業相互関連性要件…………………114
事後設立………………………………129
資産調整勘定…………………………153
事前開示…………………………………40
事前開示書類……………………………9
シナジー価値…………………………219
シナジー効果…………………………180
支配権価値（コントロールプレミアム）……218
従業員引継要件………………………114
種類株式………………………………252
純資産価額……………………………224
商号の続用……………………………128
上場株式及び気配相場等のある株式の評価…222
新株予約権……………………………241
新株予約権付社債……………………242
垂直型…………………………………175
水平型…………………………………175
清算処分時価純資産法………………203
税引後営業利益（ＮＯＰＡＴ）……195
税引前利息支払前償却前利益
　（ＥＢＩＴＤＡ）…………………195
税引前利息支払前利益（ＥＢＩＴ）……195
選択と集中……………………………169

〔た　行〕

多角化型………………………………176
中間子会社………………………………89
長期割賦販売等に係る利益及び費用…72
直接完全支配関係……………………117

ＤＣＦ法………………………………192
低額譲渡…………………………153, 159
転換社債………………………………243
独占禁止法の規制……………………130
特定軽課税国外国法人………………118
特定資産譲渡等損失額…………………76
特定支配関係…………………………117
特定適格合併等…………………………76
特別支配会社…………………………128
トラッキング・ストック……………253
取引相場のない株式の評価…………222

〔な　行〕

内部者取引規制…………………28, 57
のれん……………………………………86
ノン・コアビジネス…………………176

〔は　行〕

買収プレミアム………………………180
配当還元価額…………………………224
配当還元法……………………………213
売買実例方式…………………………215
ＰＰＭ…………………………………171
秘密保持契約………………258, 262, 263
非流動性のディスカウント…………218
負ののれん………………………………86
フリー・キャッシュ・フロー………193
β値……………………………………194
簿価純資産法…………………………202

〔ま　行〕

マーケット・リスク・プレミアム…194
孫会社……………………………………89
みなし譲渡……………………………226
民事再生手続……………………282, 286

〔や　行〕

有価証券通知書…………………………54

有価証券報告書 …………………………… 54
譲受法人 ………………………………… 153

〔ら 行〕

リスク・フリー・レート ………………… 194
臨時報告書 ………………………………… 55
類似企業比較法 …………………………… 209
類似業種比準価値 ………………………… 223

類似業種比準方法 ………………………… 210
連結納税 …………………………………… 107
労働契約 …………………………………… 276
労働契約の承継 …………………………… 152

〔わ 行〕

割当比率 …………………………………… 41

監修者紹介

鳥飼　重和（とりかい　しげかず）

　弁護士・税理士

　中央大学法学部卒。税理士事務所勤務後，司法試験合格。株主代表訴訟，税務訴訟などを専門分野として活躍。

　鳥飼総合法律事務所代表（現在，所属弁護士19名）

[主な著書]

　「わかりやすい株主代表訴訟」（オーエス出版）

　「会社財産管理運用の法務と税務」（監修，新日本法規出版）

　「株式会社・有限会社　定款・変更の手引」（監修，新日本法規出版）

　「Q＆A　民事再生法の実務解説」（監修，税務経理協会）

　「会社分割の実務　Q＆A」（監修，中央経済社）

　「経営者に必要な会計知識」（商事法務研究会）

　「企業組織再生プランの法務＆税務」（共著，清文社）ほか，論文多数。

大野木　孝之（おおのぎ　たかし）

　公認会計士・税理士・中小企業診断士

　1953年東京生まれ。76年公認会計士第2次試験合格。同年監査法人朝日会計社（現，朝日監査法人）入社。87年大野木公認会計士事務所設立，会社会計・税務，資産税，都市再開発コンサルティング等に従事（現任）。99年優成監査法人統括代表社員に就任（現任）。97年から2000年多摩大学経営情報学部非常勤講師。建設省住宅宅地審議会（税制金融方策検討グループ）WG委員。定期借地権活用住宅研究会ならびに事業用定期借地権制度研究会委員（国土交通省所管）。地域主導の街づくり研究会委員（中小企業庁所管）。

[主な著書]

　「失敗しないための定期借地権活用法」（共著，税務経理協会）

　「土地の税金と節税戦略」（共著，財経詳報社）ほか，論文多数。

鳥飼総合法律事務所

〒101-0052　東京都千代田区神田小川町1-3-1　ＮＢＦ小川町ビルディング6階
TEL：03-3293-8817　FAX：03-3293-8818

鳥飼　重和	青戸　理成	石井　亮	佐藤　香織
島村　謙	野村　彩	福﨑　剛志	松村満美子
松本　賢人	渡辺　拓		

大野木総合会計事務所

〒107-0052　東京都港区赤坂1-6-19　ＫＹ溜池ビル7階
TEL：03-5570-8744　FAX：03-5570-8748

大野木孝之	安達　友信	池田　友宏	伊藤　顕
金子　章	眞田　敏昭	高橋　賢	田中　千恵
日高久実子	平出　和弘	本田　直也	増間　茂文
横山　綾子	吉井　宏二		

税理士法人渡邊芳樹事務所

〒107-0052　東京都港区赤坂7-6-15　赤坂ロイヤルビル501
TEL：03-5575-8270　FAX：03-5575-8271

渡邊　芳樹	伊藤　雅典	織田　成人	佐藤　正樹
長井　一浩	広升　健生	村江　大輔	

監修者との契約により検印省略

平成14年 3月10日　初　版発行
平成16年 6月 1日　改訂版発行
平成22年 4月 1日　三訂版発行

実践企業組織改革②

株式 交換・事業譲渡
移転
法務・税務・会計のすべて
〔三　訂　版〕

監　　修	鳥　飼　重　和
	大　野　木　孝　之
発　行　者	大　坪　嘉　春
製　版　所	株式会社ムサシプロセス
印　刷　所	税経印刷株式会社
製　本　所	株式会社三森製本所

発　行　所　東京都新宿区下落合2丁目5番13号　株式会社　税務経理協会

郵便番号　161-0033　振替 00190-2-187408　電話 (03) 3953-3301 (編集部)
　　　　　　　　　　FAX (03) 3565-3391　　　　 (03) 3953-3325 (営業部)
URL http://www.zeikei.co.jp/
乱丁・落丁の場合はお取替えいたします。

Ⓒ　鳥飼重和・大野木孝之　2010　　　　Printed in Japan

本書を無断で複写複製（コピー）することは，著作権法上の例外を除き，禁じられています。本書をコピーされる場合は，事前に日本複写権センター（JRRC）の許諾を受けてください。
JRRC(http://www.jrrc.or.jp　eメール：info@jrrc.or.jp　電話：03-3401-2382)

ISBN978-4-419-05439-7　C2032